浙江省社科联"民生调研协作攻关"专项重点课题（2010XZ08）

U0656164

医疗纠纷"宁波解法"研究

朱晓卓　著

东南大学出版社
SOUTHEAST UNIVERSITY PRESS
·南京·

图书在版编目（CIP）数据

医疗纠纷"宁波解法"研究 / 朱晓卓著.
—南京：东南大学出版社，2016.1
ISBN 978 - 7 - 5641 - 6009 - 8

Ⅰ.①医…　Ⅱ.①朱…　Ⅲ.①医疗事故—
民事纠纷—处理—中国　Ⅳ.① D922.16

中国版本图书馆 CIP 数据核字（2015）第 211609 号

医疗纠纷"宁波解法"研究

出版发行	东南大学出版社	
出 版 人	江建中	
社　　址	南京市四牌楼 2 号（邮编 210096）	
印　　刷	南京京新印刷厂	
经　　销	新华书店	
开　　本	700 mm×1000 mm　1/16	
印　　张	13.5	
字　　数	270 千字	
版　　次	2016 年 1 月第 1 版　2016 年 1 月第 1 次印刷	
书　　号	ISBN 978-7-5641-6009-8	
定　　价	35.00 元	

* 东大版图书若有印装质量问题，请直接向营销部调换。电话：025-83791830。

序

医疗纠纷反映了社会危机,社会危机反映着社会关系失衡,医疗纠纷的预防与处理问题涉及诸多社会关系的梳理和矫正,涉及诸多主体间权利与义务的分配正义。医疗纠纷作为一种社会冲突,是社会民生危机的反映,对医患双方利益之切、社会影响之大显而易见,妥善处理医患纠纷、构建和谐医患关系已经成为民众普遍关注的社会问题之一。近些年来,我国医疗纠纷发生频繁,引发的恶性事件也不鲜见,这无论是对于国家、社会法治,还是医疗事业都是一种损害。

医疗纠纷的形成原因是多方面的,纠纷解决机制存在缺陷是重要因素之一。首先,医患之间由于利益立场不同,对待纠纷的态度存在对立性,双方缺乏信任与理解,又缺乏有效沟通平台。往往在纠纷发生后,医方对医疗损害责任多持否定或推诿态度,患者则急于追究责任,获得预期赔偿。因此,需要搭建有效协商平台、引入第三方解决机制,来缓和纠纷发生后的双方对立与正面冲突。其二,解决医疗纠纷涉及专业性问题,不仅涉及医学技术性规范,而且涉及法律、行政法规范以及大量行业部门规章和规范性文件的规定,当事人很难对此作出准确判断。其中,是否存在医疗过失或构成医疗事故,往往是确定医疗纠纷性质、侵权责任和权利救济的关键环节,双方当事人对于专业性问题的认识存在不一致时,寻求专业性组织的判定与处理,是解决医疗纠纷的必由之路。其三,在医疗过程中,医疗机构具备专业知识和技术手段,掌握医学资源和医疗信息,患者虽然具有自主权、选择权、知情同意权,但并不具有专业识别、主动参与的能力,而且在处理程序上,也还不能从制度上真正改变患方在纠纷解决过程中的被动、弱势地位。尽管医疗纠纷双方的法律主体地位是平等的,但却存在事实上的不对称。为此,有必要搭建相对公平、有效、及时、顺畅的纠纷解决平台。

2002 年,国务院颁布实施了《医疗事故处理条例》,规定了双方当事人自行协商解决、申请卫生行政部门处理和人民法院处理医疗纠纷的三种方式。实践表明,这一规定既没能适应医疗纠纷处理的灵活性与特殊性要求,也没有很好地体现纠纷解决的及时性、有效性和公正性。为此,国内不少地方进行了积极探索与尝试,引入人民调解或其他专业性组织调解方式、接轨医疗责任保险等风险机制来处理医疗纠纷,力求完善医疗纠纷的处理程序和规范,建立一个公正公平、及时便民的处理机制。在立法层面,北京市、深圳市、昆明市、天津市、山西省、上海市等地区分别制定和颁布了相关规章,浙江省宁波市、诸暨市、湖州市、象山县等地方政府也进行了各具特色的实践探索。其中,宁波市医疗纠纷预防与处置的实践模式具有一定的代表性。2008 年 3 月 1 日,实施《宁波市医疗纠纷预防与处置暂行办法》(市长令 153 号),2011 年由宁波市人大常委会审议通过了《宁波市医疗纠纷预防与处置条例》,以正式立法形式来构筑医疗纠纷预防网、引入人民调解与医疗责任保险机制,引导医患双方在法律框架下有效预防与化解医疗纠纷,社会媒体称之为医疗纠纷"宁波解法"。

"宁波解法"在制度上,对如何从源头上强化预防责任、控制和减少医疗纠纷的产生;如何有效地引入人民调解机制来协调处理纠纷;如何有效地引入医疗责任保险与理赔机制来处理医疗损害赔偿;以及如何处理人民调解与保险理赔机构之间的职能与效率关系等一系列环节作了重点关注与安排。这对于有效预防及处置医疗纠纷,公平保护患者、医疗机构及其医务人员的合法权益,有力保障医疗安全、维护医疗秩序起到了积极作用。"宁波解法"的探索与实践从一开始就受到了学界、社会和各级政府领导的重视和关注。自 2008 年 10 月起,中国卫生法学会先后两次专门组织全国卫生法学专家学者在宁波召开专题学术研讨与推广会。浙江省人民政府卫生、司法等行政部门对宁波市医疗纠纷处理的探索与实践情况进行了多次调研,组织力量专门起草《浙江省医疗纠纷预防与处理办法》,并于 2010

年正式颁布实施,为在全省推进医疗纠纷预防与处理工作提供了有力的制度支撑。应该说,医疗纠纷"宁波解法"为浙江省乃至全国医疗纠纷的预防与处理工作积累了宝贵经验,创新了可借鉴的实践模型。

本书作者朱晓卓老师是卫生法学专业领域的年轻学者,吾与其相识十载有余。朱老师无论治学研习、修身齐家始终谦虚、严谨,探究实务锲而不舍、以追求事业为己任。对于医疗纠纷"宁波解法"的孕育背景、实施历程、实践效果也一直不遗余力跟踪研究,每每文章足见轨迹,本书面世尤显心智倾注。本书呈世甚为欣慰之处,不仅限于作者学术思考与研究成果的专题反映,更体现为作者对医疗纠纷"宁波解法"智慧创新、制度创新和实践创新的准确把握与诠解。本书付梓的突破性意义,在于对医疗纠纷预防与处理这一重大公共社会课题进行了理论和实践上的系统、全面总结,对于进一步完善医疗纠纷的预防与处理工作有着启迪与引领作用。

应作者之约题序之间,不禁对宁波市卫生局高巍、徐伟民,宁波市医疗纠纷理赔处理中心杨信云、邵峰,宁波市医疗纠纷人民调解委员会马津华这样一个又一个开启智慧、创新实践医疗纠纷"宁波解法"的有识之士心生敬意,亦自然叹略甬城"书藏古今、港通天下"之魅力,幡然领悟有这样的人们始终无声润物、无悔求索,宁波这个古老城市始终宁静致远、波光涟漪。

王国平

二〇一三年春于杭州

前　言

　　20 世纪 90 年代以来,随着医疗服务规模不断提升,社会民众权利意识的复苏和人权观念的加强,我国的医疗纠纷与年俱增。尽管医疗行业的高风险国际公认,但随着科技水平的不断提高,人们对医疗效果的期望也越来越高。尤其是随着治疗费用的不断攀升,当不幸发生,人财两空之时,医患之间的矛盾进一步恶化,"医闹"现象随之出现,不少地方甚至出现了以"医闹"为职业的社会势力,采取非法手段直接干预医疗纠纷的解决过程,给医疗秩序造成了巨大冲击,医疗机构被砸、医务人员被打的事件屡屡见诸报端,而 2013 年的浙江"温岭杀医案"更是一次医患关系紧张化的升级。2007 年,中国医师协会公布对全国 115 所医院的调查表明,2004—2006 年"医闹"现象一直呈上升趋势,比例分别为 89.58%、93.75%、97.92%,每所医院平均发生的次数分别为 10.48、15.06、15.31 次,直接经济损失分别为 20.58 万元、22.27 万元、30.18 万元。同年 7 月 31 日《光明日报》刊登的《医患双方都需要理性和秩序》一文中提到:"据全国省级卫生行政部门不完全统计,2002 年,全国发生严重扰乱医疗秩序事件 5093 起,打伤医务人员 2604 人,医院财产损失 6709 万元;2004 年,全国发生该类事件 8093 起,打伤医务人员 3735 人,医院财产损失 12412 万元；2006 年 1 月到 10 月份，此类事件增加到 9831 起，打伤医务人员 5519 人，医院财产损失 20467 万元。"自此，医患之间大量的冲突不断出现，医患关系不再仅仅是紧张，而是开始崩塌。

面对医患矛盾，其实医方、患方和社会各方面都多有不满。患方对医疗效果、医疗管理、医疗服务态度等问题不满；医务人员对医疗秩序屡受冲击、人身安全得不到保障不满；社会上对医疗纠纷中的患方普遍持同情态度，不支持医方，有的还把对医方的不满情绪扩大为对医疗体制、对社会甚至对政府的不满。其实医疗过程中出现的许多问题，实际上并非医患双方可以控制，但因此导致的利益受损，却往往是诱发医患矛盾的原因，而面对这种利益冲突，要么是医院承担，要么是患者负担，这种单项选择无疑加剧了矛盾。

冰冻三尺，非一日之寒。医患关系恶化到今天的地步，也绝非短时间内由单一原因所促成。既有医疗制度过度商业化的逼迫，也是社会整体价值观在医生群体中的反映，造成部分医生的唯利是图；同时部分患者的暴戾情绪，既有戾气过重的社会背景，也和对医疗卫生事业的误解不无关系。而在医疗活动中，这些更多地体现在医患之间的沟通不畅，导致纠纷不断，2003—2005 年广州医学会对各种医疗事故鉴定 354 起进行调查，其中 88.98% 不构成医疗事故，大多数属于无沟通，或沟通不及时、沟通不当。这其中不仅有患者的原因，更有医生的原因。"有时去治愈，常常去帮助，总是去安慰"，这句镌刻在美国纽约东北部撒拉纳克湖畔的特鲁多医生墓碑上的墓志铭，既是一位优秀医生的毕生追求，却也深刻地道出了医疗的限度。因此，在医学技术发展局限性客观存在的现实中，加强医患之间的沟通确为必要。医患双方必须在信任的基础上密切合作，才有可能让那注定到来的"失败"尽量来得更晚一些。在这个过程中，无论把医生想象成唯利是图的"白狼"，还是把患者都视作蛮不讲理的凶徒，都不符合实际，也无助于缓解矛盾。也正是如此，根据两会代表的建议，2014 年我国政府报告中重点工作"加强教育、卫生、文化等社会建设"部分，关于"推动医改向纵向发展"一段，在"让群众能够就近享受优质医疗服务"一句后面增加"构建和谐医患关系"，反映了群众和社会的期待，当然这也是国家层面高度关注医患关系的信号，同时也为各地探索医疗纠纷解决的新机制增强了信心。

根据国外经验，医疗责任保险以及医疗纠纷非诉讼解决机制是解决医疗纠纷的有效措施，我国不少省市都开始做了这方面的尝试。例如为有效预防及依法处置医疗纠纷,保护医患双方合法权益,加强医患之间的沟通,维护正常医疗秩序,不少地区相继成立了医疗纠纷专业调解机构,介入医疗纠纷处理,如:太原司法仲裁委员会医事纠纷调解中心,天津仲裁委员会医事纠纷调解中心,北京卫生法研究会医疗纠纷调解中心和北京医学教育协会医疗纠纷调解中心,等,但是由于没有比较明确的法律依据,调解工作仍然存在例如经费、人员等方面的实际困难。医疗责任保险在我国出现也比较早,但是上升势头不够明显,甚至有许多保险公司退出了这一领域的保险市场,商业医疗责任保险发展遭遇困境,原因在于:一方面医疗机构投保意愿极低,普遍缺乏通过保险来转移职业责任风险的意识,许多医院盈利能力弱,根本无力承担医疗责任保险的保费;另一方面保险公司经营热情不高,医疗责任保险市场投保率低,造成保险公司经营风险的增加,同时医疗责任保险理赔涉及医疗纠纷处理,过程往往非常复杂,加之我国相关法律法规不健全,增加了保险赔付的难度。医疗责任保险风险大、利润低,导致了"叫好不叫座",从而一度陷入了发展的困境之中。

对此,宁波市在充分调研的基础上,在国内首次以地方立法形式出台医疗纠纷预防与处置机制,其中最鲜明的特色是两个机制的建立与创新,被媒体称为医疗纠纷"宁波解法"。一是推行医疗纠纷协商理赔机制,明确医疗机构按国家和市有关规定参加医疗责任保险,承担医疗责任保险的保险机构应设立医疗纠纷理赔处理中心,通过该机构介入,把纠纷从院内转移到院外进行处理,以保险减少医疗纠纷,保障医患合法权益。二是实施医疗纠纷人民调解机制,在国务院《医疗事故处理条例》原有三条途径的基础上,对其中医患双方协商途径进行了突破和创新,明确设立市和县(市)、区医疗纠纷人民调解委员会,具体负责医疗纠纷的人民调解工作,并对工作职责、程序、时限作了明确规定,同时组建由医疗、法律等专家组成的专家库,为第三方处置医疗纠纷提供医疗、法律等咨询服务,从而在现行法律框架下探索第三方介入的医疗纠纷处置途径,为医疗纠纷的顺利处置创造了良好条件。医疗纠纷人民调解机制为医患之间能够进行有效沟通、及时化解冲突矛盾搭建了桥梁,而医疗责任保险通过建立协商理赔机制能够有效地减轻医疗机构的赔偿责任,降低医疗机构的执业风险,同时也能够及时补偿患者因医疗过失行为造成的损害,也有利于保障医疗卫生事业可持续发展和维护社会稳定。实践表明,医疗纠纷"宁波解法"中的医疗纠纷人民调解机制和医疗纠纷协商理赔机制作为医疗纠纷处理的两个重要平台,需要彼此依存、相互促进:医疗纠纷顺利调解能够为医疗责任保险损害理赔打下扎实基础；反过来，医疗责任保险提供迅速且足额的赔偿又能促进医疗纠纷的顺利调解。

医疗卫生事业的发展，其根本目的在于提高医学技术，增加医疗服务的公平性和可及性，最终是要保障社会公众的生命健康。面对愈演愈烈的医疗纠纷，医疗纠纷"宁波解法"开创了一条创新之路，也为国内推广经验提供了范本。应该说医疗纠纷"宁波解法"有助于医疗行为回归公益性，有助于医疗纠纷回归理性，有助于医患关系回归正常。本书从医疗纠纷处理的相关理论和法律法规入手，全面剖析医疗纠纷"宁波解法"，尤其对医疗纠纷人民调解机制和医疗纠纷协商理赔机制进行了全面介绍和客观评价，并通过典型案例分析进一步探讨医疗纠纷"宁波解法"实施成效和特点，希望能为医疗纠纷处理的实践者和研究者提供参考，更为构建医疗纠纷处理新模式、实现和谐医患关系提供思路。

笔者

2015 年 10 月

目　录

第一部分

宁波市医疗纠纷处理的理论与现实

近年来,随着市场经济制度的不断完善,政府的责任意识、人们的权利意识和参与意识,以及医方对利益的追求等等诸多因素使得医患关系日趋紧张,医疗纠纷数量明显增加,日益严重的医患冲突正在严重冲击着医疗机构,且有进一步加剧的趋势,已经成为我国医疗卫生服务系统面临的重大挑战。据统计,2002—2009年全国法院受理的医疗侵权损害赔偿案件分别为10249、9079、8854、9601、10248、11009和13875件。2009年,全国法院受理的医疗侵权案件16448件,此外还有一些医疗纠纷以医疗服务合同为案由,在各类侵权案件中,数量已仅次于道路交通事故人身损害赔偿、财产损害赔偿[1]。

第一节 医疗纠纷的相关理论

医疗纠纷在近年来一直都是社会的关注焦点。医疗纠纷这一名词频繁出现在各类新闻媒体上,但需要注意的是其所强调的内容并不尽相同。在实践中,医疗纠纷的解决,首先需要解决的是医疗纠纷、医患法律关系等理论性问题。

---

[1] 崔剑平.医疗纠纷及化解机制研究——以《中华人民共和国侵权责任法》为视角[J].东方法学,2011,(3).

一、医疗纠纷的相关概念

（一）医疗行为

目前,我国的现行法律法规中对于医疗行为概念尚未有明确界定,在学术界主要有狭义和广义两种观点。

1. 狭义说

此说法主要以我国台湾学者和部分大陆学者为代表,我国台湾学者多认为"凡以治疗、矫正或预防人体疾病、伤害、残缺或保健为目的,所为之诊察及治疗,或基于诊察、诊断结果而以治疗目的所为之处分,或用药等行为或一部之总称,谓之为医疗行为。"我国大陆学者亦有认为医疗行为即是医疗、预防、保健业务中,只能由医师根据医学知识与技能实施,否则便会对人体产生危险的行为。

2. 广义说

广义的医疗行为是指出于医疗目的所实施的行为,包括疾病的治疗与预防、生育的处置、按摩、针灸等符合医疗目的的行为。例如,日本就有学者主张医疗行为如欠缺医师的医学判断及其技术,则会对人体有危害的行为。

狭义说较为具体揭示了医疗行为的基本特征,但外延过窄,把大量不具有诊疗目的的医疗行为如美容整形、流产、变性等排除在外;而广义说仅仅将医疗行为的外在特征作为定义,缺乏对医疗行为本质的揭示。因此,对于医疗行为的界定可结合两种学说,是指医疗机构通过医务专业技术人员为一定的医疗目的,对患者因疾病、器官缺陷、身体不适、生育以及身体保健等方面发生的身心健康问题而运用医学专业知识和技术进行判断、预防和处理[1]。在宁波市医疗责任保险合同中将"不以治疗为目的的诊疗护理活动造成患者的人身损害"作为免责条款,其中"不以治疗为目的"的诊疗护理包括了美容和体检。

（二）医疗纠纷

1. 医疗纠纷的法律界定

纠纷或者说争议,在社会学意义上是指特定的主体基于利益冲突而产生的一种双边对抗行为。纠纷的产生,意味着一定范围内利益平衡状态或秩序被打破,纠纷不仅是个人间的行为,也是一种社会现象。在社会正常发展的情况下,纠纷通常表现为具体的利益冲突或者权利实现中的障碍,是对正常秩序的破坏或局部权利义务的重组。过去很长一段时间人们在纠纷与秩序的把握中,已经习惯成自然地将纠纷与秩序完全对立,人们总是单纯强调纠纷对秩序破坏的一面,对纠纷持负面看法。但是,就社会的发展而言,纠纷也有其积极意义,纠纷也可代表新的理念、行为方式及新的利益,它可能导致权利与法的发展契机,甚至可能成为社会变革的先

---

[1] 崔世君.论医患法律关系的准确界定[J].中国社会医学杂志,2006,(3).

导和动力。

医疗纠纷是发生在医疗领域中的纠纷,对于医疗纠纷的概念,在学术界有不同的说法,如有学者认为医疗纠纷由于患者及其家属与医疗机构双方对诊疗护理过程中发生的不良后果及其产生的原因认识不一致向司法机关或卫生行政部门提出控告所引起的纠纷;也有意见认为,医疗纠纷是指患者或其亲属认为医疗单位或者医护人员提供的诊疗护理服务有过错并造成患者人身、财产、精神损害的后果,而与医疗单位或医疗事故鉴定机构之间产生的争执;还有意见认为:医疗纠纷是指发生在医疗卫生、预防保健、医学美容等具有合法资质的医疗企事业法人或机构中,一方当事人认为另一方当事人在提供医疗服务或履行法定义务和约定义务时存在过失,造成实际损害后果,应当承担违约责任或侵权责任,但双方当事人对所争议事实认识不同、相互争执、各执己见的情形。根据《宁波市医疗纠纷预防与处置条例》相关条款的规定,医疗纠纷就是仅仅指医疗机构和患方之间因诊疗、护理等医疗活动引发的争议,这也是本书所探讨的对象。

2. 医疗纠纷的分类

狭义的医疗纠纷仅仅是指医患双方对医疗后果及其原因认识不一致而发生的争议,常见的是患者及其家属对患者诊疗护理过程不满意,认为医务人员在该过程中加重了患者的痛苦等情况,患者向医疗机构、卫生行政部门或者司法部门提出请求要求追究医疗机构法律责任并赔偿损失的事件[1]。广义医疗纠纷可以分成两类:一类是因为医疗行为所引起的医疗赔偿纠纷案件;另一类是医疗行为以外的其他原因(诸如病人的财物在医院被盗,侵犯病人的名誉权、隐私权等)而引起的医疗机构与患者之间的普通民事纠纷案件。在现实中所提及医疗纠纷更多是指医疗机构与患者及其亲属之间就医疗行为和损害问题引起的不同看法而造成的争执,是医疗机构因医疗过失致患者损害这一领域的民事赔偿纠纷争议,这也符合医疗纠纷"宁波解法"所针对处理医疗纠纷的外延要求。

(三)医患纠纷

医患纠纷主要是指患者及其亲属与医疗机构及其医务人员之间就诸如诊疗护理等医疗服务内容产生的争议。一般说来,医疗纠纷和医患纠纷之间存在重叠,主要是因医疗行为产生的医患纠纷和医疗纠纷从概念外延上基本吻合,但两者之间也存在较大的差异(表1-1)。但是社会上对于医患纠纷和医疗纠纷认识上多采取比较统一的概念,一切由医疗服务所造成的纠纷不仅是医疗纠纷也是医患纠纷。本书所涉及的医患纠纷仅仅限制于医疗机构和患方之间因诊疗护理等医疗活动引发的争议,而非因诊疗护理原因造成的医患纠纷并不属此列,如医疗机构救护车在送患者转院途中遭遇车祸造成患者伤亡。

---

[1]陈美雅.医疗纠纷诉讼外解决机制比较研究[J].法律与医学,2006,(3).

表 1-1 医疗纠纷和医患纠纷的比较分析

	医疗纠纷	医患纠纷
纠纷主体	1. 患者及其亲属 2. 医疗机构及其医务人员 3. 卫生行政部门 4. 负责开展鉴定工作的医学会	1. 患者及其亲属 2. 医疗机构及其医务人员
性质分类	1. 医疗民事纠纷 2. 医疗行政纠纷	民事纠纷
争议内容	1. 人身损害赔偿 2. 卫生行政机构不作为或者违法作为 3. 服务缺陷 4. 精神损害 5. 医药费用 6. 鉴定过程违法	1. 人身损害赔偿 2. 医药费用 3. 服务缺陷 4. 精神损害

（四）医疗损害

现代汉语中，"损害"是指使事业、利益、名誉等蒙受损失。民法中的损害一词，是指一种事实状态，因一定的行为或事件使某种合法权益遭受某种不利的影响。损害具体表现为各种形式的财产损失、人身伤亡、精神痛苦等。所谓医疗损害一般是指医疗机构及其医务人员故意或过失（即医疗过错）的医疗行为介入（非因疾病本身）而导致的伤害，或者是指医疗行为产生的负面结果，包括身体上或精神上的损害结果。

医疗损害还分为可避免的和不可避免的两类：前者是指由于错误的医疗行为导致，后者指在现有的医学技术和设备条件下，无法克服、避免的并发症所造成的损害。不可避免的医疗损害又可以再区分为可预知的和目前技术上不可预知的两类。对于可以预知的医疗损害，患者有权期待医师对疾病治疗结果具备预见力，并且医师应当在实施医疗行为前向患方履行告知义务，只要医师尽到合理谨慎注意义务、采取适当的预防措施，就可以避免医疗意外事故发生，否则医疗机构、医生要承担医疗损害赔偿责任；对于不可预知的医疗损害，医疗服务提供者则无须承担责任。实践中，解决医疗纠纷的难点是如何清楚辨识医疗损害是否可以避免，以及医方是否已尽其能事然终回天无力[1]。

（五）医疗事故

医疗事故是引发医疗纠纷的重要原因之一。根据国务院《医疗事故处理条例》的规定，医疗事故是指医疗机构及其医务人员在医疗活动中，违反医疗卫生管

---

[1] 陈玉玲.医疗损害社会化分担之法理基础[J].南京社会科学,2012,(7).

理法律、行政法规、部门规章和诊疗护理规范、常规,过失造成患者人身损害的事故。该定义包括以下法律内涵:

1. 医疗事故是在医疗活动过程中发生的

既然是医疗事故,就必然要与医疗活动有关。诊疗护理是医疗活动的主要内容和形式。没有诊疗护理活动内容的事故,不能称为医疗事故。所以事故是不是在诊疗护理活动中发生的,是区分医疗事故和其他事故的关键。

2. 医疗事故是违法违规的医疗过失造成的

医疗活动充满了风险,但法律法规对这种风险性质有一个明确的界限,即合法的风险和非法的风险。所谓合法的风险,是指医疗管理法律、法规、规章和诊疗护理规范、常规允许的风险;非法的风险,则是指医疗管理法律、法规、规章和诊疗护理规范、常规不允许的风险。对合法的风险,医务人员不承担任何责任,实行责任豁免;对非法的风险,医务人员要承担相应的责任。甄别合法风险和非法风险的标准就是在医疗活动中是否存在过失,也就是在诊疗护理中是否违反了医疗管理法律、法规、规章和诊疗护理规范常规。法律、法规、规章一般是由不同的立法机构制定的见诸文字的规范性文件,而诊疗护理的规范、常规既包括由卫生行政部门以及全国性行业协(学)会基于维护公民健康权利的原则,在总结以往科学技术成果的基础上,针对本行业的特点,制定的具有技术性、规定性、可操作性,医务人员在执业活动中必须严格遵守,认真执行的各种标准、规程、规范、制度,还包括医疗机构制定的本机构医务人员在进行医疗、护理、检验、医技诊断治疗及医用物品供应等各项工作应遵循的工作方法、步骤。这里需要注意的是,医疗事故只能是过失造成,如是故意造成患者人身损害的,那只能是故意伤害,而非医疗事故。

3. 医疗事故是由医疗机构及其医务人员直接造成的

国家对有权开展医疗活动的医疗机构和有权从事医疗活动的医务人员规定了严格的许可制度。“医疗事故”的主体必须是依法取得执业许可或执业资格的医疗机构及其工作人员。未取得“医疗机构执业许可证”的单位和组织,未取得执业医师或护士资格的个人,只能是非法行医的主体。非法行医造成患者身体健康损害的,不属于医疗事故,而是一般的过失人身伤害。当然患者由于自己的过错造成的不良后果,也不能认定为医疗事故,例如住院患者的自杀行为。

4. 医疗事故给患者造成了人身损害的严重后果

在医疗活动中,由于各种原因难免会出现一些不良后果,有些不良后果在不同程度上给患者的健康带来了影响、痛苦,有的甚至造成了人身损害。所以,为了保护患者利益,《医疗事故处理条例》将造成患者死亡、残疾、组织器官损伤导致功能障碍以及明显的人身损害的其他后果的才可能被定为医疗事故,并对造成医疗事故的责任人规定了明确的处罚。应该强调的是,这里的严重后果只能是过失违法行为的后果,所谓过失是指行为人行为时的主观心理不是故意伤害患者,即行为人在行为时,决不希望或追求损害结果的发生,但由于自己的行为违法,造成了人身损害后果。

5. 医疗过失行为和患者的人身损害后果之间存在直接必然的因果关系

过失行为和损害后果之间存在的因果关系是判定医疗事故是否成立的重要因素。在某些时候,虽然医务人员存在过失行为,甚至也的确存在损害结果,但该损害结果与医疗过失行为之间并不存在因果关系,医疗事故因而也就不能成立。此外,因果关系的判定,还涉及追究医疗机构及医务人员的法律责任以及确定对患者的具体赔偿数额等重要问题。

医疗损害与医疗事故是造成医疗纠纷的重要原因之一,医疗损害和医疗事故的相同之处在于都是在诊疗活动中给患者造成的损害。但两者之间的区别也比较明显,如医疗事故是因责任主体的过失造成的,而发生医疗损害时,责任主体主观上可以是过失也可以是故意;医疗事故的责任主体是医疗机构及其医务人员,但医疗损害的责任主体不仅可以是医疗机构及其医务人员,还可以是缺陷医疗产品或不合格血液的生产者或提供者。

根据《医疗事故处理条例》的规定,有六种情形不属于医疗事故,包括:①在紧急情况下为抢救垂危患者生命而无法按照常规采取的急救措施造成不良后果的;②在诊疗过程中由于病情异常或者患者体质特殊而发生医疗意外的;③现有医学科学技术无法预料、防范的不良后果的;④无过错输血感染造成的不良后果的;⑤因患方原因延误诊疗导致不良后果的;⑥因不可抗力造成不良后果的。

(六)医闹

1. "医闹"的概念

近年来,医疗纠纷数量持续上升且医患冲突的激烈程度不断升级,不少地区出现社会危害更加严重的"医闹"现象,甚至出现了社会人员以"医闹"为职业、成为"职业医闹"的情况。对于"医闹"的概念一般被认为患者及其家属本人或者委托他人,以医疗纠纷为借口,用违法或不理性的手段干扰医疗机构的正常秩序、贬损医疗机构的声誉、迫使医疗机构答应其不合理要求并给付金钱补偿的活动。"职业医闹"是指受雇于医疗纠纷的患者及其家属,采取在医院设灵堂、打砸财物、设置障碍、阻挡患者就医或者殴打跟随医生、在诊室、办公室滞留等方式,严重妨碍医疗秩序、扩大事态、给医院造成严重负面影响等形式给医院施加压力,以从中牟利为目的而实施的非正常的、非理性的、甚至过激、极端的事件和行为。

2. 医闹的主要表现形式

"医闹"往往针对医院领导及相关医务人员,也可能转化为针对整个医疗机构的打砸抢烧等严重违法行为。其主要的表现形式有:

(1)聚众占据医疗机构或医疗机构的办公场所,寻衅滋事、严重干扰正常医疗秩序;

（2）侮辱、威胁、围攻、殴打医院领导、医务人员或非法限制其人身自由，严重妨碍甚至阻止医务人员的正常工作；

（3）在医疗机构内外挂横幅，设灵堂、烧纸钱、摆花圈、贴标语、发传单，聚众静坐、示威、呼号，阻塞医院出入大门、医院周边及院内交通；

（4）拒不将尸体移放太平间和殡仪馆，或者以尸体相要挟，经过多次劝说无效的；

（5）抢夺、毁坏患者或他人医疗文书，以及与医疗机构相关的医疗证物，经过多次劝说无效的；

（6）涉及黑社会势力，发生打砸抢烧等严重违法行为的；

（7）其他严重扰乱正常医疗秩序，情节严重的都属于"医闹"行为。

二、医患法律关系

（一）医患法律关系的概念

法律关系是指法律所调整的人与人之间的权利义务关系。每一个法律部门都调整着特定方面的社会关系。所谓医患法律关系是指法律所调整的、在卫生管理和卫生预防保健服务过程中医疗机构及医务人员和公民之间的权利与义务关系。

（二）医患法律关系的构成要素

医患法律关系的构成要素是指构成每一个具体的医患法律关系所必须具备的因素。医患法律关系同其他法律关系一样，都是由主体、客体和内容三个方面的要素构成。

1. 医患法律关系的主体

是指参加医患法律关系，并在其中享有医患权利、承担医患义务的人，一般称为当事人。在我国，医患法律关系的主体主要包括了医疗卫生机构和公民（自然人）。

（1）医疗卫生机构：是指依法设立的各级各类医疗卫生组织，包括医疗机构、血站、妇幼保健院（所）等机构。

（2）公民（自然人）：公民作为医患法律关系的主体有两种情况：一种是以特殊身份成为医患法律关系的主体，如医疗机构内部的工作人员，他们在提供医疗卫生保健服务时，他们与患者之间形成了医患法律关系；另一种是以普通公民的身份参加医患法律关系而成为主体，他们与医疗机构人员之间形成了医患法律关系。

2. 医患法律关系的内容

是指医患法律关系的主体依法可享有的权利和应承担的义务。其中，医患权利指由法律规定的，医患法律关系主体根据自己的意愿实现某种利益的可能性。它包含三层含义：

（1）权利主体有权在法律规定的范围内，根据自己的意愿为一定行为或者不为一定行为；

（2）权利主体有权在法律规定的范围内,要求义务主体为一定行为或者不为一定行为,以便实现自己的某种利益;

（3）权利主体有权在自己的权利遭受侵害或者义务主体不履行义务时,请求人民法院给予法律保护。

医患义务指依照法律的规定,医患法律关系中的义务主体,为了满足权利主体的某种利益而为一定行为或者不为一定行为的必要性。它也包含三层含义:

（1）义务主体应当依据法律的规定,为一定行为或者不为一定行为,以便实现权利主体的某种利益;

（2）义务主体负有的义务是在法律规定的范围内为一定行为或者不为一定行为,对于权利主体超出法定范围的要求,义务主体不承担义务;

（3）医患义务是一种法定义务,受到国家强制力的约束,如果义务主体不履行或者不适当履行,就要承担相应的法律责任。

3. 医患法律关系的客体

医患法律关系的客体,是指医患法律关系主体的权利和义务所共同指向的对象。医患法律关系的客体具有广泛性和多层次性,大致可分为以下几类:

（1）公民的生命健康利益:它是人身利益的一部分,包括公民的生命、身体、生理功能等。生命健康是每一个公民生存的客观基础,是公民正常生活和从事各种活动的重要前提。因此,人的生命健康利益是医患法律关系中最高层次的客体。

（2）行为:是指医患法律关系中的主体行使医患权利和履行医患义务的活动,如医疗行为等。行为包括合法行为和违法行为两种形式。前者应受到法律的确认和保护,如在医疗机构依法应向患者提供医疗服务的行为;后者则要承担相应的法律责任,如医生违规给患者使用药品的行为。

（3）物:是指现实存在的,能够被人所支配、利用,具有一定价值和使用价值的物质财富。包括进行各种医疗服务中所需要的生产资料和生活资料以满足个人和社会对医疗保健的需要,如药品、医疗器械等。

（4）人身:人身是由各种生理器官组成的有机体。它是人的物质形态,也是人的生命健康利益的载体。随着现代医学科技的不断发展,器官移植、输血、人工生殖等医学技术和医学研究成果在临床中大量应用,角膜、血液、骨髓、脏器等人体器官均成为可供捐献、交易的对象,由此产生了一系列法律问题,人身不再只是传统意义上的法律关系主体,而在一定范围内、一定条件下成为法律关系的客体。但是,目前我国法律禁止任何人将他人或本人的整个身体作为民法上的"物"进行转让或买卖,人身器官买卖更是违法行为,不受法律保护。

（三）医患法律关系的产生、变更和消灭

在实际生活中,医患法律关系不是自然产生、永恒不变的,而是处于不断产生、变更和消灭的运行过程中。产生,指在医患法律关系主体之间形成某种权利和义务的联系；变更，指医患法律关系主体、客体及内容发生变化；消灭，指主体之间权利义务关系的终止。医患法律关系只有在一定条件下才能产生、变更和消灭，这种条件就是法律事实的实现。

法律事实是指法律规定的能够引起法律关系产生、变更和消灭的事件和行为，包括法律行为和法律事件。其中，法律关系当事人以其主观意愿表现出来的法律事实，称为法律行为，分为合法行为和违法行为，这是医患法律关系产生、变更或消灭的最普遍的法律原因。其中合法行为是指医患法律关系主体实施的符合法律规范、能够产生行为人预期后果的行为，受到法律的确认和保护；违法行为是指医患法律关系主体实施的为法律所禁止的、侵犯他人合法权益从而引起某种医患法律关系的产生、变更和消灭的行为，该行为为法律所禁止，必须承担相应的法律责任。不以法律关系当事人的主观意志为转移的法律事实，称为法律事件，如患者因非医疗因素死亡而导致医患法律关系消灭。

三、医患权利和义务

（一）医方的权利与义务

1. 医方的权利

医方的权利是指医疗机构及医务人员在执业过程中所应享有的权利。在医患关系中，医方的主要权利有：

（1）医学诊查权：医学诊查权是指医师在执业过程中，对患者身体、心理状态进行诊断检查的权利。这也是医师从事执业活动应当享有的基本权利。

（2）疾病调查权：疾病调查权是医师为明确诊断，就患者患病情况、身体状况、生活习惯以及有无不良行为等进行的询问和调查。医师在开展诊治活动前，一般要询问病史，询问病史实际上就是对患者患病情况展开调查。患者应主动配合医师，详细如实地向医师提供自己的病情，不可隐瞒或伪造病情。

（3）医学处置权：医学处置权是指医师在询问调查的基础上，在明确诊断或已初步诊断的情况下，根据患者的病情采取一定的医学处理措施，以控制病情的进一步发展、恶化，或遇有昏迷、大出血等危及患者生命的紧急情况时，对患者采取紧急性、及时性的抢救措施。这实际上是法律赋予医师在某些特殊情况下的紧急处置权，患者或其家属无权强行干预、逼迫、威胁医务人员接受不合理的要求或改变医师在科学基础上作出的处置决定或治疗方案。对于护士，则需要在医生尚未到场的情况下对急危患者采取力所能及的措施。

（4）出具医学证明文件权：医师在执业活动中，享有在注册的执业范围内出具相应的医学证明文件的权利。医学证明文件是指疾病诊断书、健康证明书、出生证明书或死亡证明书等具有医学内容的证明文书。医师在出具医学证明文书时，必须实事求是，对诊查、处置的患者做客观、真实的记录。因此，医师不得违反法律规定出具假诊断证明书、假健康证明书等医学文书。

（5）人格尊严、人身安全不受非法侵犯权：医师的人格尊严是指作为一个医师所应有的最起码的社会地位，并且应受到社会和患者最起码的尊重。医师的人身安全是指医师的身体不受攻击、不受侵犯。因此，医师的人身权利是医师权利的基础，是医师履行其职责的基础和前提。

2. 医方的义务

是指医疗机构及医护人员对患者及社会应尽的义务，在医患关系中，医方的主要义务有：

（1）遵守法律、法规和技术操作规范的义务：医师应当遵守国家有关部门颁布的法律法规。技术性操作规范是指卫生行政部门以及有关部门针对本行业、本机构的特点所制定的有关技术操作方面的各种规章、章程和条例的总称。这些规范从内容上具有技术性，但经一定的机关或机构制定和发布后，便具有了规范医师执业行为的法律性，医师在执业活动中必须遵守，否则构成违法。

（2）树立敬业精神，遵守职业道德，履行医师职责，尽职尽责为患者服务的义务：医师必须具有崇高的职业献身精神，树立牢固的事业心，刻苦钻研，不断提高自己的医疗技术水平，遵守各项职业道德，全心全意为患者服务，如遇到危急患者，应及时依据其专业能力予以救治或采取必要措施，不能无故拖延。

（3）关心、爱护、尊重患者，保护患者隐私的义务：医师应关心和体贴患者，为患者保守秘密，不得泄露患者的隐私。但也有例外，为了社会公众和他人健康利益，如某些传染病患者病情应在法律规定的情况下在一定范围内予以披露。

（4）宣传卫生保健知识，对患者进行健康教育的义务：医师除了从事诊疗活动，解除患者病痛外，还应当倡导健康文明的生活方式，普及卫生保健知识，教育和引导患者养成良好的卫生习惯，提高健康意识和自我保健能力。

（5）亲自诊察病情和记录病历的义务：医生必须亲自诊察患者病情后，才能出具相应的诊断证明，当然也包括其他出生证明书或死亡证明书等医学文件，对于接诊患者的病历，医生必须亲自记录，不能由他人代替。

（6）报告义务：医生在遇到可疑的伤人或杀人事件，应及时报告公安部门；遇到可能存在突发公共卫生事件、医疗事故、法定传染病等情形要及时报告相关部门。

（7）服从安排的义务：基于社会公益的目的，医生应在遇到传染病疫情暴发、地震洪水灾害等情况下服从上级卫生行政部门的安排，到抗灾第一线开展医疗服务。

（二）患方的权利与义务

1. 患方的权利

患者的权利就是作为患者角色所享有的权利，是患者从医疗机构及医护人员那里获得某种服务的资格。在医患关系中，患方的主要权利有：

（1）获得基本诊疗护理权：生命健康权是公民最基本的人权，也是每一个人理应享有的。因此,对于以照顾患者为职业的医护人员而言,应对所有患者一视同仁,在医疗服务工作中不歧视患者,让每个公民患病时都得到合理的医疗和护理。

（2）知情同意权:患者在接受诊疗的时候,既有权获得病情资料及医疗护理措施,也有权提出医疗护理意见;既有权作出接受医疗护理的决定,也有权作出拒绝诊疗护理的决定。医疗人员在告知患者相关诊疗护理信息的时候,既要实事求是,也要充分考虑到患者的病情和心理承受能力。医护人员要尊重患者所作出的同意或拒绝治疗护理方案的选择权利,当然前提必须是医护人员必须做好病情的告知义务。

（3）个人隐私权:一般来说,当一个人察觉自己与他人有显著差异,而不愿意让他人对自己有关的事物了解、发现和知悉,甚至不愿意使自己的事务受他人控制,这就是一个最为原始的隐私概念[1]。由于诊疗护理的需要,医护人员会获得患者一些个人隐私,对于患者这些不愿意让医疗领域之外的他人了解的关于自身的信息,患者有权让医护人员为其保密。

（4）监督诊疗护理权:为了使自己能得到合理的诊疗护理,患者可以对诊疗护理活动进行监督评价。一旦患者发现自己在诊疗护理过程中受到侵害或自身权利受到损害,就有权向医疗机构和施加损害的医护人员提出意见。

（5）要求赔偿权:因为医护人员违反卫生管理的法律、法规、规章以及诊疗护理常规、规范,造成患者人身损害的,患者及其家属有权提出赔偿的要求,并追究相应法律责任。

（6）拒绝治疗和实验的权利:患者对于医护人员的诊疗护理措施（包括人体实验）有权知道其作用、成功率或可能发生的并发症等危险,不管是否有益于患者本人,患者都可以予以拒绝。

2. 患方的义务

患者的义务是患者在享受诊疗护理服务的同时还应该尽到自己的责任。作为医护人员而言,督促患者尽自己的义务是合理的,但若将患者未尽义务作为医护人员不保证患者权利的实现则是不合理的。在医患关系中,患方的主要义务有:

（1）积极配合诊疗护理的义务:维护生命健康既是患者的权利,也是患者的义务,因为疾病也和人的生活习惯等存在密切关系,所以个人平时要注意保持健康,患病后要积极配合医护人员的诊疗护理工作,如实讲述病情,正确回答医护人员的询问,按照要求配合诊疗护理工作,以尽快恢复健康。

---

[1] 隐私权正式成为一个明确的法律概念,出自 1890 年 Samuel D. Warren 以及 Louis D. Brandeis 所发表的《隐私权》(The Right to Privacy)一文。该文源于 Warren 及其妻子的私人社交活动被当地报刊详细报道,对他的生活及精神造成困扰,故撰文抨击,文中所提及的隐私权被认定为一种"生活的权利(right of life)"以及"不受干扰的权利(right to be let alone)",但隐私权并非绝对的权利,须受到公共利益及本人同意的限制。

（2）按时交纳医疗费用的义务：医疗机构对于患者的服务存在成本消耗和服务消耗。按照规定,患者应承担一定用于自身的医疗护理费用。但是,在特殊情况下如抢救危重患者时,应从人道主义出发,允许先抢救后缴费。

（3）支持医学研究的义务：医学研究的宗旨是为了人类的健康,当医疗技术有重大进步的时候,受益最大的就是患者本人。所以,患者有义务支持医学研究。

四、造成医疗纠纷解决难的根源性原因分析

医疗纠纷是指患者对医疗服务提供者的医疗服务不满意,与医疗服务提供者发生的争执。医疗纠纷难解决、难处理的根源性原因主要有以下几方面。

（一）医疗过失是造成医疗纠纷的直接原因

医疗纠纷通常是多由医疗过失行为引起的,该医疗过失行为可能涉及侵犯了患者的合法权益,作为医疗机构及其医务人员也可能存在未尽法定义务的情形。法律上所提及的过失,是行为人其行为的结果应当预见而没有预见或者已经预见但轻信能够避免的主观心理状态。因此,医疗过失包括了疏忽大意造成的医疗纠纷和过于自信造成的医疗纠纷等两种情形。医疗纠纷也有可能因为故意行为所造成,故意是行为人明知自己的行为会造成他人或者社会的损害而存心做出有害行为的心理状态,但是由故意行为造成医疗纠纷,行为人一般会被追究刑事责任,有可能会承担故意杀人或者故意伤害的罪名。此外,患者和医疗机构之间也会因管理上的问题产生纠纷。

（二）患方对于医疗行为认识不足是造成医疗纠纷的重要原因

除了由于医疗过失和故意行为引起的医疗纠纷外,有时医方在医疗活动中并没有任何疏忽和失误,仅仅是由于患方单方面的不满意,也会引起纠纷。这类纠纷可以是因患者缺乏基本的医学知识,对正确的医疗处理、疾病的自然转归和难以避免的并发症以及医疗中的意外事故不理解而引起的,也可以是由于患者的毫无道理的责难而引起的。

（三）社会舆论是造成医疗纠纷扩大的催化剂

社会心理学家认为,通过群体讨论,无论最初的意见正确与否,其观点都会被强化,称为群体极化效应。由于社会民众普遍有从众倾向,并希望自己表现得更加突出,于是不知不觉中把原有的观点推向极端。在社会传播中,数量巨大的人群很容易卷入到医疗纠纷讨论之中,个体行为易于接受医疗纠纷的负面结果,一旦个体行为能量被聚合,迅速超过临界水平,对社会经济和政治活动产生影响。我国现行体制下,一些患者的治疗效果未达到预期的效果,在少数人发起,多数人附和、默许、添油加醋的过程中,极可能进一步激化医患矛盾、催化医患冲突,直接影响到社会稳定,一旦获得一定层面领导的关注后,很容易因维稳需要列入社会纠纷的化解范围而得到不合理赔偿。

（四）法制不健全是造成医疗纠纷处理无依据的法律原因

目前,涉及医疗纠纷处理的法律主要有《中华人民共和国民法通则》、《中华人民共和国执业医师法》和《中华人民共和国侵权责任法》等;行政法规主要有《医疗事故处理条例》、《医疗机构管理条例》和《护士条例》等;行政规章主要有卫生部《医疗事故技术鉴定暂行办法》等;司法解释主要有最高人民法院的《人身损害解释》、《关于参照〈医疗事故处理条例〉审理医疗纠纷民事案件的通知》、《关于民事诉讼证据的若干规定》和《关于确定民事侵权精神损害赔偿责任若干问题的解释》等。这些法律法规以及司法解释在医疗损害责任认定等方面存在一定的空白与矛盾,造成医患双方对于医疗服务会产生不同的法律认识,而现有的医疗纠纷处理渠道也缺乏法律保障的公信度,由此医患之间难免产生纠纷。

（五）医疗卫生体制不健全是造成医疗纠纷难以解决的体制原因

我国的医疗机构、卫生行政部门和医学相关社会组织等关系错综复杂。公立医院的出资人是政府,医院领导是卫生部门任命的,"老子"管"儿子"难免手软。医学会是中国医学科学技术工作者自愿组成,并依法登记成立的学术性、公益性、非营利性法人社团,章程规定是"为会员和医学科技工作者服务"。医学会和公立医院一样,都在党的统一领导下开展工作;根据规定组建医疗事故鉴定（医疗损害鉴定）的专家库,随机抽取专家组成鉴定组作出鉴定,但鉴定专家仍未脱离卫生系统,中立性较差。而目前我国医疗责任保险制度还没有在全社会统一,存在投保费用高、限额低、理赔速度慢等问题。经过保险公司赔付,医疗机构还需上报卫生行政部门接受行政处理;不少医疗机构医疗纠纷处理耗时耗力,不能通过购买医疗责任保险来转移风险,对医疗机构造成不良社会影响的问题依旧存在。因此,许多医疗机构倾向于自行赔偿息事宁人[1]。

（六）医疗机构管理不规范是造成医疗纠纷的潜在隐患

例如根据规定,医疗机构有保管、修改病历的权利,但这也增加了医方修改病史掩饰过错的可能性。病历反映医疗过程,必然需分若干次书写,添加、改动也是难免的。有些医护人员缺乏自我保护意识、责任心也不强,在书写病历时缺乏严谨的态度。一些医疗机构监督流于形式,病历中出现瑕疵的概率很高[2]。2001—2007年卫生部上访数据显示,病历造假或缺失占到所有医疗纠纷上访原因的18.28%,仅次于对鉴定不服的上访成为第二大上访原因[3]。

此外,医疗机构和医务人员在救死扶伤职业道德和绩效考核的双重压力下,被

[1] 崔剑平.医疗纠纷及化解机制研究——以《中华人民共和国侵权责任法》为视角[J].东方法学, 2011,（3）.
[2] 张朋朋,易伟国,郭念湘.78例医疗纠纷成因分析及防范对策[J].实用医药杂志,2010,27（3）.
[3] 蒙泓惠.2001—2007年到卫生部上访反映医疗纠纷问题分析[EB/OL].http://www.cnki.net, 2010年7月20日.

认定为医疗事故,除了承担赔偿责任外,还可能受到暂停营业、吊销执业证书等行政处罚,甚至被追究刑事责任。个别医生通过过度检查或治疗应对,不仅给患者和家属增加了不少经济、精神负担,也延误了救治时机。也正因如此,发生纠纷以后部分医疗机构主管领导推诿拖延,相关人员隐瞒、推卸、逃避责任。

第二节 医疗纠纷处理的相关规定

医疗纠纷已经成为当前社会的焦点问题,国家也对此采取积极的立法措施。1987年6月29日,国务院颁布了我国第一个处理医疗事故的专门法规《医疗事故处理办法》。1997年3月14日,八届全国人大第5次会议修订通过的《中华人民共和国刑法》对发生严重医疗责任事故的医务人员作出了刑事处罚规定。1998年6月29日,九届全国人大常委会第3次会议通过的《中华人民共和国执业医师法》对造成医疗责任事故的医师作出了明确的行政处罚规定。2002年4月1日起,《最高人民法院关于民事诉讼证据的若干规定》明确规定了医疗行为侵权纠纷赔偿适用举证倒置原则,该项规定称:"因医疗行为引起的侵权诉讼,由实施危险行为的人就其行为与损害结果之间不存在因果关系承担举证责任。"2002年2月20日,国务院通过了新修订的《医疗事故处理条例》,该条例于2002年4月4日正式公布,并于2002年9月1日生效。2002年8月,卫生部又分别颁布了《医疗机构病历管理规定》、《医疗事故技术鉴定暂行办法》、《医疗事故分级标准(试行)》、《医疗事故争议中尸检机构及专业技术人员资格认定办法》、《中医、中西医结合病历书写基本规范(试行)》、《重大医疗过失和医疗事故报告制度的规定》、《医疗事故技术鉴定专家库学科专业组名录(试行)》等配套法规。2009年12月26日,第十一届全国人民代表大会常务委员会第十二次会议通过了《中华人民共和国侵权责任法》,自2010年7月1日起施行。上述法律、法规和规章为医疗纠纷的处理与解决提供了依据。2015年8月29日,全国人大常委会表决通过刑法修正案(九),其中将刑法原第二百九十条的"聚众扰乱社会秩序案"这一条增添"医疗"一项,即"聚众扰乱社会秩序,情节严重,致使工作、生产、营业和教学、科研、医疗无法进行,造成严重损失的,对首要分子,处3年以上7年以下有期徒刑;对其他积极参加的,处3年以下有期徒刑、拘役、管制或者剥夺政治权利。"

一、医疗纠纷处理的途径

当前,医疗纠纷的处理途径主要包括医患协商解决、卫生行政调解、司法诉讼解决和人民调解(图1-1)。

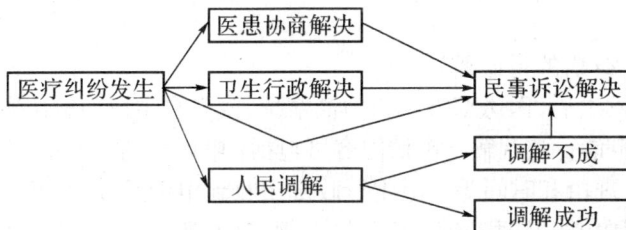

图 1-1　医疗纠纷处理流程图

（一）医疗纠纷争议的协商解决

医疗纠纷可以协商解决，是医患双方以互解互谅精神，通过平等协商自主解决医疗纠纷争议，属于"自力救济"。协商解决既可以缓解矛盾，减少误会，消除分歧，又能寻找到解决问题的方法。在医疗纠纷争议的协商解决过程中，需要解决的问题主要包括两个方面：一是事实，即是否造成了不良后果，不良后果是否是由医疗行为所致；所致不良后果的医疗行为是否违反了医疗管理法律、法规、规章和诊疗护理规范、常规。二是承担责任的方式，即医疗机构对其过错造成的医疗不良后果应当以什么形式承担责任以及责任大小。一般以经济赔偿形式为主，由医患双方共同协商确定一个赔偿数额，但有的也可以采用赔礼道歉的形式。医疗纠纷争议协商解决的特点有：

1. 具有高度自治性

即和解是依照医患当事人自身力量解决纠纷，没有第三者协助或者主持解决纠纷，和解的过程和解决均取决于当事人的意思自治。

2. 非严格的规范性

即和解过程不受严格的制约，也就是说，既不严格依据程序规范进行和解，也不严格依据实体规范达成和解协议。

3. 和解产生的协议属于合同的范畴

只要医患双方当事人的真实意思表示，内容不违反国家相关法律、法规禁止性规定，没有侵害国家、集体及他人的合法利益，就应受到法律保护。

由于医患协商是建立在平等自愿的基础上，灵活性强、形式自由，且无时间限制，能够及时解决医疗纠纷，达到沟通和解决问题的目的，因此往往更易被医患双方接受（尤其是患方）。尽管医患协商是医患当事人在平等地位的基础上双方自愿协商，且协议内容和协商时机是由医患当事人自由选定，但是协商的内容只能限定于民事责任，涉及医疗机构及其医务人员违反行政法规应当受到行政处罚以及违反国家刑事法律的规定应当受到刑事处罚的事项，医患双方是不能协商的，即使协商达成一致意见也无效，不能排除国家权力机关对当事人追究行政责任或刑事责任。但是，正因为医患协商自主性强，更容易导致患方过度维权。

（二）医疗纠纷的行政解决

医疗纠纷发生后，医患双方不愿协商解决，或者自主协商解决不成时，可以向卫生行政部门申请行政调解。申请内容可包括：申请人的基本情况、具体请求、争议的主要事实、理由和时间等。卫生行政部门收到申请后，应当及时进行审查，对符合规定的申请应当及时处理；对不符合规定的，则不予受理，并应书面告知申请人。

已确定为医疗事故的，卫生行政部门应医疗事故争议的双方当事人请求，可以进行医疗事故赔偿调解。调解时，应当遵循当事人双方自愿原则，并依法确定赔偿数额。经调解，双方当事人就赔偿数额达成协议的，制作调解书，双方当事人应当履行；调解不成或达成调解协议后一方反悔的，卫生行政部门不再调解，当事人可以在规定的期限内，向人民法院提起民事诉讼。

（三）医疗纠纷的诉讼解决

医疗纠纷发生后，当事人可以直接选择诉讼途径解决，也可以在自主协商解决不成后，或者对卫生行政部门处理不服后，再选择诉讼解决。当事人既可以选择民事诉讼，也可以选择行政诉讼。当事人选择民事诉讼的，可以在申请卫生行政部门行政处理前，也可以在行政处理过程中或处理后。当事人选择行政诉讼的，也可以在卫生行政部门行政处理前（如不受理医疗纠纷处理申请），也可以在卫生行政部门行政处理过程中（如对医疗事故技术鉴定不作为）或者处理后（如对处理结果不服）。但当事人申请卫生行政部门进行调解的，对调解结果不服，不能向人民法院提起行政诉讼，而只能按照民事诉讼规定，向人民法院提起民事诉讼。

（四）医疗纠纷的人民调解

近年来，医疗纠纷大量增加对医疗卫生系统提出了重大挑战，加快探索医疗纠纷有效解决机制已经成为社会广泛关注的热点问题。在当前医患双方仍然欠缺信任基础的环境下，仅仅依靠医患双方各自为政，自行其是，只寄希望于依靠对方的义务主动履行以实现自己的权益保障，这明显是不现实的。考虑到司法体制尚不完善，医患纠纷案件审理耗时长、成本高，而医疗机构与卫生行政部门的隶属关系致使行政调解缺乏信任的基础，由此客观、公正、中立的第三方介入医疗纠纷处理更显其现实价值。2010年，卫生部公布的《关于公立医院改革试点的指导意见》提出建立医患纠纷的人民调解机制，随后各地先后成立医疗纠纷人民调解委员会作为完全独立的第三方参与医疗纠纷处理。特别是近几年多个省市通过省长令或市长令及政府发文等形式明确了医疗纠纷人民调解工作的作用及地位，人民调解作为解决医疗纠纷的重要补充途径，其作用日渐显现[1]。

[1] 张泽洪,徐伟民.宁波市医疗纠纷第三方调解机制[J].中华医院管理杂志,2009,25(10).

二、医疗纠纷处理的鉴定制度

（一）医疗事故技术鉴定

根据《医疗事故处理条例》的规定,医疗事故的技术鉴定工作由医学会负责,设区的市级地方医学会和省、自治区、直辖市直接管理的县(市)地方医学会负责组织首次医疗事故技术鉴定工作。省、自治区、直辖市地方医学会负责组织再次鉴定工作,中华医学会仅负责组织在全国有重大影响的、复杂和疑难的医疗事故的鉴定。医疗事故技术鉴定结论对于医疗纠纷能通过医患协商、卫生行政调解、司法诉讼等途径解决具有非常重要的作用(图 1-2)。

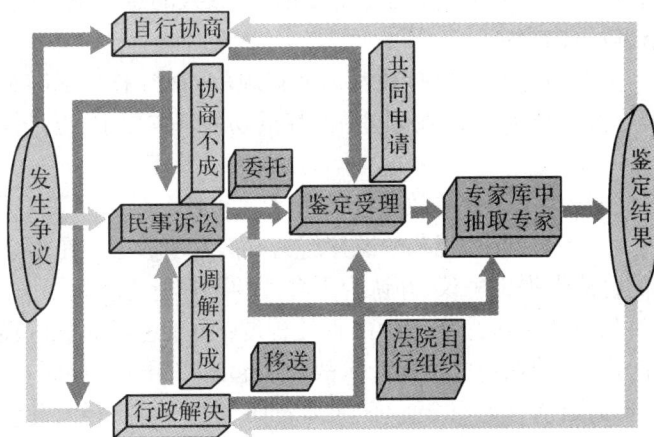

图 1-2　医疗事故技术鉴定流程图

1.鉴定的启动

启动医疗事故技术鉴定程序的方式有三种:①卫生行政部门接到医疗机构发生重大医疗过失行为的报告或医疗事故争议当事人要求处理争议的申请后,对需要进行医疗事故技术鉴定的,由卫生行政部门移交医学会组织专家鉴定组鉴定;②医患双方协商解决医疗事故争议,需要进行医疗事故技术鉴定的,由双方当事人共同委托医学会组织专家鉴定组鉴定;③人民法院受理医疗纠纷相关案件后,应当事人的请求或自行决定将涉案医疗行为委托医学会进行医疗事故技术鉴定。

2.专家鉴定组的组织

医学会要承担起医疗事故的技术鉴定工作,应依法建立由高级医学及相关学科专家聚集而成的鉴定专家库。医疗事故技术鉴定由专家组成的专家鉴定组负责进行。组成鉴定专家组的专家,由双方当事人在医学会的主持下,从医学会建立的专家库中随机编号、等量抽取,最后一名专家由医学会抽取(保证单数),组长由组员推举或由最高专业技术职务者担任。入选鉴定专家库的专家必须是依法取得相应执业资格的医疗卫生专业技术人员,应具备良好的业务素质和执业品德,必须具有一定的资历和工作经验。医疗事故技术鉴定专家库,不受行政区域限制。

医疗事故技术鉴定过程中专家回避的三种情形有:①医疗事故争议当事人或者当事人近亲属;②与医疗事故争议有利害关系;③与医疗事故争议当事人有其他关系,可能影响公正鉴定的。

3. 专家鉴定组的鉴定

医疗事故技术鉴定专家鉴定组通过审查、调查,听取当事人陈述意见、查阅有关证据,在弄清事实、证据确凿的基础上,综合分析患者的病情和个体差异,经过充分论证,以超过半数成员的意见作为鉴定结论,少数人的意见也应该记录在案,具体鉴定结论包括以下内容:

(1)医疗行为是否违反了医疗技术标准和规范:医疗技术标准和规范是诊疗护理的准则,遵守医疗技术标准和规范是医疗活动的基本要求,也是保证医疗质量的基本条件。

(2)医疗过失行为与医疗事故争议的事实之间是否存在因果关系:医疗过失行为是指违反医疗技术标准和规范的医疗行为。医疗事故争议是指患者对医疗机构的医疗行为的合法性提出争议,并认为不合法的医疗行为导致了医疗事故。

(3)医疗过失行为在医疗事故中的责任程度:由于患者的病情轻重和个体差异,相同的医疗过失行为在造成的医疗事故中所起的作用并不相同。因此,对于责任程度应予以区分,目前分为完全责任、主要责任、次要责任、轻微责任四种。

4. 医疗事故的等级

根据给患者身体健康造成的损害程度,《医疗事故处理条例》将医疗事故分为四级:

一级医疗事故:是指造成患者死亡、重度残疾的医疗事故;

二级医疗事故:是指造成患者中度残疾、器官组织损伤导致严重功能障碍的医疗事故;

三级医疗事故:是指造成患者轻度残疾、器官组织损伤导致一般功能障碍的医疗事故;

四级医疗事故:是指造成患者明显人身损害的其他后果的医疗事故。

(二)医疗纠纷处理中的司法鉴定

1. 司法鉴定的概念

根据最高人民法院的相关解释,"司法鉴定是指在诉讼过程中、为查明案件事实,人民法院依据职权,或者应当事人及其他诉讼参与人的申请,指派或委托具有专门知识的人,对专门性问题进行检验、鉴别和评定的活动"。更广意的解释,在诉讼过程中公检法机关内设的技术鉴定部门所做各类鉴定均可视为司法鉴定。而医疗纠纷中的司法鉴定是指由司法机关指派或委托鉴定机构运用专门知识和技能对医疗纠纷中的某些专门性问题所作的鉴别和认定。

2. 司法鉴定的作用

司法鉴定结论作为一种证据方式具有重要的诉讼功能,主要表现在:①它是法官借以查明案件事实,认定案件性质的重要依据。②它以其专有的、特殊的判断和认定方式,使那些初步具有证明作用的证据材料显现其在诉讼中的证信力。③它是鉴别、认定其他证据是否具有真实性以及可靠性的重要途径和必要手段。早在1956年10月,最高人民法院就曾在《各级人民法院刑、民事案件审判程序总结》中规定"鉴定人的鉴定意见书,需要当庭宣读并且让双方当事人辩解"。可见,我国司法实务界对鉴定结论作为一种证据是自始至终加以重视的。医疗纠纷案件处理过程中,司法鉴定的结论同样十分重要,可以作为法院审理该案件的凭据,直接影响到案件审理的结果,影响医患双方当事人的自身权益。

人民法院受理患方无论以人身损害、医疗事故赔偿、医疗合同纠纷等的起诉后,除个别争议不大的外,判断医疗行为有无过错、与损害后果的因果关系及原因力大小,损害后果的伤残等级,赔偿中涉及误工、护理、营养的期限等,一般均通过鉴定确定。比较而言,由医学会组织鉴定是否构成医疗事故的损害,由司法鉴定组织鉴定是否构成非医疗事故的损害。医疗事故技术鉴定和司法鉴定都是证据种类中的鉴定,但在鉴定的启动、鉴定人员的组成、鉴定的程序和依据、认定事实的方式、鉴定结果的监督等方面不尽相同。

3. 医疗纠纷中司法鉴定的特点

(1)鉴定是为诉讼做准备:在医疗纠纷处理中,司法鉴定不同于医疗事故技术鉴定。根据《医疗事故处理条例》的规定,医疗事故争议的解决有三个途径:自行协商、行政解决和诉讼解决。医疗事故技术鉴定可以贯穿于上述三个途径中任一途径,而司法鉴定一般多见于诉讼解决阶段。因此,司法鉴定多是医疗纠纷进入司法程序,委托人一般是司法机关,司法机关的委托必须依照法定职责和程序进行,司法鉴定是司法活动中的一部分,所作出的司法鉴定结论只能是为诉讼做准备。而医疗事故技术鉴定可以是司法机关委托,也可以是医患纠纷当事人或卫生行政部门委托,该医患纠纷未必一定要进入司法程序为诉讼做准备,所作出的结论可以成为司法机关诉讼判决的依据[1]。

(2)鉴定工作具有相对独立性:医疗纠纷中鉴定的一个重要原则就是独立鉴定。医疗纠纷中鉴定本质上说是一种医学辨别与判定,它应当尊重科学、尊重事实。鉴定的根本要求就是在独立作出鉴定结论的过程中,不应受到医患双方或任

---

[1] 朱晓卓,田侃.浅析医疗事故技术鉴定中的重新鉴定和再次鉴定[J].中国卫生事业管理,2003,19(9).

何第三方的非法定的影响或干扰,以保证鉴定结论的科学、公正与客观[1]。

医疗事故技术鉴定由医学专家(涉及伤残等级的会有个别法医参加)组成的专家鉴定组负责进行,医学会要承担起医疗事故的技术鉴定工作,应依法建立"鉴定专家库"这样一个庞大的、由高级医学及相关学科专家聚集而成的专家储备库。这些专家主要还是来自于各个医疗机构。相比医疗事故技术鉴定,司法鉴定的组成人员主要是法医,并不隶属于任何医疗机构,且鉴定中无医务人员的参加,由于医疗纠纷都是患者和医院因为某一事由产生摩擦,司法鉴定没有作为医院一方的专家参加,显然鉴定工作不易受到医疗机构的干扰和影响。因此,鉴定人员的独立性保证了鉴定的独立性。

(3)鉴定结论有利于保护患方利益:医疗事故的结论只能是医学会医疗事故技术鉴定专家组作出,根据《医疗事故处理条例》第49条的规定:"医疗事故赔偿,应当考虑下列因素,确定具体赔偿数额:医疗事故等级;医疗过失行为在医疗事故损害后果中的责任程度;医疗事故损害后果与患者原有疾病状况之间的关系。不属于医疗事故的,医疗机构不承担赔偿责任。"本规定中"属于医疗事故的,医疗机构不承担赔偿责任"在实践中很容易对造成对患方的不公平。

根据医疗事故技术鉴定实践,只有医疗行为存在过错,该过错和患者目前的人身损害存在一定的因果关系,且达到一定的程度,才可能被定为医疗事故,而很多医疗损害并没有达到定为医疗事故的程度,或由于医学发展问题未能解释医疗行为造成的人身损害,在这种情况下,医疗行为很可能不会被医疗事故鉴定专家组定为医疗事故,但患者实际的医疗人身损伤却是实际存在,如果是医疗事故不赔偿,很多患者是无法获得救济和赔偿的,对作为受害方的患者显然是不公平的。相反,司法鉴定并不需要对造成患者人身损害的医疗行为是否构成医疗事故作出结论,只需要对医疗行为是否有过错,以及该过错和患者目前的情况是否有因果关系存在作出判断,对于一些无法作出明确解释的医疗损害也会提出相应的看法和见解,使得能更好地维护当事人的合法权益,体现对作为弱势群体的法律保护。

4. 与医疗事故技术鉴定的比较

(1)鉴定人员的比较:医疗事故技术鉴定的专家成员是医学会从各个医疗机构符合条件的医生中抽签产生的,司法鉴定人员是经司法行政机构登记并公告的。临床医学重视过程的演变,法医学注重结果的原因。医生在确定医疗机构是否存在违反法律及其他有关诊疗规范的行为,手术方案选择、实施是否存在违反专家过失的标准,诊疗活动中是否尽与当时的医疗水平相应的诊疗义务等,有丰富的临床经验和优势,由此医疗机构对于医疗事故技术鉴定的结论普遍认可度高,但鉴定人不署名、不出庭接受质证,损害了其结论的权威性;在司法鉴定中法医往往

---

[1] 朱晓卓,田侃.浅析医疗事故技术鉴定中的行政行为及其后果[J].中国卫生法制,2004,(2).

从结果中倒推行为,擅长判断损害行为与结果的因果关系,对判定"医务人员在诊疗活动中未尽到与当时的医疗水平相应的诊疗义务"的问题难免会存在知识背景的缺陷[1]。

(2)鉴定内容的比较:医疗纠纷司法鉴定的内容主要是确定医疗机构在提供医疗服务过程中,是否存在过失或过错,过失和过错与患者目前状况(死亡或医疗损害后果)的因果关系(诱因、间接因果关系,直接因果关系);而医疗事故技术鉴定的内容主要是医疗行为是否违反了医疗技术标准和规范;医疗过失行为与医疗事故争议的事实之间是否存在因果关系;医疗过失行为在医疗事故中的责任程度[2]。

(3)鉴定选择的比较:在医疗纠纷诉讼中,由于存在司法鉴定和医疗事故技术鉴定,两种鉴定结论如果是合法有效的,都可被法院所采信,但由于两种鉴定还是存在一定的差别,鉴定结论很有可能直接导致了最终的诉讼结果,而影响到当事人的利益,所以对于鉴定的选择就显得更为关键。由于从进入司法程序的实践情况来看,司法鉴定和医疗事故技术鉴定都可能同时存在。基于维护其合法权益的态度,法院在医患双方当时对采取何种鉴定意见不一致时,可以考虑如果作为原告的患方提出医疗事故损害赔偿要求时,法院应允许进行医疗事故技术鉴定;如果作为原告的患方提出医疗纠纷人身侵权损害赔偿时,法院应支持其要求司法鉴定的申请,这也是考虑到作为原告的患方对于采取何种诉讼具有选择权。根据《最高人民法院关于〈医疗事故处理条例〉的适用解释》的规定,人民法院在民事审判中,需要进行医疗事故鉴定的,交由《医疗事故处理条例》规定的医学会组织鉴定;因医疗事故以外的原因引起的医疗赔偿纠纷需进行司法鉴定的,按照《人民法院对外委托司法鉴定管理规定》组织鉴定。但随着《侵权责任法》的颁布实施,更多的医疗侵权损害案件可以选择进行医疗损害鉴定。

(三)医疗纠纷处理中的医疗损害鉴定

由于《侵权责任法》的颁布实施,在医疗事故技术鉴定体系之外,医学会也开始组织专家鉴定组,依照有关法律、法规、部门规章和诊疗护理技术操作规范、常规,运用医学科学原理和专业知识,独立进行医疗损害鉴定。从医疗损害鉴定的组织机构、鉴定人员构成、鉴定专家的抽取回避等方面和医疗事故技术鉴定基本一致,但鉴定依据在鉴定提出、鉴定结论等方面存在较大差异,简单比较如下:

1.鉴定的依据

医疗损害鉴定是以《侵权责任法》为依据开展的;医疗事故技术鉴定是以《医

---

[1]崔剑平.医疗纠纷及化解机制研究——以《中华人民共和国侵权责任法》为视角[J].东方法学,2011,(3).

[2]朱晓卓,田侃.试论医患纠纷案件处理中的司法鉴定[J].中国卫生事业管理,2006,(12).

疗事故处理条例》为依据开展的。

2. 鉴定的提起

医学会的医疗损害鉴定须通过人民法院委托或医患双方共同委托方可进行，和医疗事故技术鉴定的提起程序相比少了卫生行政部门的委托。因此，如果是通过卫生行政部门委托的只能是医疗事故技术鉴定。

3. 鉴定中因果关系判断

医疗事故的鉴定多根据循证医学来判定医疗行为与患者的损害后果之间因果关系；医疗损害鉴定多根据盖然性去分析医疗行为与患者的损害后果之间因果关系[1]。

4. 鉴定的结论

医疗事故技术鉴定主要判定是否属于医疗事故；医疗损害鉴定的内容包括医疗行为有无过错、患者损害后果（包括伤残等级）、过错与损害后果之间是否存在因果关系、过错在医疗损害后果中的责任程度，在鉴定结论中要综合分析医疗过错行为在导致医疗损害后果中的作用、患者原有疾病状况等因素，判定医疗过错行为的责任程度，明确伤残等级。无论是医疗事故技术鉴定还是医疗损害鉴定对于责任都分为完全责任（指医疗损害后果完全由医疗过错行为造成）、主要责任（指医疗损害后果主要由医疗过错行为造成，其他因素起次要作用）、次要责任（指医疗损害后果主要由其他因素造成，医疗过错行为起次要作用），以及轻微责任（指医疗损害后果绝大部分由其他因素造成，医疗过错行为起轻微作用）。根据《浙江省高级人民法院关于规范委托医疗损害鉴定的通知》的规定，委托医疗损害鉴定，应要求鉴定机构在鉴定意见中对医疗行为有无过错、医疗过失行为与损害后果之间是否存在因果关系、医疗过失行为在医疗损害后果中的责任程度等，一并做出明确认定；医疗损害责任分级及患者构成伤残的、均参照《医疗事故分级标准（试行）》进行评定。

5. 鉴定结论的作用

医疗事故技术鉴定结论不仅可作为纠纷协商、诉讼等处理依据，也可以作为卫生行政部门对发生医疗事故的单位和人员进行行政处理的依据，但医疗损害鉴定结论则作为医患民事纠纷处理的依据。

6. 鉴定机构的选择

对于医疗损害鉴定，人民法院和医患双方一般可先委托市医学会鉴定，任何一

---

[1] 盖然性就是可能性。盖然性因果关系规则表现在：首先，事实因果关系的举证责任在形式上仍然由原告承担；其次，原告对事实因果关系的证明程度只需达到"相当程度的盖然性"即可，而被告必须对"事实因果关系不存在"提出证明，其证明程度必须达到"高度盖然性"，否则法庭就可以认定事实因果关系成立，这一处理实际上使事实因果关系的证明责任从原告转换到被告方；第三，所谓"相当程度的盖然性"，是指"超过了'疏于明确'程度，但未达到证明程度的立论"。

方对鉴定结论不服时再委托省医学会鉴定,必要时,人民法院可直接委托省医学会鉴定。根据《浙江省高级人民法院关于规范委托医疗损害鉴定的通知》的规定,医疗损害鉴定也可以委托其他司法鉴定机构进行,但是委托医学会以外的司法鉴定机构进行鉴定的,该鉴定机构应具有相应临床专科知识和经验的鉴定人员参加。对于医疗事故技术鉴定,设区的市级地方医学会和省、自治区、直辖市直接管理的县(市)地方医学会负责组织首次医疗事故技术鉴定工作,对于首次鉴定结论不服,省、自治区、直辖市地方医学会负责组织再次鉴定工作,如果对再次鉴定结论不服从,可以申请中华医学会组织鉴定,但中华医学会仅负责组织在全国有重大影响的、复杂和疑难的医疗事故争议案例的鉴定。

三、医疗纠纷诉讼中的举证责任

举证责任,是指法律预先规定,在案件的真实情况难以确定的情况下,由一方当事人提供证据予以证明,如果其提供不出证明相应事实情况的证据,则承担败诉及不利后果的制度。过错责任的举证方法有两种,一是谁主张、谁举证,通常是受害人对加害人的过错进行举证和证明,而加害人无举证责任;二是特殊适用方法,即过错推定中举证责任的倒置,推定加害人有过错,而由加害人证明自己没有过错。过错推定一般在我国民事法律中仅仅是针对某些领域的特殊侵害。在处理医疗纠纷诉讼时,采取何种举证责任,直接关系到医患双方的现实利益。

2001 年 12 月 6 日,最高人民法院审判委员会第 1201 次会议通过了《最高人民法院关于民事诉讼证据的若干规定》并于同月 21 日公布,自 2002 年 4 月 1 日起施行。该规定第 4 条的第 8 点规定,因医疗行为引起的侵权诉讼,由医疗机构就医疗行为与损害结果之间不存在因果关系及不存在医疗过错承担举证责任。但是自 2010 年 7 月 1 日起《侵权责任法》实施后,对医疗纠纷举证规则进行了重新修定,根据《侵权责任法》第 58 条规定,患者有损害,因下列情形之一的,推定医疗机构有过错:①违反法律、行政法规、规章以及其他有关诊疗规范的规定;②隐匿或者拒绝提供与纠纷有关的病历资料;③伪造、篡改或者销毁病历资料。也就是说在医疗侵权纠纷案件中,一般还是采取"谁主张谁举证"的规则,只有出现上述这三种情况,法院在审理中实行是过错推定责任认定。

四、医疗纠纷的预防与处置

(一)医疗损害的预防

医疗机构及其医务人员在医疗活动中,必须严格遵守医疗卫生管理法律、行政法规、部门规章和诊疗护理规范、常规,恪守医疗服务职业道德。医疗机构应加强这方面教育。医疗机构应当设置医疗服务质量监控部门或者配备专(兼)职人员,具体负责监督本医疗机构的医务人员的医疗服务工作,检查医务人员执业情况,接受患者对医疗服务的投诉,向其提供咨询服务。医疗机构应当制定防范、处理医疗事故的预案,预防医疗损害事件的发生,减轻医疗事故的损害。

（二）有关病历资料等的规定

1. 病历资料的书写与保管

医疗机构应当按照国务院卫生行政部门规定的要求,书写并妥善保管病历资料。因抢救急危患者,未能及时书写病历的,有关医务人员应当在抢救结束后6小时内据实补记,并加以注明。严禁涂改、伪造、隐匿、销毁或者抢夺病历资料。

2. 病历资料的复制

患者有权复印或者复制其门诊病历、住院志、体温单、医嘱单、化验单（检验报告）、医学影像检查资料、特殊检查同意书、手术同意书、手术及麻醉记录单、病理资料、护理记录以及国务院卫生行政部门规定的其他病历资料。患者按规定复印或复制病历资料的,医疗机构应当提供复印或者复制服务并在复印或者复制的病历资料上加盖证明印记。复印或者复制病历资料时,应当有患者在场。医疗机构应患者的要求,为其复印或者复制病历资料,可以按照规定收取工本费。

3. 病历资料和现场实物的封存

（1）病历资料的封存:发生医疗纠纷争议时,死亡病例讨论记录、疑难病例讨论记录、上级医师查房记录、会诊意见、病程记录应当在医患双方在场的情况下封存和启封。封存的病历资料可以是复印件,由医疗机构保管。

（2）现场实物的封存:疑似输液、输血、注射、药物等引起不良后果的,医患双方应当共同对现场实物进行封存和启封,封存的现场实物由医疗机构保管;需要检验的,应当由双方共同指定的、依法具有检验资格的检验机构进行检验;双方无法共同指定时,由卫生行政部门指定。疑似输血引起不良后果,需要对血液进行封存保留的,医疗机构应当通知提供该血液的采供血机构派员到场。

（三）尸检及尸体的处理

1. 尸检

患者死亡,医患双方当事人不能确定死因或者对死因有异议的,应当在患者死亡后48小时内进行尸检;具备尸体冻存条件的,可以延长至7日。尸检应当经死者近亲属同意并签字。尸检应当由按照国家有关规定取得相应资格的机构和病理解剖专业技术人员进行。承担尸检任务的机构和病理解剖专业技术人员有进行尸检的义务。医患双方当事人可以请法医病理学人员参加尸检,也可以委派代表观察尸检过程。拒绝或者拖延尸检,超过规定时间,影响对死因判定的,由拒绝或者拖延的一方承担责任。

2. 尸体的处理

患者在医疗机构内死亡的,尸体应当立即移放太平间。死者尸体存放时间一般不得超过2周。逾期不处理的尸体,经医疗机构所在地卫生行政部门批准,并报经同级公安部门备案后,由医疗机构按照规定进行处理。

（四）医疗侵权情况的报告

1. 内部报告制度

医务人员在医疗活动中发生或者发现医疗事故、可能引起医疗事故的医疗过失行为或者发生医疗事故争议的,应当立即向所在科室负责人报告,科室负责人应当及时向本医疗机构负责医疗服务质量监控的部门或者专（兼）职人员报告;负责医疗服务质量监控的部门或者专（兼）职人员接到报告后,应当立即进行调查、核实,将有关情况如实向本医疗机构的负责人报告,并向患者通报、解释。

2. 向卫生行政部门报告

发生医疗事故的,医疗机构应当按照规定向所在地卫生行政部门报告。发生下列重大医疗过失行为的,医疗机构应当在 12 小时内向所在地卫生行政部门报告：①导致患者死亡或者可能为二级以上的医疗事故;②导致 3 人以上人身损害后果;③国务院卫生行政部门和省、自治区、直辖市人民政府卫生行政部门规定的其他情形。

3. 防止损害扩大

发生或者发现医疗过失行为,医疗机构及其医务人员应当立即采取有效措施,防止医疗损害扩大。

五、医疗损害赔偿责任的选择

在医疗纠纷案件中,医疗损害赔偿责任的确定上一般多体现为医疗侵权责任和违约责任的竞合。

（一）医疗侵权责任和违约责任的概念

医疗合同是平等主体的医患双方之间形成的,以医师的诊疗义务与患者给付报酬义务为基本内容的双方合同,医方如未履行法定或合同约定的义务,即构成违约,应承担违约责任;在疾病治疗过程中,医师如未履行善良管理人的注意义务,造成了侵害患者生命健康的损害后果,则应承担侵权责任。

（二）侵权责任与违约责任的区别

1. 归责原则不同

侵权责任以过错责任原则为一般归责原则,以过错推定原则、公平责任、无过错责任为补充。违约责任以严格责任原则为一般原则,以过错责任为补充,即在违约责任的构成上总的说来并不要求违约人具有过错,只要没有免责事由,就要承担违约责任。

2. 举证责任不同

在侵权责任的场合,受害人对其加害人应当承担侵权责任的主张负举证责任,但法律规定的特殊侵权行为除外。在违约责任的情形,只要债权人证明债务不履行就可以了,至于债务人是否具有免责事由,则是由他自己举证的事情。

3. 违反义务不同

侵权行为违反的是不得侵害他人财产或者人身的法定义务。违约行为违反的是合同当事人之间的约定义务。

4. 诉讼时效不同

向人民法院请求保护民事权利的诉讼时效期间为2年,诉讼时效期间从知道或者应当知道权利被侵害时起计算,但因身体受到伤害而产生的侵权损害赔偿请求权的诉讼时效为1年。

5. 构成要件和免责事由不同

侵权责任以损害事实为构成要件,无损害即无责任;违约责任不以实际损害为条件,如支付违约金。侵权责任的免责事由具有法定性,即由法律明文规定;违约责任具有任意性,即可以由当事人之间的免责条款予以减轻或者免除。

6. 责任范围不同

侵权责任的范围包括财产损失(只赔偿实际损失)、人身伤害和精神损害。违约责任的归责原则是严格责任原则,赔偿损失不仅要赔偿实际损失,而且要赔偿可得利益,但不包括精神损害赔偿。

7. 诉讼管辖不同

因侵权行为提起的诉讼,由侵权行为实施地、侵权结果发生地或者被告住所地人民法院管辖。因合同纠纷提起的诉讼,由被告住所地或者合同履行地人民法院管辖;合同当事人还可以在书面合同中协议选择被告住所地、合同履行地、合同签订地、原告住所地、标的物所在地人民法院管辖。

(三)医疗侵权责任和违约责任的民事责任竞合

在医疗活动中,难免就会产生医疗侵权责任和违约责任的民事责任竞合。所谓民事责任竞合是指行为人实施某一违反民事义务的行为符合多种民事责任的构成要件,从而在民法上导致多种责任形式并存和相互冲突。医疗活动中民事责任竞合的直接法律效果就是导致了双重请求权的存在,并允许患方选择行使,但不能同时实现,否则,医方承担双重责任,患方就会获得双重赔偿,这样就对医方不公平了。因为患方主张何种责任,直接关系到其切身利益,所以出现这种民事责任竞合的情况时,患方可以选择对自己更为有利的诉讼请求。

第三节　国内外应对医疗纠纷的措施和启示

医疗纠纷大量增加,对医疗卫生服务的影响巨大,这已经成为各国医疗卫生服务系统面临的重大难题。为解决和应对急剧增加和日益积累的医疗纠纷,不少发达国家建立并不断完善医疗纠纷非诉讼处理机制,而我国北京、上海等地也在积极探索医疗纠纷处理的新途径,调解、仲裁、医疗责任保险等不同方式都出现在医疗纠纷处理过程中,并取得了一定成效。

一、国外应对医疗纠纷的措施

非诉讼纠纷程序解决方式(alternative dispute resolution, ADR)是对诉讼以外的其他各种纠纷解决方式、程序或制度的总称。医疗纠纷非诉讼程序解决方式即是指利用司法诉讼途径以外的方式解决医疗纠纷。而医疗纠纷第三方处理机制是由医患双方之外的第三方主持调解处理医疗纠纷,以确保公平公正,属于非诉讼程序解决方式区别于医疗纠纷的诉讼解决、医患协商和行政调解。医疗纠纷第三方处理机制立法开始于美国,在德国、日本等国都有相类似的医疗纠纷第三方处理机构。

(一)美国的医疗纠纷解决委员会

1997年,由美国仲裁协会、美国医师协会和美国律师协会三大组织联合发起和资助成立了医疗纠纷解决委员会(Commission on Health Care Dispute Resolution, CHCDR),专题研究并形成了医疗纠纷解决规范化程序议定书,推荐了一系列解决医疗纠纷的替代性解决方式,并作为中立的第三方参与协助解决纠纷的一种医疗纠纷解决机制,以便更加公正、迅速、经济地处理医疗纠纷。替代性解决方式主要有监察人制度、调查、会商、调解、仲裁和综合性 ADR 方法。根据调查,医疗纠纷主要还是通过调解和仲裁得到解决[1]。

1. 调解

调解是纠纷各方在中立第三方的帮助下,通过协商尽量协调分歧,达成协议,调解的最大特点是调解员本身不发表主导性意见,解决方案完全来自纠纷双方,调解所达成的协议往往不具有约束力。调解是完全保密的,所有的资料都不能公开;参与者为调解员,目前美国调解员主要是退休法官、执业律师以及其他社会工作者;调解收费最低,包括少量的管理费以及调解员按小时收费。在各种医疗纠纷解决方式中,调解的速度最快。

2. 监察人制度

由被指定的具有中立性质的第三方收集医疗纠纷有关信息,由其进行独立的调查,也可以依照有关程序向当事人收集信息,进而提出医疗纠纷解决方案和改进医疗管理的建议。

3. 会商

由具有中立性质的第三方召集纠纷各方(或其代表)通过有组织的谈判,使各

---

[1] 张鸣,李南.美国医疗纠纷处理与立法经验对我们的启示[J].中华医院管理杂志,2009,25(4).

方达成一致意见。

4. 综合性 ADR 方法

多种 ADR 方式的混合使用,通常按一定的次序进行,如在"调解－仲裁"中,仲裁员应先进行调解,调解不成即转入仲裁程序。

5. 仲裁

仲裁是纠纷被提交给一个或多个中立的仲裁员,由仲裁员根据预先制定的程序做出具有约束力的最终裁决。仲裁过程中涉及的法律依据和仲裁程序与法院审判基本相同,但仲裁先例不作为仲裁依据,仲裁结果具有法律效力。仲裁的整个程序是不公开的,查询不到相关信息,唯一要公开的情况是当一方不执行仲裁结果而进入法院要求执行;参与者为仲裁员,目前美国仲裁员没有严格的资质要求,但需经过必要的培训;仲裁收取费用包括两部分:管理费和仲裁员按小时收费。

(二)德国的调解处

调解处是德国设立的专门负责医疗纠纷庭外解决的机构,由各州的医师公会单独或者几个州的医师公会联合设立,这是一个独立运作的机构,设立宗旨是从调解民事纠纷的角度来处理医疗纠纷,独立判断医疗纠纷中医师有无责任、责任范围以及赔偿数额,以达到法庭外和解的目的。

调解处的工作人员由法律人士和医师共同组成,在接到患方关于医疗纠纷的案情陈诉后,调解处会根据情况组成一个专家小组,而该小组中必定有一名医师与涉嫌造成事故的医师执业同一专科[1]。但专家小组必须在得到患者和医师双方同意之后才能开展工作。

调解处的行政办公费用都由医疗保险公司支付,所以患方求助该机构时候,几乎不用支付费用,调解处对医疗纠纷的最后处理意见只是建议性的,不具有法律约束力,如果当事一方不同意调解处的意见,仍可起诉至法院。

(三)日本的医疗纠纷处理委员会和医师赔偿责任审查会

1. 医疗纠纷处理委员会

在法律地位上,医疗纠纷处理委员会属于公益社团法人。日本的医疗纠纷大部分由医疗纠纷处理委员会出面代为解决,但医疗纠纷处理委员会只接受来自医师会员的委托。一旦医疗纠纷处理委员会接受来自会员对于医疗纠纷处理的请托,其处理方式分为两类,如果该项纠纷属于医师赔偿责任保险理赔的对象,则以该保险程序,移付医师赔偿责任审查会审查,依有无医疗过失判定责任归属,自身只扮演与患方沟通、协调的角色,必要时则采取类似委托律师之类的行动;如该纠纷与保险理赔没有关系,则由本身独立判断责任归属及赔偿金额,并且也代为和患方沟通、协调,必要时则采取类似委托律师之类的行动。

---

[1] 王卫东,范贞.医疗纠纷第三方援助机制思考[J].中国医院,2008,12(7):49.

2. 医师赔偿责任审查会

由于医疗服务主要由公立医疗机构、私立医疗机构以及个人开业医生提供,执业主体的多元化使得日本并未在全部医疗机构内统一实施强制医疗责任保险。但这并不排除医生及医疗机构享有医疗责任保险的保障,因为凡加入医师协会的医生,缴纳会费即意味着购买了医生赔偿责任保险,医师协会会从会费中拿出相当部分会费充当保险费用,并以集团的名义与保险公司签订保险合同。由于大部分医生均会参加到协会之中,因此日本的医疗责任保险具有一定的强制性和普遍性。

为了解决赔偿纠纷问题,日本成立医师赔偿责任审查会,在法律地位上和医疗纠纷处理委员会一样都属于公益社团法人。医师赔偿责任审查会是一个独立且中立的仲裁机构,独立审查赔偿数额,赔偿金额在 1 亿日元以下保险给付由保险公司全部负责。医师赔偿责任审查会的宗旨是以第三方的立场,秉持纷争解决至上主义,尽可能迅速妥善处理纷争,并将个案导入公平判定责任的机构,审查除了尊重医学、法学专家的见解外,不受其他任何拘束。但审查会的判定不具有判定力,无法对双方当事人形成法律上的拘束力,患方如无法接受审查会的判定,仍可诉讼至法院。

二、国内各地应对医疗纠纷的措施

2002 年,国务院颁布实施的《医疗事故处理条例》对医疗事故争议处理规定了三种途径:医患协商、行政调解和司法诉讼,但一直存在医患协商冲突激烈、行政调解公正性欠缺、司法诉讼耗时成本高等问题,造成医疗纠纷的处理已经成为社会的重大难题,由此调解、仲裁等非诉讼方式解决医疗纠纷越来越受到社会关注。近年来,我国很多地区也相继成立了一些医疗纠纷专业调解机构,典型代表如北京卫生法研究会医疗纠纷调解中心、上海市普陀区医患纠纷人民调解委员会、天津的仲裁委员会医事纠纷调解中心和山西省医疗纠纷人民调解委员会等,一个多元化的医疗纠纷大调解格局正在形成。与此同时,医疗责任保险在各地也纷纷试水。

(一) 北京卫生法学会医疗纠纷调解中心[1]

北京卫生法学会医疗纠纷调解中心于 1998 年 8 月开始从事医疗纠纷调解工作。2000 年 8 月,经民政部门审批创建专业性、职业化的医疗纠纷调解中心,按照《北京市实施医疗责任保险的意见》规定开展医疗纠纷第三方调解援助。

1. 组织机构

北京卫生法学会医疗纠纷调解中心的调解属于社团组织的专业调解。依托北

---

[1] 张云林,张杏玲.北京医疗纠纷第三方调解援助及探讨[J].中国医院,2009,13(2):2-5.

京卫生法研究会医疗纠纷调处、医疗风险管理、卫生法律、临床伦理学、法律专家咨询5个委员会5大技术支持系统。调解中心设有综合办公室、协调通联处、法律事务处、调解防范处4个部门和3个调解庭,为了加强医疗纠纷调处的可及性与前沿应急能力,在远郊区县设有9个调解分中心,在有的高风险管理试点医院医疗纠纷办派驻调解人员。

2. 调处人员

北京卫生法学会医疗纠纷调解中心组建了一支一人多岗、一岗多能、训练有素、多学科相结合的高素质的专业团队,40名工作人员中除2名后勤人员外,都具有本科以上学历。其中医院高管人员、副高以上职称的临床医师、心理医师、高级法官、律师25人、中级职称9人,具有医学法学或心理学双学历、医师兼律师双职称4名,以上占总人数的86%;所有人员均经过培训考核聘用。

3. 调处工作

自2005年1月1日至2008年11月25日共调处受案4314例,占调处案与诉讼案总数的84%以上。其中包括受北京市或卫生部委托参与处理的大案、特案和非医责险医疗纠纷等共147例,疑难案件604例,占14%,调解3924例,调解率90%,结案3770例,结案率87%,调解成功3542例,占82.1%,经调处成功的零赔付结案738例,占17.1%,结案时间最短3.5小时,最长430天,平均49天;其中个案最高索赔额为280万元,调处理赔最高赔付120万元,不服调解协议赔偿案转诉讼的共3例,占0.07%。4年调解结案案均2.05万元,直接诉讼结案案均5.21万元,后者比前者高出2.54倍,医患双方协商解决虽然只有3例,但赔付率是百分之百,行政调解也是如此,司法诉讼赔付率为86.96%,医疗责任保险调解中心解决赔偿33例,占调解案例的60%,赔付率最低。启动突发性医疗纠纷紧急预案出急险共514起,医疗纠纷从院内向院外转移成功率约98%,使"大闹大赔"或者通过不正常强势途径得到赔偿的势头得到遏制,使应该得到却得不到正当赔偿的弱势患方依法得到赔偿。

4. 调解援助的主要做法

（1）调处与理赔合署办案,一站式全程全方位保险保障服务:为了给医疗纠纷当事人提供经济、省时、便捷的解决途径,创建了调处机构与保险公司合署办案、一站式全程全方位保险保障服务模式,在明确和强化北京卫生法学会医疗纠纷调解中心在医疗责任保险法律关系中作为中立第三者的地位和职责的前提下,强化程序控制,与中国人保财险保险公司分工协作,既相互制约又相互协助,从程序和实体上杜绝了不正当调处理赔行为,保障了依法维护医患双方合法权益的公正性。

（2）建立调处理赔合议制,严格规范调处行为:一方面规定不得进行强制调解、诱导调解、对抗调解、代理人越权调解和损害第三人合法权益的调解;另一方面规定切实保障当事人的程序利益与实体利益,强调调处行为的程序化、规范化和标准化。为此,北京卫生法学会医疗纠纷调解中心由退休高级法官担任法务总监,成立了医疗纠纷调处合议委员会,按照赔偿标的大小、职责权限,建立了三级合议制、调处不良行为记录系统和错案责任追究等制度。确保调处结果经得起司法审查。其调处程序主要是:①受理纠纷;②调查取证;③过失认定;④定损计赔;⑤合议程序;⑥沟通劝导;⑦调解协议;⑧回访督办;⑨结案归档;⑩统计分析;⑪反馈防范。凡是零赔或 2 万元以上的赔案都进行合议,必要时举行听证会。

（3）建立快速调处理赔机制:北京卫生法学会医疗纠纷调解中心设立并坚持 24 小时医疗纠纷热线电话服务,把热线电话和调解庭作为宣传窗口,密切保持和医疗纠纷中患方的热线联系与及时沟通,促进医疗纠纷调解的早处理、快处理;建立处理突发性医疗纠纷紧急预警案,接到医院紧急出险报案后,立即派员赶赴现场处理,出现场率达 100%;加强现场调处,把医疗纠纷化解在萌芽状态、原始状态或矛盾未激化状态,为此,北京卫生法学会医疗纠纷调解中心实行分类调处,特案特办,急案急办,小案按简易程序办,其他按常规限期办。为了提高现场调解成功率,简化程序,加强现场结案,如 1000 元以下赔案,只要技术总监同意即可;3000 元以下赔案,通过法务总监同意即可;医疗过失明显且与损害后果有明确因果关系的急险赔案,通过电话合议定损计赔,现场先予垫付,后补程序。

5. 存在的主要问题

（1）医疗纠纷专业调解组织的法律地位不明确:北京卫生法学会是北京市从事卫生法学研究的专业学术团体,其所设立的医疗纠纷调解中心并不属于完全意义上的人民调解组织,而且和保险公司合署办公,无法保证其独立性、中立性和公正性,其调解工作也缺乏相应的法律依据。由此,这也造成医疗纠纷调解协议的法律效力不明确。

（2）服务的医疗机构覆盖面有限:北京卫生法学会医疗纠纷调解中心是与保险公司合署办公的,开展的工作是保险公司进行医疗侵权损害理赔的一个组成部分。因此没有投保的医疗机构是不能获得调解服务的,尤其是未实现医疗机构投保全覆盖的情况下,受理范围就有明显的限制。

（3）调解程序和保险理赔程序基本等同:北京卫生法学会医疗纠纷调解中心的调解工作其本质是为了医疗侵权理赔服务,因此在制度设计上,调解程序和保险理赔程序基本等同,这也是造成医疗纠纷调解中心不能体现完全独立第三方性质的重要原因。而且在调解过程中,由调解员代表医院和患方谈判协商,缺少医患之间直接沟通交流的渠道,调解中心很容易被患方认定为是医疗机构和保险公司的利益代言人。

（4）医疗损害赔偿标准偏低:北京卫生法学会医疗纠纷调解中心在计算赔偿数额时是严格按照《医疗事故处理条例》的规定进行的,而司法实践中不少医疗侵权案件是按照最高人民法院《关于审理人身损害赔偿案件适用法律若干问题的解释》进行认定赔偿的,两者在赔偿标准、赔偿范围上区别较大,相比而言,按照《医疗事故处理条例》的规定进行赔偿认定的数额相对较低,容易成为患方拒绝调解的理由。

（二）上海市普陀区医患纠纷人民调解委员会

上海市普陀区医患纠纷人民调解委员会于 2006 年 4 月 28 挂牌成立,是上海市首家政府出资,聘请法律、医疗专家组成的群众性组织,通过非诉讼争议解决方式,为调处医患纠纷提供公益性服务。

1. 基本情况

（1）人员情况:区医患纠纷人民调解委员会由 2 名退休的主治医师和 1 名退休的检察官组成,还聘请了一些律师担任调解员。

（2）组织机构情况:区医患纠纷人民调解委员会下设人民调解工作室,负责日常的医患纠纷调处工作,各街道（镇）、医院成立相应的医患纠纷调解工作站,逐步实现网络化管理。

（3）工作职能:区医患纠纷人民调解委员会重点调处本行政辖区内二级或三级医疗机构发生的案情复杂、相对疑难的医患纠纷和矛盾;对事实清楚、争议不大的,征求当事人同意,也可以移交街道（镇）医患纠纷人民调解站调处。

区医患纠纷人民调解委员会职能主要包括:指导全区医患纠纷人民调解工作的制度化、规范化建设;对全区医患纠纷人民调解员的业务培训;召开医患纠纷人民调解工作站及各级医疗机构联络员工作例会;研究调处本区重大、复杂、疑难的医患纠纷。

各街道（镇）医患纠纷人民调解工作站的工作职能主要有:加强与本地区医疗机构的沟通,建立工作联系制度;调处辖区内一级医疗机构发生的医患纠纷;辖区内二级或三级医疗机构发生的事实清楚、争议不大、双方当事人自愿在街道（镇）医患纠纷人民调解工作站调解的,应当受理调解;街道（镇）医患纠纷人民调解工作站认为纠纷复杂、相对疑难,需要由区医患纠纷人民调解委员会调处的,可移送区医患纠纷人民调解委员会,或需要区医患纠纷人民调解委员会协助定性、定责、定损的,可请区医患纠纷人民调解委员会予以指导调处。

各医疗机构设有联络员,在本单位发生医患纠纷时,应按照与本辖区人民调解委员会签约的协议要求,及时向街道（镇）医患纠纷人民调解工作站或向区医患纠纷人民调解委员会反映情况、提供资料,为调处工作提供方便。医疗机构联络员应配合街道（镇）医患纠纷人民调解工作站开展医患纠纷人民调解工作,承担街道（镇）医患纠纷调解志愿者工作,参与本街道（镇）医患纠纷人民调解工作站的医患纠纷调解工作。

（4）受理范围:区医患纠纷人民调解委员会受理案件的范围是:调处本辖区内患者在就医过程中发生的与医生、患者,与医疗机构之间的民事纠纷,包括医疗事故损害赔偿纠纷、医疗事件损害赔偿纠纷、医疗服务合同纠纷等。有下列情形之一的医患纠纷,不予受理,具体包括:当事人虽属本区居民,但在非区卫生系统内医疗机构就医发生的纠纷;当事人已经向人民法院提起诉讼的医患纠纷;人民法院已经审结的医患纠纷;已申请或正进行行政调解、鉴定的医患纠纷。

2. 主要做法

(1)逐步实现调解工作的制度化、规范化:区医患纠纷人民调解委员会组建以来,就注重调解工作的制度化、规范化建设,在区卫生局、司法局和法院的指导下,2006年先后制定了工作流程以及《普陀区医患纠纷人民调解委员会工作章程》,细化工作方式,建立了各类台账。另外还专门制作了《调解申请书》、《受理报告》、《不受理告知书》等11种调解文书。2007年,又调整和细化了《内部工作流程》,改一表式《调解申请书》为分表式,使受理程序更趋规范和快捷。

(2)人性化调解,注重思想疏导:医患纠纷人民调解委员会接待患方时特别注重思想疏导,接待咨询也是宣传教育群众的过程,使当事人知法、懂法、明确依法维护自己的合法权益,履行法定义务,自觉依法办事。接待时首先耐心听取当事人叙述纠纷事实;其次帮助当事人分析医疗行为是否有过错,责任程度如何;最后根据双方的争议焦点引导当事人依法赔偿,第三,主动上门和医方沟通情况,一般言明举证责任倒置问题、指出医疗行为过错或不足、告知义务是否存在瑕疵;通过释医释法、说理,换位思考,协调双方心理价位,倡导互谅互让、人性化操作,促双方握手言和、自愿达成调解协议。

3. 主要成效

2012年,上海市普陀区首发《医患纠纷人民调解白皮书》(以下简称《白皮书》),以2011年9月至2012年8月的全区医患纠纷人民调解工作为背景,以医患纠纷现状和成因分析为切入点,从人民调解员的视角,就医患纠纷人民调解情况进行梳理分析,从而发现问题,提出建议[1]。

一年中,普陀区共发生医患纠纷196件,其中,医患双方自行协商了结的共31件,诉至法院已立案或尚待立案的共43件,由医患纠纷人民调解委员会受理的共122件;经调解成功的共115件;化解成功后协议履行率为100%,无一例反悔;针对疑难复杂案件,医患纠纷人民调解委员会先后召开了19次专家咨询会,为化解纠纷提供了19份专业医学意见书。针对患方过度索赔的现象,医患纠纷人民调解委员会根据法律法规的规定,与患方一起计算,加之耐心劝导,大部分案件都能得到患方的理解和认可,赔付趋于理性。一年间,医患纠纷案均索赔为18.6万元,经调解案均赔付降至7.5万元,两者相差2.5倍,其中非死亡类医患纠纷案均赔付为4.02万元。

---

[1] 上海市普陀区首发《医患纠纷人民调解白皮书》[N].法制日报,2012-10-10.A2.

针对一旦发生患方不能接受的诊疗结果,其中的一些人往往采取过激方式发泄不满情绪。《白皮书》分析存在的类别主要有:有的固守"三不"方针,即不肯鉴定、不肯尸检、不肯起诉;有的在医疗机构公共场所停尸,纠缠围攻医护人员,甚至围堵医疗机构大门,用拉横幅、设灵位、烧纸钱等违法方式强迫医疗机构同意其赔付要求;还有的通过群发短信、上论坛发帖、写微博等方式传播己方一面之词;有些患方在同医疗机构协商解决时偏离法律规定,动辄索赔几十万,甚至对被鉴定为无责的案件也漫天要价。据统计,2012 年 5 月至 8 月,全区因医患纠纷出警达 20 次,医闹行为得到有效遏制。

当今社会医患纠纷的多发,有体制、机制、法律、道德、社会等诸多方面的因素,但医疗机构对部分医患纠纷的产生负有不可推卸的责任。《白皮书》经过深入剖析认为,医疗机构应深刻反省的问题存在于三方面:①医疗服务还不够人性化,有些医务人员对患者询问不够全面,容易导致漏诊,有医务人员在询问患者时不够耐心细致,以致疏漏了患者的病史或者用药过敏情况,最终影响患者术后恢复。②诊疗技术还不够专业化,有的医务人员对高难度手术的操作风险预计不足,对患者病情发展趋势估计不足,手术操作不够恰当,且对后续突发情况缺乏必要及时的补救措施和成熟的处置机制,导致患者情况恶化。③医疗机构管理还不够规范化,不少医患纠纷起源于病历的制作、修改和保管不够规范例如有的病历字迹比较潦草,使患者或家属认为医生态度不够严谨,甚至质疑病历的真实性。

《白皮书》建议,政府应切实承担起公共卫生和维护群众健康权益的责任,认真研究完善医疗机构的运行机制,有效维护医疗机构的公益性质。医疗机构在为患者提供高新精湛技术服务的同时,必须努力保证医疗服务的安全,尽量减少差错和事故,为患者提供安全放心的医疗服务。医疗机构还应设立监管部门,落实考核机制,对违反法规纪律的行为果断给予惩处。卫生行政监管部门应依法实施行政监管职权,加强安全隐患排查工作,加快改进医疗机构薄弱环节,确保医疗质量和医疗安全,让公众感受到医疗机构改善医患关系的决心。

（三）天津市仲裁委员会医疗纠纷调解中心

2006 年 12 月 8 日,天津市仲裁委员会医疗纠纷调解中心正式挂牌成立,该中心是由天津市仲裁委员会和天津金必达医疗事务信息咨询服务有限公司共同建立的,办公地点在金必达公司。中心设主任一名,有仲裁委员会领导担任,副主任一名,由金必达公司领导担任,内设受理部、调解部,部长由仲裁委员会领导指派,副部长由金必达公司指派。金必达公司根据《天津市仲裁委员会调解员推荐标准》、《天津市仲裁委员会仲裁员推荐标准》向仲裁委员会推荐调解员和仲裁员,经过仲裁委员会的业务培训后,履行聘用手续。

1. 受案范围

天津市仲裁委员会医疗纠纷调解中心制定了《天津市仲裁委员会医疗纠纷调

解规则》,根据该规则,中心只受理事实清楚、责任明确、当事人仅对赔偿方案有争议的医疗纠纷。

2. 受案程序

按照《天津仲裁委员会医疗纠纷调解规则》,医疗纠纷仲裁调解坚持当事人自愿原则,医疗纠纷的双方当事人如果达成协议将纠纷提交调解中心调解,即可以向调解中心提出申请,并提交协议、调解申请书、申请人主体资格的证明。调解中心收到当事人提交的调解申请书等相关资料后2日内,将受理符合条件的申请,并通知当事人。当事人在收到调解受理通知书5日内,在调解员名册中共同选定调解员成立调解庭,调解庭将在10天内开庭,开庭3天前将通知当事人开庭日期和地点。医疗纠纷的调解期限为20天,自调解庭第一次开庭之日起计算,但双方当事人同意延长的可以适当地延长。

3. 工作优势

天津市医疗纠纷仲裁调解采取"一裁终局"制,克服了以往医疗纠纷处理上存在的久拖不决等现象,使当事人的合法权利得到保障。此外,天津仲裁委员会实行调解员名册制度,在册的调解员都是从事医学、法学等专业的专家,可以互相取长补短,丰富的专业知识可以保证调解的成功率;医疗纠纷的调解期限为调解庭第一次开庭之日起20天,当事人可以减少时间和精力的付出;医疗纠纷仲裁庭审过程和结果都不公开,调解中心、调解员及工作人员均负有保密义务,整个调解过程不受外界干扰,保证双方的声誉及隐私。

4. 仲裁制度剖析

(1)医疗纠纷仲裁的法律依据问题:国务院《医疗事故处理条例》对于医疗纠纷的处理并没有仲裁途径的规定。但是根据1994年8月31日第八届全国人民代表大会常务委员会第九次会议通过的《中华人民共和国仲裁法》的规定,平等主体的公民、法人和其他组织之间发生的合同纠纷和其他财产权益纠纷可以仲裁。其中第三条列举了不能仲裁的情形,包括婚姻、收养、监护、扶养、继承纠纷和依法应当由行政机关处理的行政争议,尽管并没有明确禁止医疗纠纷仲裁的规定,但是由仲裁来处理医疗纠纷仍需要法律进一步明确。

(2)医疗纠纷仲裁协议的问题:实现达成仲裁协议是进行仲裁的合法性基础,但和商事领域仲裁相比,事先达成仲裁协议在医疗纠纷处理领域比较困难,毕竟在入院或就诊就达成仲裁协议对于医患双方而言,并不能从情感上予以接受,从实践角度仲裁调解还难以写入医疗合同文本。从原则上来说,仲裁机构介入医疗纠纷,是要有协议条款做前提的。然而,在我国现行的护理合同、手术合同等文本中,提到一旦发生医疗纠纷,可以采用的解决方式只有协商、提交卫生行政部门调解、法院诉讼三种。因此,可以考虑在医疗责任保险合同文本里将仲裁作为纠纷处理的方式之一,当然这需要卫生行政部门尽快规范医疗机构与患者间的医疗文本与合同,将仲裁调解这一处理医疗纠纷的有效方式,补充到相关医疗合同等文本中。

（3）仲裁员的业务能力问题:仲裁机构具有民间性质,独立于行政机关,没有级别和地域管辖,可以减少外界因素的干扰,但是医疗纠纷专业性强,仲裁员的业务能力如何能否被医患双方所认可,还是取决于其业务能力,具备医学、法学、保险、社会学等综合知识的专家应该成为仲裁员的首选。因此,仲裁员的业务能力问题至关重要,但是正由于医疗行为的专业性太强,仲裁机构获得这方面人才还是有较大难度。

（4）仲裁和诉讼衔接的问题:我国劳动争议案件适用仲裁前置原则,即诉讼前必须经过仲裁程序,但是医疗纠纷仲裁和劳动纠纷仲裁仍有较大区别,后者所处理的劳动纠纷和医疗纠纷性质不一样,符合国际传统做法,而前者成为诉讼前置,则欠缺各方的准备,尤其是仲裁未明确成为医疗纠纷处理法定途径的前提下,难度很大。

（5）仲裁费用问题:仲裁是一种社会公益事业,仲裁委员会是一个非营利性组织,患方可能因考虑到需支出相当的仲裁费用而对医疗纠纷仲裁"望而却步"。和调解不同,调解委员会作为群众性组织更容易获得政府的补助,实现调解免费,仲裁由于具有一定的商业化倾向,仲裁费用可能会给医患双方当事人带来经济负担。

（四）山西省医疗纠纷人民调解委员会[1]

山西省医疗纠纷人民调解委员会成立于 2006 年 10 月 12 日,是经山西省司法厅批准成立的专业性第三方人民调解组织。机构内设办公室、调解部（下设医学专家库、法律事务部）、分支机构管理部、医院投诉管理部、保险业务管理部、风险防范部,以及运城工作站、阳泉工作站、忻州工作站、朔州工作站、长治工作站、临汾工作站、晋中（吕梁）工作站、晋城工作站。山西省医疗纠纷人民调解委员会的业务指导单位是省司法厅和基层人民法院,受山西省科协下属单位山西省心理卫生协会领导,调解人员主要包括了医学专家、律师、法医、人大及政协委员、媒体工作者等。

山西省医疗纠纷人民调解委员会采取"六统一"的工作模式,即统一准入、统一管理、统一鉴定、统一调解、统一参保、统一赔付,秉承"让患者信任,为医院服务,使政府满意"的理念,坚持"公开、公平、公正、合情、合理、合法"的工作原则,在运用人民调解第三方援助机制的同时,积极推行医疗责任保险,初步形成了一整套较为完善的医疗纠纷处理机制和医疗责任保险理赔机制。

1. 调解目的和任务

（1）调解目的:在医患之间架起一座信息对等、平等沟通、和谐对话、妥善解

---

[1] 相关情况资料来源于山西省医疗纠纷人民调解委员会网站,见 http://www.sxsytw.com, 2014-2-19 访问.

决医疗纠纷的桥梁,将医疗纠纷从医院内转移到医院外,以维护医疗机构的正常医疗秩序和患方的合法权益,改善医患关系,构建平安医院,确保社会和谐稳定。

（2）调解任务：调解医疗纠纷、宣传法律和医学知识,引导医患双方依据事实和法律进行公平地解决纠纷,向公民、医疗机构提供医疗纠纷防范、处理、专业咨询和服务,并进行医疗纠纷发生、发展及转化规律的研究,为预防医疗纠纷的发生提供理论指导;负责对全省的医院特别是参保医院的医疗纠纷进行医学技术评估、法律事务服务、医患之间调解、督促医疗纠纷调解书的履行。

2. 调解程序

医患双方产生争议后,在医患双方或任一方的申请下,省医疗纠纷人民调解委员会介入,组织由医学、法律、保险专业人员和人民调解员组成的医疗鉴定委员会,负责对受理的纠纷案件进行定性、定责、定损和定赔的工作,再由保险公司作出理赔,改变了过去由保险公司独家说了算的现象,最大限度地维护医患双方的合法权益。在调解过程中,山西省医疗纠纷人民调解委员会为医患双方提供信息对等、平等对话、和谐沟通的平台援助,不仅可以向患方提供医学和法律专家团的援助,也可向医院提供专业医疗纠纷调处队伍的援助。

调解所需要的材料包括:

（1）医方所需提供材料:包括调解申请书;法定代表人身份证件及证明书;委托代理人授权委托书;委托代理人身份证原件及复印件;执业许可证复印件;当事人执业证及身份证复印件;医疗纠纷发生经过及调查处理情况;针对患方提出的问题和要求给予书面回复;纠纷相关证据材料等。

（2）患方所需提供材料:包括调解申请书;当事人的身份证件及户口本原件及复印件;委托代理人授权委托书;委托代理人的身份证原件及复印件;申诉材料;纠纷相关证据材料等。

山西省医疗纠纷调解委员会还制定了《山西省医疗责任保险事故鉴定委员会制度》和《医疗责任保险鉴定赔偿办法》。医疗纠纷发生后,由山西省医疗纠纷调解委员会的医学专家及法律专家,保险公司和保险经纪公司的专家,共同组成医疗责任保险事故鉴定委员会和合议委员会,集体裁定责任并作出赔偿决定,这样可以最大限度地将政府的意愿、医疗机构的风险保障、保险公司与广大患者的利益结合在一起,公平,公正地兼顾了各参与方的诉求和利益。同时建立快速理赔绿色通道,使社会敏感案件、大案、要案、民转刑案件及时得到解决,有效地维护了社会的稳定[1]。

为了巩固调解结果,防止纠纷反复,对于医疗纠纷已经达成协议的进行回访,

[1] 张文娟. 山西省医疗纠纷人民调解委员会积极推进医疗责任保险[EB/OL].[2014-02-19].http://roll.sohu.com/20111216/n329292946.shtml. 访问

对于未能达成协议并结束调解的,医疗纠纷人民调解委员会主动上门回访当事人,了解纠纷发展动态,劝告当事人冷静、理智、正确及依法对待,防止事态扩大,防止纠纷进一步激化。

3. 调解机制的特点

（1）独立于医疗机构和卫生行政部门之外,且不向医疗机构和患者收取任何费用的专业医疗纠纷调解机构。

（2）医疗纠纷人民调解委员会的介入,为医患双方搭起一座信息对等、平等沟通、和谐对话的桥梁,能有效地将医疗纠纷从医院内转移到医院外处理。

（3）在医疗纠纷人民调解委员会主持下,医患双方达成的《医疗纠纷人民调解协议书》具有法律效力。

（4）对属于医疗责任保险赔偿范围内的损失,按照《医疗纠纷人民调解协议书》内容,由承保的保险公司负责赔偿。

（5）不愿意调解或者认为调解处理有失公正的,可以随时通过行政程序或者诉讼程序解决,但是调解协议可以作为行政诉讼的法律证据。

（6）医疗机构、患者在调解员的选择上拥有充分的自由,既可以接受医疗纠纷调解委员会指定的调解员,也可以任意选择自己信任的调解员。

（7）调解处理医疗纠纷的模式是对医疗纠纷的损害赔偿进行技术评估,医疗鉴定委员会由医学、法律、保险专业人员和人民调解员组成。

（8）医疗纠纷人民调解委员会联合卫生行政部门、医疗机构、患者单位、社区等相关单位和人员共同开展调解工作,各方合作有利于医疗纠纷及时、妥善、正确的调处。

4. 工作成效

为了确保医疗纠纷人民调解工作的顺利进行,山西省医疗纠纷调解委员会建立健全了日常工作制度,出台了《医疗纠纷人民调解工作制度》、《山西省医疗纠纷调解委员会学习制度》等多项制度,规范了接待、受理、调解、回访等互相衔接的工作环节,制定了调解应用文书和调解卷宗,编写了《调解技巧》、《调解文书书写规范》等适用性教材,建立了工作人员绩效考核制度,以纠纷受理量和结案量以及月内调解成功率、文书优秀率和当事人的满意率的"两量、三率"为主要内容的考核标准。开通了网站,方便当事人求助,提高工作效率,接受社会监督。在山西全省建立了视频会议系统,使鉴定会、周会、周讲座学习实现现场化。制度的建立和完善,使医疗纠纷调解委员会的工作步入了规范化、制度化、程序化、职业化的轨道。

山西省医疗纠纷人民调解委员会自 2006 年 10 月成立以来至 2008 年 7 月,共接待前来申请调解及咨询的人员 1415 人次;接到申请调解及咨询医疗纠纷相关事宜的电话 2254 次,其中属于医疗纠纷范畴、符合受理条件的 512 件;已成功调解 437 件,调解成功率为 81.4%;处理重大医疗纠纷案件 38 起;处理集体上访事件 36 起;有效化解民转刑案件 24 件[1]。

（五）各地推行医疗责任保险情况

1. 医疗责任保险的前期发展

医疗责任保险对于分散医疗机构或医务人员的赔偿风险,预防和减少医疗纠纷,维护患者利益等都具有重要的作用。早在 1999 年,云南全省开始实行医疗责任保险。2000 年 1 月,由中国人民保险公司在全国范围内推出了医疗责任保险业务,此后平安、太平洋、天安等保险公司也相继开办了此项保险[2]。

但是,由于多方面原因,医疗责任保险发展迟缓,该险种并没有受到医疗机构的青睐,相反医疗机构普遍对其反应冷淡,投保的积极性不高,从而使医疗责任保险面临发展乏力的困境。究其原因,医疗责任保险所存在的自身不足是制约其发展的重要因素,造成当前医疗责任保险的发展中存在医疗机构投保的积极性不高,逆向选择严重等问题。例如:北京市拥有各级各类医疗机构共计 551 家,2003 年投保医疗责任保险的医疗机构不足 20 家,其中部分医疗机构具有很高的赔付率;即使在我国保险市场最发达地区之一的深圳,在 1999—2003 年的四年间,医疗责任保险累计保费收入仅 200 多万元,投保医疗机构比例不足 5%,这与深圳保险市场接近20%的年保费增长率是极不协调的[3];2006 年福建有参加医疗责任保险的医疗机构占全省总数的 20% 左右,2007 年一些大医院又开始陆续退保;2007 年广州市也仅有两成医院维持参保;在拥有 400 多家医疗机构的沈阳市,2007 年投保的医院也仅有十几家[4]。经过 10 多年努力,全国范围内不少医疗机构、诊所和医生依然没有投保医疗责任保险,医疗责任保险投保率过低的问题仍然没能从根本上得到解决,保险公司经营热情不高,医疗责任保险市场投保率低,造成保险公司经营风险的增加,甚至有许多保险公司退出了这一领域的保险市场,商业医疗责任保险发展遭遇困境[5]。

2. 强制性医疗责任保险的推行

对于商业医疗责任保险发展障碍,在保监会及各地方卫生主管部门的积极推动下,云南、上海、北京以及深圳等省市先后以行政指令方式,开始试点一定范围内的强制医疗责任保险,取得了较好的效果,不仅充分发挥了保险的社会管理和经

[1] 山西省医疗纠纷人民调解委员会运行机制受到好评[EB/OL].[2014-02-19]. http://www. shanxigov.cn/n16/n1562/n3494/n3989/n5655/6569397.html. 访问
[2] 应建立. 我国强制医疗责任保险制度[N]. 上海金融报, 2009-04-02.A4.
[3] 李建光. 论强制性医疗损害赔偿保险制度的建立[J].法律与医学杂志, 2014,(12).
[4] 王平."难产"的医疗责任保险[EB/OL].[2014-2-17]. http://www.148com.com/html/3010/439176. html. 访问
[5] 陈绍辉,袁杰,郑嘉龙强制医疗责任保险制度研究[J].保险研究, 2006,(6).

济补偿功能,缓和医患关系,减少社会矛盾,促进社会稳定,而且通过专业化经营取得了一定的经济效益。如上海保险市场的医疗责任保险从 2000 年开始试点,2002 年开始全面启动,由人保财险上海分公司全面承接了上海市医疗机构的医疗责任保险。2003 年,政府进一步引入竞争机制,太平洋保险上海分公司也推出了自己的医疗责任保险产品,但人保财险上海分公司保持了 95% 以上的续保率,在2002—2003 年度,其赔付率为 69.4%,即使考虑到管理费用等因素,仍处于有盈余的状况;2003 年 9 月至 2004 年 4 月,其赔付率为 43.57%,也处于正常水平[1]。因此,保险公司完全可以通过科学管理和专业化运作,实现医疗责任保险社会效益和经济效益的双丰收。

为了进一步推进医疗责任保险, 2007 年 6 月卫生部、国家中医药管理局、中国保监会联合下发《关于推动医疗责任保险有关问题的通知》,对进一步扩大医疗责任保险的覆盖面、建立和完善相应制度提出了要求。2008 年 1 月 24 日,南京市卫生局、市司法局联合出台发出《关于在南京地区推行医疗责任保险建立第三方调解机制的意见》,明确规定南京地区医疗责任保险包括主险及附加险,要求南京地区政府举办的二级及二级以上医疗机构必须投保;除了在保险期内造成的医疗事故、差错患者可以索赔外,还有一个"追溯期"。即患方第一次提出索赔发生在保险期内,且医疗过失发生在保险期限起始日之前的追溯期内的,保险人也应负责赔偿。首次投保的追溯期为 1 年,连续投保累计追溯期最长不超过5 年;同时要求南京地区推行医疗责任保险执行统一的保险方案、统一的理赔程序,保险工作与医患纠纷处置工作相结合;医疗机构根据自身实际情况选择适宜的保险组合,保险费用实行个人缴纳与单位缴纳相结合,并由医疗机构按年度统一缴纳。

3. 医疗责任保险和医疗纠纷人民调解机制结合模式的探索

国内不少地方也尝试将医疗责任保险和医疗纠纷人民调解机制进行结合,例如山西省通过调研,引入医疗责任保险体系,在政府推动下,由独立的第三方医疗纠纷调解机构——山西省医疗纠纷人民调解委员会与具有保险专业优势、能站在医院的立场上与保险公司进行博弈的保险经纪公司合作,医疗机构普遍参保,实现大数法则,调动保险公司积极性,充分利用保险这一市场化手段,化解医疗纠纷,提高患者、医疗机构及其医护人员防御医疗风险的能力。该模式由医疗纠纷人民调解机制与医疗责任保险结合,遵循"保险公司保本微利、保险费率和条件动态调整"的原则,依托医疗纠纷人民调解机制进行定性、定责、定损、定赔。山西省医疗责任保险首次采用招标这种市场化方式采购保险产品及服务,经过公开的招投标,确定由中国大地财产保险股份有限公司、中国太平洋财产保险股份有

[1] 李琴芬. 医责险经营现状及走势[J]. 中国保险, 2007,(3).

限公司、中国人民财产保险股份有限公司等 6 家公司以共保的形式承保医疗责任保险,其中国大地财产保险股份有限公司为主承保保险公司。山西省医疗责任保险保险对象为山西省内的医疗机构及其医务人员,还包括从事医疗管理和后勤服务人员、外聘医务人员、进修生。主险的保障范围扩大到医疗事故以外,具体包括医疗机构及其医务人员在医疗过程中的因过失行为,或无过失但发生了无法预料、不能防范的意外事件而造成患者人身伤害的。此外,因医疗纠纷产生的仲裁或诉讼费用也在保障范围之列。保险费根据各医院的规模不同而有所差别,保险公司承担的赔付额医院每年最高可达到 200 万元,医生可达到 100 万元。仲裁或诉讼费用最高达 10 万元。在山西医疗责任保险风险防范体系中,医疗机构、医生出事故情况及处理结果等相关信息都会记录入风险数据库,医疗机构年度发生保险事故多,次年就增加保费,事故少,就降低保费,这将促进医疗机构主动进行事故预防[1]。山西省医疗责任保险业务自从 2009 年开始运转,至 2010 年 3 月 4 日,全省共有 100 多家医疗机构参加医疗责任保险,共实现保费 1659 万元。2009 年全省共发生医疗责任保险案件 232 起,其中已结案件 145 起,保险赔付 500 万元,年度赔付率为 47.63%,已决赔付率为 32.88%。这其中有 68 起案件属于围堵医院、社会影响恶劣的重大案件,但经过省医疗纠纷人民调解委员会的调解后,医患双方最终达成一致意见;在已经结案的案件中,11 起案件经省医疗纠纷人民调解委员会调解后,放弃赔偿要求,实现零赔付的良好效果。据统计,2009 年因医疗纠纷上访省厅的案件同比下降了 72.7%。开展医疗责任保险以来,医疗纠纷平均调解天数由参保前的 22 天,变为参保后的 6.5 天。医疗纠纷调解后患方满意度为 98.5%[2]。

　　在各地推出医疗责任保险和医疗纠纷人民调解机制后,尽管对医疗纠纷处理都产生了积极的作用,但是无论是医疗责任保险,还是医疗纠纷人民调解委员会都各行其是,各自的弊端显现无遗,而在医疗事故技术鉴定过程中,医务人员既当"球员"又当"裁判员",导致人们难以相信鉴定结果,所以即便是保险公司出面,也无法避免相互包庇的嫌疑,毕竟实际上保险公司也代表着医疗机构的利益,这些都可能造成医疗纠纷出现后调解难、理赔难的境况。医疗责任保险和医疗纠纷人民调解机制结合模式的出现,改变了长期以来缺少一个独立的第三方组织参与医疗纠纷理赔的情况,新模式对于医疗责任保险参与主体增加了政府部门、医疗纠纷人民调解委员会和专业的保险中介机构保险经纪人,医疗纠纷人民调解委员是独立的第三方组织,与医患双方无任何利益关系,站在中立的角度上,对患者和医疗机构之间的纠纷进行调解,有助于促成患者与医疗机构达成和解协议,最后实现由保

[1] 褚艳.医疗责任保险求解"医患纠纷"[N].山西经济日报,2008-11-24.A2.
[2] 谢柳.引入调解机制、新型医责险功效显现[N].中国保险报,2010-5-24.A4.

险公司按照调解结果进行赔偿。

三、国内外应对医疗纠纷措施的启示

（一）第三方调解应成为医疗纠纷处理的有效途径

从世界范围来看，仲裁和调解是各国普遍重视的运用非诉讼解决纠纷的方法。但是，我国建立医疗纠纷仲裁制度尚存诸多障碍，如法律依据不明、合格仲裁员难以确保、仲裁判决标准不明、仲裁协议难以达成、司法对仲裁监督严格以及仲裁机构经费来源难以保障等[1]。而我国的传统道德文化强调"礼"，重视人与人之间的交流沟通，调解在我国具有良好的文化基础。因此在现阶段，建立医疗纠纷的调解机制，为最现实、便捷和有效的选择。对此，我国在努力加强卫生法制建设的过程中，应吸取美国因过度诉讼而导致社会管理成本剧增、一些律师成为纠纷始作俑者的教训，从我国传统文化中挖掘有助于构建和谐医患关系的因素。在这种传统道德文化背景下，第三方调解完全可以成为具有我国特色的医疗纠纷处理的有效途径[2]。

（二）建立健全医疗纠纷处理法律架构

现行医疗纠纷处理途径的法律规定对医疗纠纷的处理确实存在实践上的困难，而推行医疗纠纷非诉讼处理机制和医疗责任保险制度对于解决医疗纠纷具有重要的实践价值，但这缺乏相应的法律法规作为依据。当然，医疗纠纷处理法律框架的构建还需要对医疗损害鉴定机制、医疗损害人身损害赔偿标准等内容进行完善，既要实现和其他相关法律法规的衔接，也要考虑到医疗行业存在的风险特性和各地的经济发展水平，促进处理工作的公平公正，切实提高医疗纠纷处理的公信度，这有助于引导医患双方走依法处置的途径，避免"医闹"现象的出现。

（三）形成医疗责任保险和医疗纠纷人民调解机制的良性互动

医疗纠纷人民调解的优势在于它的中立性，缺陷在于它无法最终决定赔偿的数额，可能会造成"只调难结"的情况；医疗责任保险的优势在于可以通过责任认定决定赔偿数额，缺陷在于保险公司并非独立第三方，中立性难以保证。由此不难看出，医疗责任保险和医疗纠纷人民调解机制可以实现互补，应重视责任保险与纠纷解决机制在处理医疗事故纠纷中的互动效应。例如日本医师会医师赔偿责任保险制度的成功在于不仅仅提供医疗责任保险产品，而且为医疗纠纷提供了便捷的非诉讼纠纷解决机制，这一做法值得我国借鉴。

［1］夏芸.卫生法学研究任务以及体系构建思考［J］.南京中医药大学学报（社会科学版），2009，（1）.
［2］陈健尔，朱晓卓.关于医疗纠纷第三方处理机制的实践与研讨——以《宁波市医疗纠纷预防与处置暂行办法》为例［J］.医学与法学，2009，1（3）.

（四）逐步推行强制性医疗责任保险化解医疗风险

医疗风险无处不在,医疗方面做出的决定包含有某些风险,有时是灾难性的,甚至是致命的风险,面对如此集中的高度危险,购买责任保险是分散风险、填补损失的国际通行做法。但是,鉴于医疗责任保险在我国"叫好不叫座"的现状,未来的立法应将医疗责任保险作为法定强制保险,强制医疗机构及其医务人员购买,并对保险公司予以政策扶持,推进保险公司合理开发和设计险种,确保医疗责任保险的可操作性、科学性以及可合理收益,以切实有效实现化解医疗风险的功能,适应医疗卫生事业稳定发展的需要。在国家未将责任保险列为强制保险之前,可借鉴日本的做法,积极发挥医学团体的作用,同时也可以建立医疗意外伤害补偿金制度,弥补医疗责任保险的不足。当然,保险监督机构也要加强对保险机构的管理,规范其规范运作。

（五）建立医疗机构医疗安全和预警机制

建立并完善医疗纠纷处理机制的目的是为解决医患矛盾,弥补医疗侵害造成的损失,化解医疗冲突,增进医患之间的理解和沟通,但从深层次来看,还应通过在处理中发现医疗安全问题,改进医疗措施,以提高医疗服务质量,这才是医疗纠纷"防范"重于"处理"的体现。因此,有必要加强病历管理质控、医院感染管理、临床麻醉质量控制、血液管理等诸多医疗质量控制措施,识别和预防差错的评价方法以及资助信息传播及交流活动,改善患者安全;通过对医疗纠纷处理情况的分析总结,协助医疗机构调查、分析病人安全事件的原因,并提出改善建议,尤其对于近期频发医疗纠纷的医疗机构,要加强预警,促使其提高医疗服务中的安全意识,避免医疗差错的出现。

（六）规范医疗纠纷调解和协商理赔程序

医疗纠纷处理难,不仅来源于患方,也来源于医方,甚至有些案件主要产生于医方,有的医方负责人甚至不愿把医疗纠纷拿到院外公开处理,以至简单的纠纷复杂化,小纠纷扩大化,由此进一步激化医患矛盾。规范医疗纠纷调解和协商理赔程序不仅要解决处理难的问题,也要将医疗纠纷的情况能公开处理。因此,有必要规范医方当事人行为,建立健全医疗纠纷处理制度,可以及时将医疗纠纷从院内转移到院外,保障正常的医疗秩序,同时也要限制患方漫天要价的行为,通过控制医方自主赔偿的权力,让患方能进入调解程序,接受理赔调查。此外,鉴定作为认定责任的重要方法,应在医疗纠纷调解理赔中积极引导医患双方主动进行鉴定（尤其是责任不明的情况）。

（七）加强医疗纠纷处理过程中的多方协作

医疗机构的调解需要社会多方面的共同合作来保障实现,如上海市普陀区医患纠纷调解委员会在街道设置调解站,可以有效发挥街道在医疗纠纷处理中的作用,通过街道调解力量更容易和患方进行沟通。除此之外,在调解理赔过程中,和司法衔接也是很重要,当然也还需要有保监、公安和媒体的支持和保障,这需要建立制度甚至是通过立法加以规范,以明确各方职责,促进医疗纠纷社会共同分担机制的形成。

(八)建立医疗纠纷理赔监督机制

医疗责任保险监督保障制度尚需完善,仅仅由保监部门监督保险公司财务开支情况是不够的,应完善保险公司的准入制度,逐步建立以责任保险和意外损害保险为核心的医疗风险保障制度,健全对保险公司的法律责任追究制度,增加政府的财政支持,增强政策支持的力度,在保证保险公司经济效益的同时,确保科学合理使用保险金,有助于医疗责任保险制度的稳定,为医患双方创造一个真正公平、公正的医疗纠纷解决途径。对此,日本的医师赔偿责任审查会在赔偿金额审查中的角色值得关注。

(九)实现医疗纠纷处理人员的专业性

医学的专业性使得主持医疗纠纷调解的一方必须具备医学专业知识,才有可能实现调解,但这种专业知识并不能仅限于大的门类,如同妇科医生并不能完全了解五官科的知识。德国调解处的医疗纠纷调解专家小组中必定有一名医师与涉嫌造成事故的医师执业相同的专科,就很好地体现了公正性和专业性,而国内医疗纠纷调解委员会在选择调解员的时候也应予以考虑。当然,对于医疗纠纷的理赔同样需要具备医学、法律和保险等方面的专业人员。

(十)加强政府对医疗纠纷处理新模式的支持和保障

医疗纠纷和社会稳定和谐密切相关,医疗风险需要社会共同分担。国内外的经验表明,政府对医疗纠纷处理的支持不是为了提高纠纷处理的效率、维护稳定而一味的压迫医方承担责任,而是应重视在制度设计上的保障,这包括了对于医疗纠纷调解经费的补助、公安部门介入医闹的工作力度、医疗责任保险的推广以及依法处置医疗纠纷的正确宣传等诸多方面。

第四节　宁波市医疗纠纷的现实危机和立法应对

近年来,随着市场经济制度的不断完善,政府的责任意识、人们的权利意识、参与意识以及医方对利益的追求等等诸多因素使得医患关系日趋紧张,医疗纠纷数量明显上升,日趋紧张的医患关系正在严重冲击着医疗机构,且有进一步加剧的趋势,医疗纠纷大量增加及其对医疗卫生服务的影响已经成为医疗卫生服务行业面临的重大危机。以浙江省为例,2008年共发生医疗纠纷4993起,赔偿金额8254.1万元,赔偿最低为50元,最高为58万元,据浙江省医学会统计,2008年全省各市医学会受理医疗事故技术鉴定667起,鉴定了527起,属于医疗事故的175起。

2002—2006 年间,浙江省发生严重扰乱医疗秩序事件 1610 起,围堵医院事件 1090 起,医务人员受打、受伤人员 974 人次,直接造成财物损失 1100 万元。医疗纠纷反映了社会危机,危机反映着社会关系失衡,医疗纠纷的预防与处理问题涉及诸多社会关系的梳理和矫正、涉及诸多主体间权利与义务的分配正义,这不仅是卫生法学理论问题,更是卫生法制实践问题。近年来,全国不少地方在引入第三方机制和医疗责任保险处理医疗纠纷与化解医疗风险方面进行了积极有益的探索,具体实践与做法呈现多样性,既积累了不少成功经验,也显现出不少困难与障碍。面对医疗纠纷的现实危机,宁波市也采取了积极的应对措施,以地方立法的形式进行了有益的探索并取得了较为显著的成绩,这种处理机制被社会媒体称为医疗纠纷的"宁波解法"。

一、宁波市医疗纠纷的现实危机

(一)医患关系日益紧张严重影响了社会和谐

20 世纪 90 年代以来,随着医疗服务规模的不断提升,加之民众权利意识的复苏和人权观念的加强,宁波市医患关系日益紧张,医疗纠纷与年俱增,医务人员被打、医疗机构被砸等事件时有发生(表 1-2)。自 2004 年 1 月至 2006 年 12 月,宁波市卫生行政部门及医疗机构共受理医疗纠纷投诉 3763 件,其中重大医疗纠纷 1419 件,而通过医疗事故技术鉴定为医疗事故的案件数量一直保持较低的水平,进一步加剧了医患之间的对立矛盾(图 1-3)。据统计,2006 年和 2007 年公安部门介入处理案件共 383 起,公安机关处以拘留以上处罚案件 51 起,涉案人员 100 人次,例如在 2006 年,平均每 6 天就有一起医务人员被殴打事件发生,平均不到 7 天就有一起医院被砸事件发生,更有个别患者及家属雇人引发了社会群体性事件,严重影响了社会稳定和谐,尤其是在医疗纠纷处理中出现了"职业医闹",采取在医院设灵堂,打砸财物,设置障碍,阻挡患者就医或者殴打跟随医生,在诊室、办公室滞留等方式,严重妨碍医疗秩序,则更进一步加深了医患之间的紧张关系,而且医疗纠纷造成了社会基层矛盾的激化,不采取有效措施积极应对和处理,影响的是政府的公信力,如果长期得不到妥善解决也将影响和阻碍医疗卫生行业的健康发展,不仅加深社会矛盾,更严重影响了社会和谐。

表 1-2　2002—2004 年宁波市"医闹"情况

年份(年)	10 人以上的聚众闹事(批次)	医务人员被围攻(起)	医务人员被殴打(起)	被殴打的医务人员(人)
2002	141	542	18	99
2003	163	72	35	52
2004	153	146	60	96

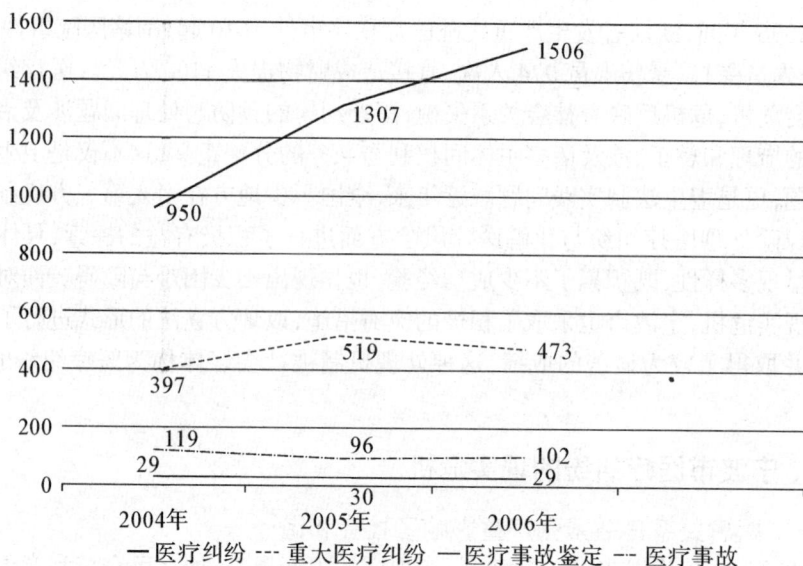

图1-3　2002—2006年宁波市开展医疗事故技术鉴定情况

（二）医疗机构在医疗纠纷处理中承受了巨大的压力

发生医疗纠纷以后，不仅是当事医务人员和专门处理医疗纠纷的工作人员，还有医务科长，甚至院长也必须在不得已的时候亲自出面与情绪激动的患方面对面沟通、协商处理。在"不闹赔不了钱、小闹赔小钱、大闹赔大钱"的不良社会风气舆论的影响下，一部分人就是不选择走处理医疗纠纷的正规途径，有打、砸、吵、闹、围攻医院领导、停尸病房、堵塞医疗机构周围交通的，也有每天到医院静坐，追踪医务人员回家等采取冷暴力的，严重影响了医疗机构的正常秩序，甚至医务人员的人身安全。此外，患方到卫生行政部门申请医疗纠纷争议行政处理的案件呈现逐年下降趋势，医疗纠纷行政调解途径名存实亡，而医疗纠纷司法诉讼更因时间长、耗费精力多患方迫不得已才会选择。

因为医疗机构是医疗纠纷处理的"第一线"，受传统思想的影响，患者及家属在与医疗机构发生医疗纠纷时，常常习惯于找医疗机构"讨说法"，"事情是医院出的，我就找医院赔钱"，医患可协商解决医疗纠纷也为医疗机构可以自行解决大部分的医疗纠纷提供了法律依据。尤其是"职业医闹"长期在医院附近蹲点，一旦有患者及其家属因为治疗问题和医院产生纠纷，他们就直接介入，以家属的名义拉条幅、发传单，甚至围攻医院领导及工作人员，他们组织严密，分工明确，对于医疗机构正常工作秩序造成了极大的干扰，通过打砸抢等方式让事态恶化，迫使医院接受赔偿要求，造成了极坏的社会影响。

（三）纠纷赔偿不规范造成了国有资产的流失严重

自2004年至2007年，宁波市重大医疗纠纷发生率和赔偿数额出现快速增长，赔偿金额的增幅明显高于医疗纠纷数量增幅度,并时有发生为索取高额赔偿雇佣"医闹"停尸闹丧、打砸医院、围攻殴打医务人员和执法人员事件。4 年间,全市卫生行政部门及医疗机构共受理医疗纠纷投诉 4970 件,重大医疗纠纷 1832 件,占医疗纠纷总数的 37.1%,患方赔偿期望值盲目攀高,几十万到上百万的医疗纠纷索赔数额的案件越来越多,处理中涉及最高单件赔偿数额达到 75 万元,拒付医药费超过了 100 万元,实际赔偿的数额也一直居高不下(表 1-3),例如 2006 年,慈溪市某医院发生的一起患者死亡的医疗纠纷,患方提出了 588 万的赔偿数额。由于医疗纠纷处理一般都涉及经济赔偿,患者要获得赔偿必须要通过医患协商、卫生行政部门调解和司法诉讼三条途径之一,其中医患协商因为程序简单、当事一方的医疗机构具有决定赔偿的权力,患方更愿意采取这样的方式解决医疗纠纷,而不愿意去法院解决,由此直接导致了患方更愿意在医院内部解决纠纷,通过采取给医院施压的方法,让医院接受赔偿协议,在调解过程缺乏对事实的认定、证据的选择采纳,而赔偿标准更缺少法律支持,更多的是患方小吵小赔、大吵大赔,医院负责人多鉴于赔偿都是国家的经费,也就接受了花钱买平安的想法,这就造成了国有资产的流失严重。

表 1-3　2004—2006 年宁波市医疗纠纷赔偿情况

年　份	医疗纠纷发生起数	重大医疗纠纷发生起数	重大医疗纠纷赔补偿数额(万元)
2004 年	950	398	1655
2005 年	1307	523	1880
2006 年	1357	498	1953
2007 年	1356	413	1976
合　计	4970	1832	7464

（四）医疗纠纷给医疗行业发展带来严重的负面影响

医疗纠纷伤害的不仅只有医生,同时也会导致医务人员的治疗更加趋于保守,对于患者来说,医患信任破裂的成本最终还会回落到自己身上。越来越多的医生为了规避风险会选择风险最低而非效果最佳的方案,由此防御性医疗行为[1]或过

---

[1] 防御性医疗行为 (defensive medicine),也有人将它译为自卫性医疗行为,是美国 Tancredo LR 等学者 1978 年在 *Science* 杂志上发表的 *The problem of defensive medicine* 一文中最先提出的。对于防御性医疗行为的概念,学界尚无统一的界定。有人将其定义为"不是完全出于对病人利益的需要,而是为了避免医疗风险责任所采取的特殊医疗行为",美国的 MC Quade 把防御性医疗行为定义为"医生为病人进行治疗、检查的目的不是完全出于对病人诊断和治疗的需要,而是保护医生不受到批评、指责"。一般认为,防御性医疗行为是指医生为了避免医疗风险和医疗诉讼所实施的特殊医疗行为,撒网式的化验、检查;扩大手术范围,在履行手术签字和告知义务时,夸大手术本身的风险性及副作用、医疗服务过程中某种带有推诿性质的医疗诊断及会诊、回避收治高危病人或进行高危手术等。

度医疗行为在医疗活动中不断出现,患者不仅难以获得最佳治疗方案,更对医疗卫生事业的发展带来了严重阻碍[1];医疗纠纷的不断激化,加深了社会矛盾,扭曲医疗服务行业在老百姓心中形象,白衣天使美好形象在社会民众心中逐步被淡化;同时医疗纠纷把全社会医务人员推到社会矛盾的风口浪尖上,尤其是基层医务工作者,造成的是人人自危、人人自卫,把更多的精力用在如何保护自己的情况下再看病,最后陷入医生无法静心的医治病人,病人无法得到最佳的医疗效果,家属将愤怒发泄到医务人员身上,医务人员更加人人自危的恶性循环当中。同时,医患关系不断紧张,导致了社会公众不愿意自己的子女学医,尤其是作为医务人员更不愿自己的子女从事自己的职业,致使学习医学的优质生源越来越少,也直接影响到医疗服务队伍整体素质的提升,这也必将影响到医疗卫生事业的发展以及社会公众生命健康的保障。越来越多的医生或准医生会因为惧怕可能的风险选择逃离医疗行业。2011 年,中国医师协会所做的一项调查显示,78% 的受访医生不希望自己的孩子也穿上白大褂。由此不难发现,在医患冲突这场博弈中,只有两败俱伤,没有赢家。

(五)医疗纠纷解决机制不健全导致了医疗环境日益恶劣

医疗纠纷的形成原因比较复杂,纠纷解决机制的缺陷是造成医患关系日益紧张,医疗环境日益恶劣的重要原因。原有的医疗纠纷解决机制的弊端主要有:

1. 医患之间缺乏有效沟通限制了医疗纠纷的正常处理

医患之间由于利益不同,所掌握的专业信息也不对称,双方缺乏信任,又缺少理解和沟通的有效平台,医患之间存在明显的对立性。发生纠纷后,医方常常会对医疗损害赔偿责任多持否定态度,而《医疗事故处理条例》中规定"不是医疗事故,医院不承担赔偿责任",更让患者在遭遇尚不构成医疗事故的医疗侵权伤害后和医院丧失了沟通的法律基础,只得选择其他途径寻求尽早解决,尤其是由于直接在医院内部制造冲突更容易让医院屈服,不仅影响到医疗机构的正常工作秩序,更让医患之间更加情绪激化,无法实现有效沟通。

2. 处理的专业性造成医疗纠纷解决难以公正

医疗纠纷不仅涉及医疗技术的专业性和技术性,而且涉及大量的卫生法律、法规以及部门规章、诊疗护理规范、常规,因此医患当事人对于医疗纠纷的定性、医疗行为有无过错、医疗行为和患者损害结果之间的关系,以及责任承担和赔偿方式,医患之间可能会存在较大的认识差异。而作为医疗纠纷处理的重要依据——医疗事故技术鉴定,仍然是出于卫生系统内的鉴定,从技术层面具有高度的专业性,制度的设计让患者无法全面参与到鉴定过程,更造成患者不愿意接受鉴定,不想依据鉴定结论处理医疗纠纷,这种处理的专业性造成医疗纠纷解决难以公正。

---

[1] 韦嫚 . 防御性医疗行为的研究 [D]. 重庆: 重庆医科大学, 2009.

3. 医患地位的不平等造成医疗纠纷处理难以公平

尽管医患关系是一种民事法律关系,作为当事人的医患双方地位应当平等,但实践中纠纷双方在医学知识和治疗信息上却存在事实上的不平等。医疗机构和医务人员具备专业医学知识和治疗手段,掌握医学资源和医疗信息,患者尽管可以选择医疗服务,但因为专业知识的缺乏而事实上并不具有选择和参与医疗活动的能力,法律上所规定的特定情形下医疗侵权诉讼中实行举证责任倒置规则,并没有从根本上改变患方在纠纷处理中处于弱势的地位。因此,医患地位的不平等也造成医疗纠纷处理难以公平。

4. 卫生行政调解和司法解决流于形式无法有效发挥促进纠纷解决的作用

根据《医疗事故处理条例》的规定,医疗纠纷的调解主要是由卫生行政部门来主持,医患双方向卫生行政部门提出调解申请,而且卫生行政部门仅在双方自愿的情况下组织调解。由于对卫生行政部门的中立性地位的怀疑,患方常会认为行政部门可能在调解中偏袒医疗机构,进行的医疗事故技术鉴定又难得到患方认可常被拒绝,作出的调解结果就很难做到公平、公正,而且由于赔偿费用是由医疗机构自行承担,患者更愿意直接找医院解决纠纷,同时卫生行政部门也并不希望将自己牵涉进医疗纠纷争议中,由此造成行政调解在纠纷实际处理中占的比例极小[1];司法诉讼解决医疗纠纷更因耗时长、成本高、审判人员缺少医学专业知识等不利因素,也不被患者所认可和接受。据统计,2004—2006 年宁波市的医疗纠纷经过双方协商解决的有 1066 起,占 76.85%,通过卫生行政调解的有 287 起,占 20.66%,而通过法院判决(或调解)只有 36 起,占 2.60%,数据表明,卫生行政调解和司法解决流于形式,无法有效发挥促进医疗纠纷解决的作用。

(六)新闻媒体不恰当的宣传加剧了医患之间的对立情绪

天价医药费、医生收红包、收回扣、见死不救等等,各种医疗行业负面事件近年来时常见诸各新闻媒体。不可否认,其中的确有一些医生的不端行为甚至是不法行为使得医疗行业整体被污名化,但也有一些负面事件是媒体过度渲染乃至无中生有。患者眼中的医生,从"白衣天使"跌落成"白眼狼",媒体"功不可没",但医患之间不信任心态自此越来越明显。

2007 年 4 月,浙江一名年轻记者听了一句玩笑话后,竟然突发灵感,策划了一条"茶水验尿"的新闻,结果 10 家医院中有 6 家验出阳性,茶水居然会"发炎",此事一出,舆论哗然,从一个患者的角度看,医德滑坡、医院堕落到了令人发指的地步。但从一个专业医生角度看,实际的情况是记者用不科学的方法在检测科学的医学问题。以茶代尿的做法,尽管会使新闻媒体面临技术和道德的双重尴尬,但同

[1] 顾桂国、娄继权、王枫华.医患矛盾第三方调解途径中的保险机制探讨[J].上海预防医学,2010,22(2).

样也会加剧医患之间的对立。再以 2012 年发生的两起轰动的负面医疗事件"八毛门"和"缝肛门"为例,前者是一位患儿父亲称自己用 8 毛钱的药治好了医院称需 10 万块治好的先天性巨结肠,指责医院进行过度医疗;后者是一名陈先生称妻子在医院生产,因助产士嫌红包少被报复,妻子肛门被缝。两起事件都获得了极大的关注,引来对医疗行业的一片讨伐之声。然而,这两起事件最终都被证伪:前者以患儿最终诊断的确为先天性巨结肠,当事人道歉告终;后者经卫生部门调查,确认为不存在肛门被缝而是生产过程中处理痔疮。在这些事件的报道中,新闻媒体常常会在事实尚未清楚之时就对医院进行有罪推定,然后进行大肆批判,纵然事后澄清,也难以弥补对医疗行业的名誉伤害。在一起起或真或假的医疗行业负面事件中,媒体裹挟着公众的批判热情席卷而过,赢得了社会关注,却留下了愈加破碎的医患关系。

新闻报道要真实、全面、客观、公正,这是记者应有的职业道德和职业精神,开展舆论监督,揭露丑恶现象,也是记者的职责和权利,但是记者的调查方法,既要符合科学规范,也要符合道德规范。然而,少数新闻媒体为追求"眼球经济",走入了"新闻娱乐化"的误区,个别记者热衷主动"策划"各种新闻,只求"轰动",不顾后果,甚至违背科学常识和客观实际。不管出于什么样的初衷,诸如"茶水验尿"等事件都应该是值得新闻媒体反思。这不仅恶化了医患生态,而且使更多的媒体和群众受到误导,给社会制造了不和谐因素,医患关系愈加紧张。

（七）公安部门不作为或不及时作为造成医疗纠纷失控

近年来,全国各地伤害医护人员的恶性事件,不断发生。不仅发生在公立医院,也发生在民营医院,不仅发生在大城市医院,也发生在县乡级医院。案件发生越发频繁,性质越发恶劣,影响越发深刻广泛。据不完全统计,2012 年全国共发生恶性伤医案件 11 起,造成 35 人伤亡,其中死亡 7 人,受伤 28 人(其中患者及陪护人员 11 名、医护人员 16 名、保安 1 名),涉及北京、黑龙江等 8 省市,引起了社会广泛关注,暴露出医院安全防范工作存在不少突出问题和薄弱环节。如 2013 年 10 月一男子到温岭市第一人民医院,用匕首将 3 名门诊医生捅伤,其中耳鼻咽喉科主任医师王某某因抢救无效死亡,引起了巨大社会反响,医疗纠纷的失控也让医疗行业要求加强医疗机构安保诉求的呼声也越来越高。

但是,由于医疗纠纷的复杂性,一般非专业人士通常难以分辨是非,而且患者一般更容易被社会认为是弱势群体,发生医疗纠纷后,更容易博得社会公众的同情,即使有过激的行为,也常为社会所容忍,所以公安部门不愿意、不主动介入医疗纠纷处理,毕竟警察也未必具备公平仲裁的能力,更多的人则认为,涉及医疗纠纷涉及患者的事情,只能由医患双方或者医院自己解决。但是,这种不作为却会造成"医闹"事件越演越烈。不可否认,警察的介入当然能够产生一定的震慑作用,尤其是在不断升级的医疗纠纷中,某种程度上讲,也只有警察才有能力控制事态恶化,并制止暴力犯罪。公安部门不作为或不及时作为都可能会造成医疗纠纷的失控。在医疗纠纷"宁波解法"实施前,医疗机构和医务人员被打砸的情况时有发生,有的和公安部门介入处理不及时也有一定关联,当然这和相关职责规定不明晰、缺乏明确的出警依据也有直接关系,例如尽管在《治安管理处罚法》"扰乱……事业单位秩序,致使工作、……医疗、教学、科研不能正常进行",也算是够上把"医闹"纳入"扰乱公共秩序的行为"之中,但是,"扰乱"是一种什么情形就不得而知,"不能正常进行"又是一种什么情形也不是很明确,也让执法部门很难执行。

二、宁波市地方卫生立法情况[1]

(一)宁波市地方卫生立法概况

1988 年 3 月 5 日,国务院批复同意宁波为"较大的市",从此,宁波拥有了地方立法权。从 1989 年宁波市制定第一部地方性法规《宁波市象山港水产资源保护条例》开始,至 2011 年先后制定出台了约 90 部地方性法规,根据形势发展变化废止了 17 部法规,并对 31 部法规进行了 38 次修改或修订,法规内容涵盖经济发展、市场秩序、资源管理、环境保护、教育科技、文化卫生、基层民主、城乡建设等方面,立法工作逐渐规范,立法程序日趋严谨。近年来,宁波市高度重视医疗卫生工作,结合地区形势需要,加速地方卫生立法,以宪法、立法法、地方组织法、卫生法律、卫生行政法规为依据,有计划有步骤地制定卫生法规、规章,颁布地方性卫生法律文件多部(表 1-4),在摸索中不断进步,为推进依法治市进程、促进宁波经济社会和卫生事业发展,作出了积极贡献。其中,《宁波市遗体捐献条例》《宁波市精神卫生条例》和《宁波市医疗纠纷预防与处置条例》等地方卫生立法已经明显走在全国前列,贴合了地方经济和社会发展需要,在现行国家法律框架下,具有鲜明的地方特色,体现了地方立法的针对性。

表 1-4　宁波市主要的地方卫生立法基本情况(1998—2012 年)

立法题目	文号(批准部门)	发布时间	备 注
宁波市公民义务献血条例	浙江省人民代表大会常务委员会批准	1996-09-03	已废止
宁波市爱国卫生管理规定	宁波市人民政府令第 69 号	1998-07-17	已废止
宁波市献血条例	宁波市人民代表大会常务委员会公告第 8 号	1999-07-17	已废止
宁波市饮用水源保护和污染防治办法	宁波市人民政府令第 91 号	2001-04-30	
宁波市城镇职工基本医疗保险暂行规定	宁波市人民政府令第 81 号	2000-06-22	已废止

---

[1] 朱晓卓,陈健尔,王国平.宁波市地方卫生立法的现状研究[J].中国卫生法制,2014,(6).

立法题目	文号（批准部门）	发布时间	备 注
宁波市食用农产品安全管理暂行办法	宁波市人民政府令第 103 号	2002-08-28	
宁波市遗体捐献条例	宁波市人民代表大会常务委员会公告第 30 号	2002-11-29	
宁波市除四害工作管理规定	宁波市人民政府令第 118 号	2004-01-08	
宁波市地方特色食品卫生管理办法	宁波市人民政府令第 121 号	2004-05-21	
宁波市精神卫生条例	宁波市人民代表大会常务委员会公告第 37 号	2006-01-05	
宁波市城镇企业职工生育保险暂行办法（修订）	宁波市人民政府令第 137 号	2006-03-09	
宁波市城镇职工基本医疗保险规定	宁波市人民政府令第 138 号	2006-03-09	
宁波市医疗救助办法	宁波市人民政府令第 139 号	2006-05-10	
宁波市餐厨垃圾管理办法	宁波市人民政府令第 140 号	2006-08-28	
宁波市爱国卫生条例	宁波市人民代表大会常务委员会公告第 48 号	2006-12-31	
宁波市医疗纠纷预防与处置暂行办法	宁波市人民政府令第 153 号	2007-12-28	已废止
宁波市医疗纠纷预防与处置条例	宁波市第十三届人民代表大会常务委员会第 34 次会议通过，浙江省第十一届人民代表大会常务委员会第二十九次会议批准	2011-11-25	
宁波市献血条例	宁波市十四届人大常委会第三次会议修订，浙江省第十一届人民代表大会常务委员会第三十六次会议批准	2012-11-29	

1. 按立法机关分类

（1）地方性卫生法规：地方性卫生法规是省、自治区、直辖市，省、自治区的人民政府所在地的市，经济特区所在地的市和经国务院批准的较大的市人民代表大会及其常务委员会，依照法定的权限和程序制定的地方性卫生法规的活动，也包括根据宪法以及立法法的有关规定，民族自治地方的人民代表大会有权依照当地民族的政治、经济和文化的特点，制定卫生自治条例、卫生单行条例的立法活动。[1]

---

[1] 胡盛仪.我国地方立法比较概略[J].江汉论坛，2008，6(3).

宁波市地方卫生法规基本是由市人大常委会颁布,主要有《宁波市献血条例》《宁波市遗体捐献条例》《宁波市精神卫生条例》《宁波市爱国卫生条例》和《宁波市医疗纠纷预防与处置条例》等。

（2）地方性卫生规章:地方性卫生规章是省、自治区、直辖市,省、自治区的人民政府所在地的市,经济特区所在地的市和经国务院批准的较大的市人民政府依照法定权限和程序制定地方卫生规章。由宁波市人民政府颁布实施的地方性卫生规章主要有《宁波市除四害工作管理规定》《宁波市地方特色食品卫生管理办法》《宁波市餐厨垃圾管理办法》《宁波市医疗纠纷预防与处置暂行办法》等。

2.按立法特点划分

（1）执行性地方卫生立法:执行性地方卫生立法指有权的地方国家权力机关为了贯彻执行全国人民代表大会及其常委会制定的卫生法律以及国务院制定的卫生行政法规,结合本地区实际情况,制定实施办法或实施细则,具体规定可操作事项,以解决实际问题的地方卫生立法活动。根据《立法法》第六十四条第一款第（1）项规定,地方性法规可以就"为执行法律、行政法规的规定,需要根据本行政区域的实际情况作出具体规定的事项"作出规定,这类地方卫生立法可以是根据法律明确规定制定的实施细则,也可以依照法律授权关于执行法律的有关问题所作的地方卫生立法,同样可以是根据地方实际需要为了贯彻执行法律而进行的地方立法。执行性的地方卫生立法依赖于国家卫生立法,通过地方卫生立法制定更加切合本地方实际的实施办法,以保障卫生法律法规在本地方的具体实施。因此,执行性卫生地方立法只是将卫生法律或行政法规的一般性规定适用于个别的、具体的特殊的情况,不能创制新的权利义务规范和新的法律规则,具有从属性的特点。[1]如《宁波市献血条例》即根据《献血法》和其他有关法律、法规的规定,结合本市实际而制定的。

（2）职权性地方卫生立法:职权性地方卫生立法根据本行政区域的实际需要和具体情况对属于地方性卫生事务,或者在国家法律、法规尚未立法情况下对有关事项开展地方卫生立法活动。地方性卫生事务指的是具有地方特点的卫生事务,有地方立法权的机关,根据宪法与地方组织法等法律规定的职权以及本行政区域管理的需要,在职权范围内制定地方性卫生法规。[2]一般而言,职权性的地方卫生立法,都是在国家立法尚未涉及,但地方管理又很急需的情况下进行的,带有应急性和试验性的特点。[3]如《宁波市医疗纠纷预防与处置暂行办法》,在国家层面法律没有具体涉及的情况下对医疗责任保险和医疗纠纷人民调解机制进行

[1]王琼雯.地方立法的地方特色及实现之道[J].法学论坛,2008,8(6).
[2]黄宏宇.地方立法评价指标[J].人大研究,2008,10(1).
[3]刘惠荣.试论地方立法评估的标准体系[J].中国海洋大学学报(社会科学版),2008,2(2).

尝试立法。

（二）宁波市地方卫生立法评价

1. 地方卫生立法体现"以人为本，立法为民"

医药卫生事业是以人民的健康服务为中心，以维护公民的健康权利为核心，以此为原则，宁波市在进行地方卫生立法时能以切实维护广大人民群众的根本利益为地方卫生立法的出发点和落脚点，坚持以人为本、立法为民，把广大人民群众的根本利益放在首位，坚持发展为了人民、发展依靠人民、发展成果由人民共享，深入了解民情，充分遵从民意，广泛集中民智，切实尊重和保障人权，实现地方立法理念。由计划经济条件下以政府权力、公民义务为本，向市场经济条件下以公民权利、政府职责为本转变，由注重强化政府管理、约束管理相对人，向注重规范政府行为、保护管理相对人合法权益转变，权利与权力相协调，实现行政主体与相对人利益的和谐，努力解决人民群众最关心、最直接、最现实的利益问题。纵观近年来的宁波市地方卫生立法，主要涉及食品安全、医疗安全、环境卫生、医疗保障等和民生密切相关的卫生问题，直接和区域城市建设、和谐社会发展紧密相关。

2. 地方卫生立法体现前瞻性和创新性

前瞻性实际上同时彰显创新性，是地方卫生立法自主性的体现。作为立法体制的重点组成部分，宁波市的地方卫生立法工作从无到有、从小到大，逐步进入科学发展期，立法方向的前瞻性和创新性体现在和谐社会、食品安全、保护环境等直接影响经济社会可持续发展的各个方面，不断增强健康意识和人权意识，通过地方卫生立法促进医疗环境的改善，医疗资源的合理开发和利用，协调经济社会稳定发展。对于国家层面尚未制定的法律法规，积极开展立法探索，立法技术与方法由传统型向创新型转变，与时俱进，体现时代性、把握规律性、富有创造性，在继承优良的立法传统同时，冲破传统习惯的束缚，在立法技术和立法方案上进行大胆创新，对不涉及国家专属立法权的事项，进行先行性、试验性、创造性的立法探索，发挥地方卫生立法由"个性特色"走向普遍性国家立法"试验田"的作用。如《宁波市医疗纠纷预防与处置暂行办法》创新引入第三方调解机制，聘请法医、医学专家和法律界人士担任调解员，负责医疗纠纷的调解工作，并设立医疗纠纷协商理赔部门，患方索赔额达1万元以上的，由医疗纠纷理赔处理中心参加处理，为全国医疗纠纷处理开创了具有本地特色的"宁波解法"，对于我国医疗纠纷预防与处置法律机制建立并完善具有重要的借鉴意义和较高的推广价值。

3. 地方卫生立法体现区域特殊性

地方特色是地方立法存在的基础，是地方立法的生命和灵魂，没有地方特色，千篇一律，地方立法就失去存在的意义。[1]我国幅员辽阔，各地之间存在重大差

[1] 王斐弘. 地方立法特色论[J]. 人大研究, 2005, 7(5).

异,区域特殊性非常显著,发展极不平衡,一个地区的政治、经济、文化发展程度既决定着该地区的"陌生化"程度的高低,也决定着其社会大众之间同质化程度更高还是异质化现象更加显著。近年来,宁波市地方卫生立法充分体现本地经济水平、地理资源、历史传统、法制环境、人文背景、民情风俗等状况,根据本地实际,以立法的形式创制性地解决应由地方自己解决的问题,以及国家立法目前不可能解决的问题。也就是说,地方卫生立法体现的是对国家卫生法律、行政法规的"拾遗补缺",重点解决地方医疗卫生事业发展中无法可依的问题,并把改革和发展的决策同地方立法结合起来,使地方医疗卫生事业发展以及社会和谐稳定建立在法制的轨道上。如宁波市位于我国东南沿海,居民喜食海鲜和腌制食物,为规范地方特色食品生产经营行为,提高地方特色食品卫生质量,保障居民身体健康,出台了《宁波市地方特色食品卫生管理办法》,针对在本市范围内生产或经营腌(臭)冬瓜、腌(臭)菜股,以及腌、醉(糟)制鱼虾类、蟹类和贝壳类等具有宁波地方特色的直接入口食品进行专门管理。因此,地方卫生立法只有根据地方的具体和实际需要,针对解决地方居民生命健康问题,才能充分发挥地方立法层次应有的作用。

4. 地方卫生立法体现相对独立性

在遵循与上位法"不抵触"原则的前提下,地方立法的相对独立性、创造性必须得到合理强调,除了国家根本利益和涉及公民基本权利义务的事项外,应尽量扩大地方立法权并使之明确化和具体化,充分发挥地方的积极性和主动性,中央立法在对于地方可自主决定的事项应尽量收缩,或仅作些原则性、概括性、富有弹性的规定,给地方立法留下足够的空间,应允许地方立法具有相对独立性、创造性,而非简单地援引或照搬。只有这样,才能发挥地方立法灵活、贴近现实生活的优势,创造性地规定一些便于具体适用有强大生命力的立法,甚至可考虑允许一般地方立法作出变通规定。宁波市在地方卫生立法时也充分体现了这一特点,如制定《宁波市医疗纠纷预防与处置暂行办法》时,立法部门经过严格的批准程序,充分论证其正当性、合理性、可行性,扩大了国务院颁布的行政法规《医疗事故处理条例》关于"医疗纠纷发生后,医患双方可以选择双方自行协商、行政解决和诉讼解决"这三条途径,创新引入第三方解决医疗纠纷的机制,实际效果有利于推动医疗机构提高医疗质量、确保医疗安全,从根本上预防医疗纠纷的发生,而且有利于快速有效地化解医疗纠纷,保护医患双方的合法权益,从而缓解医患矛盾,更为重要的是有效防止国有资产流失,避免患方漫天要价和"医闹"现象,促进了和谐医疗环境的构建。因此,在不和国家宪法、法律、行政法规相违背和相冲突的情况下,地方卫生立法的相对独立性可以弥补国家立法的不足。此外,国家在出台相关法律后,宁波市也能做到及时修订或废止,如《宁波市公民义务献血条例》在《献血法》颁布后,宁波市人大常委会及时废止该条例,并出台《宁波市献血条例》,避免与国家层面立法冲突。

（三）地方卫生立法实施成效明显

立法目的应由追求静态价值向追求动态效益转变。立法的静态价值是社会对立法活动的肯定性评价；立法的动态效益则是立法活动在不断适应时代发展变化过程中，对于推动经济发展和社会进步所发挥的实际作用和达到的效果。因此，地方卫生立法的目的不仅要使法律法规得到社会的认可和好评，更要得到普遍地执行和遵循。宁波市充分运用地方立法的自主性和创制性，在进行地方卫生立法时充分听取社情民意，规范立法程序，完善配套机制，制定了一批适合地方实际需要、与国家和省法律法规相配套的地方性卫生法规和规章，在民生保障、医疗服务等方面，基本实现了"有法可依"，在执法过程中积极开展普法宣传，实施效果明显，如《宁波市公民义务献血条例》实施后，1997 年全市无偿献血量占临床用血量的比例达到 41.9%，1998 年达到 60%，1999 年达到 75.3%。

综上所述，宁波市在"以人为本、构建和谐社会、法制统一"的前提下，结合区域卫生事业管理的需求和特点，进行比较科学、完整、透明的卫生地方立法，适应社会主义市场经济体制和卫生事业改革发展的需求，进一步提高公众的卫生法律意识，执法为民，有效地保护地区居民生命健康，促进了社会经济的协调发展。

三、宁波市医疗纠纷的地方立法应对

（一）医疗纠纷"宁波解法"的推出

鉴于医疗纠纷数量持续增加，一些重大的医疗纠纷常常伴有较大规模的冲突发生，严重干扰了正常医疗秩序，逐渐成为社会关注的热点问题。在此背景下，2006 年，宁波市政府召开 3 次不同层面的缓解医患关系座谈会，提出探索建立解决医患纠纷的长效机制；2006 年 10 月，宁波市成立起草小组，历时一年征求司法、公安、法制办、保监等部门和人大代表、政协委员、医务人员、律师、法官、社区干部等意见；2007 年宁波市政协十三届一次会议上，多名政协委员提出了关于建立宁波市医疗纠纷人民调解机构的提案，建议借鉴外地经验，专门设置"医疗纠纷人民调解委员会"这样的机构，以形成一个解决医疗纠纷的有效机制，在医患之间筑起一条"缓冲带"，希望能通过将人民调解机制引入医疗纠纷解决中，为医患双方提供一个协调沟通的新平台，为医疗纠纷的顺利解决提供一条的新途径，这有益于保障宁波市医疗机构的正常工作秩序，维护医患双方合法权益，依法、公正、公平、高效地处理医疗纠纷，促进和谐医患关系构建，实现社会主义社会和谐稳定。

该提案后被宁波市政协确定为主席督办的重点提案，经过宁波市卫生局、宁波市司法局等有关单位针对提案内容开展深入调研，经过多次组织论证，并在 2007 年 9 月《宁波市医疗纠纷预防与处置暂行办法》（送审稿）报宁波市政府法制办网上公开征求市民意见的基础上，同年 11 月，宁波市人民政府第 16 次常务会议审议通过了《宁波市医疗纠纷预防与处置暂行办法》（市长令 153 号），并于 2008 年 3

月1日起实施,从地方行政规章的立法高度建立了医疗纠纷预防与处置制度。该制度在保留原有《医疗事故处理条例》规定的解决途径(即医患协商、卫生行政部门调解和法院诉讼)的基础上,创造性地引入第三方介入处理医疗纠纷,并同时限制了医患协商中医疗机构的处置权力,对于患方索赔在1万元以上的,参保的医疗机构是不能单方面自行赔偿,要求保险公司介入处理,由此构建两个具有宁波特色的医疗纠纷处理制度,一是医疗责任保险制度,一是医疗纠纷人民调解制度,同时明确了地方政府卫生、公安、司法、新闻等相关部门的法定职责,规范了处置程序和处置办法,以快速有效地化解医疗纠纷,保护医患双方的合法权益,缓解医患矛盾,从而达到维护正常医疗秩序和社会稳定的目的。2008年3月,宁波市医疗纠纷理赔处理中心和宁波市医疗纠纷人民调解委员会同时挂牌成立。自此,被媒体称为医疗纠纷"宁波解法"得以开始实施。为配合该制度实施,2008年2月20日宁波市卫生局下发了《关于印发宁波市实施医疗责任保险的若干规定的通知》,2008年4月16日宁波市卫生局、司法局和财政局联合发布《关于全面推行医疗纠纷人民调解工作机制的通知》等政策文件。

（二）医疗纠纷"宁波解法"的实施总体情况

自2008年3月1日《宁波市医疗纠纷预防与处置暂行办法》实施以来,截止同年8月底,宁波市医疗纠纷理赔处理中心和人民调解委员会共受理医疗纠纷122起(患者死亡的55起),其中患方聚众闹事并提出不合理赔偿要求的53起,已顺利协商解决83起,引导进行尸体解剖和医疗事故技术鉴定5起,法院起诉5起,仍需继续治疗5起,正在协调解决中24起。已协商解决的83起中,索赔总金额1514万元,实际赔偿258万元。其中,市级医院赔偿179.7万元,比去年同期赔偿557.5万元(包括欠免和拒付医疗费)减少了近67.7%,在发生的122起重大医疗纠纷中(其中患方停尸闹丧16起),患方自行移尸11起,自行拆除横幅大字报等2起,公安机关强制移尸5起,依法拘留21名肇事者。另外,医疗纠纷人民调解委员会和理赔处理中心非正式受理和协助处理未参保或参保前的医疗机构重大医疗纠纷37起,其中26起调处成功,较好地维护了医院秩序,促进了和谐医患关系的构建。

宁波市医疗纠纷理赔处理中心和医疗纠纷人民调解委员会在医疗纠纷处置中,坚持以人为本,力求做到服务细心耐心、操作公平公正。特别是医疗纠纷理赔处理中心严格按国务院《医疗事故处理条例》[1]规定计算赔偿金额,全方位向医、患双方公开标准和计算方法,严格规范赔偿程序和计算标准,既维护了患者的合法利益,也防止了国有资产的任意流失。其中7起纠纷从几十万的索赔额下降到几千元,4起"敲竹杠"的纠纷,通过医疗纠纷理赔处理中心工作人员摆事实、讲道理和政策宣传后,放弃了"敲"医院的想法。有14起医疗纠纷,医方报告无医疗上的

[1] 2010年7月1日起,以《中华人民共和国侵权责任法》为依据进行理赔。

责任不予赔偿,经理赔处理中心反复调查,并组织专家多方讨论,发现医方存在过失,应承担赔偿责任,同时及时按照相关规定给予患方相应的赔偿,维护了患方的利益。调处终结的 83 起医疗纠纷,医患双方无一例提出反悔和异议,大部分医疗机构对此表示支持;大部分患者及其家属也表示信服,并给予了一定的配合,有的还为此给医疗纠纷理赔处理中心和医疗纠纷人民调解委员会送来了"依法行政,秉公执法"的锦旗,以示感谢。同时已对 46 起赔款在 1 万元以上的医疗纠纷发生单位发出了责任追究和整改通知书,为医疗机构提高自身服务质量提供了重要建议,取得了非常好的实际效果。大部分医疗机构高度重视整改工作,主动组织专题会议进行认真剖析,吸取经验教训,引以为戒,并对当事医务人员的过失行为和责任追究情况在全院进行通报,整改情况和责任追究情况也及时向宁波市卫生行政部门作了反馈。同时,有些医疗机构还在全院范围内开展了医疗安全大检查,加强医务人员的业务培训,强化了医疗风险意识,有效提升了医务人员依法行医的意识,促进了医疗机构医疗服务质量的提高。

总体而言,医疗纠纷"宁波解法"创造性地提出了医疗纠纷解决的新模式,规范了医疗损害赔偿程序,有效控制了国有资产的流失,并及时将大部分的医疗纠纷从院内转移到院外,保障了医疗机构正常的工作秩序,最大限度的协调了社会、医疗机构和患者之间的关系,保障了各方的合法利益。

（三）医疗纠纷"宁波解法"的经验推广

近年来,医疗纠纷大量增加已经成为和谐社会建设面临的重大难题,如何公平公正处理医患纠纷成为社会焦点。医疗纠纷"宁波解法"不仅维护了医患双方的合法权益,改善了医疗秩序和环境,而且减轻了卫生行政、公安、信访、法院等相关部门的工作压力,达到了法律效果与社会效果的统一,得到了各级党委、政府的充分认可。浙江省副省长郑继伟就曾指出"宁波市创造性运用人民调解和保险理赔机制化解医疗纠纷,走出了一条新路,希望有关部门加大工作力度,深化研究,为在全省推广宁波医疗纠纷预防处置模式打好基础"。2009 年,国家卫生部公布的《关于公立医院改革试点的指导意见》提出建立医患纠纷的第三方协调机制,宁波市作为唯一的市级单位的成员加入全国医患纠纷第三方协调机制协作小组。在全国政协十一届二次会议上,已有政协委员提出议案,建议在全国医疗行业中推广应用医疗纠纷"宁波解法",更引起了社会的高度关注。

2008 年 12 月,浙江省司法厅、浙江省卫生厅联合在宁波市召开了全省人民调解化解医患纠纷工作机制现场会,开始在全省推广医疗纠纷"宁波解法"。2009 年 8 月,浙江省卫生法学研究与教育中心和中国卫生法学会联合召开了中国卫生法学理论与学科建设暨医疗纠纷第三方处理实践全国专家研讨会。2010 年 5 月,中国卫生法学会、浙江卫生法学研究与教育中心、宁波市医疗纠纷人民调解委员会和宁波市医疗纠纷理赔处理中心联合组织了医疗风险预防及医疗纠纷第三方处理机制全国高端研讨与推介会,进一步促进了医疗纠纷"宁波解法"在全国范围内的推广,有力推进了对于医疗纠纷"宁波解法"理论与实践的学术研究。在医疗纠纷"宁波解法"实施两年来,仅宁波市医疗纠纷理赔处理中心接待全国各地兄弟省市考察团 131 批 1559 人次,接待媒体记者采访 9 次,配合媒体制作专题报道拍摄 4 次,医疗纠纷"宁波解法"分别在中央电视台 1 套、12 套、浙江电视台、钱江电视台、宁波电视台以及多家报纸、电台进行专题报道,其中中央电视台 1 套《今日说法》栏目称之为"老难题,新解法",为"宁波解法"在全国各地广泛推广发挥了积极作用。

为了医疗纠纷有效预防与处理医疗纠纷,保护医患双方合法权益,维护医疗机构正常医疗秩序,在医疗纠纷"宁波解法"的基础上,2010 年 3 月 1 日浙江省以政府令形式颁布了《浙江省医疗纠纷预防与处理办法》(浙江省人民政府令第 269号),要求各市、县(市)须设立作为第三方的医疗纠纷人民调解委员会免费调解医疗纠纷,公立医院必须参加医疗责任保险。2011 年 8 月 31 日,在原有制度进一步修订完善的基础上,根据《侵权责任法》《人民调解法》、国务院《医疗事故处理条例》等法律、法规,宁波市第十三届人民代表大会常务委员会第 34 次会议通过,并于 11 月 25 日浙江省第十一届人民代表大会常务委员会第 29 次会议批准的《宁波市医疗纠纷预防与处置条例》于 2012 年 3 月正式实施,立法性质由原来的地方规章上升为地方法规,这也是国内首部关于医疗纠纷预防处置的地方性法规,进一步推动了宁波市的医疗纠纷预防与处置工作的规范化和法制化发展。2013 年 10月,国家发改委也专程来宁波调研,特别提到要"通过试点,建立统一的医疗责任保险"。2014 年 1 月,浙江省高级人民法院联合杭州市中级人民法院、宁波市中级人民法院召开新闻发布会,介绍近 5 年来浙江省法院医疗纠纷审理情况,并向社会公布《关于依法审理医疗纠纷案件促进和谐医患关系的意见》,其中宁波法院将人民调解和保险理赔纳入到医疗纠纷的诉前处理的"第三方处理模式",受到浙江省高级人民法院的高度肯定[1]。2015 年 4 月 23 日,国家卫生计生委、中央综治办、公安部、司法部、保监会国家五部委在宁波召开"依法维护医疗秩序构建和谐医患关系"工作会议,在会议上,浙江省人民政府副省长郑继伟着重介绍了医疗纠纷"宁波解法",中央政法委副秘书长徐显明则在会议上介绍说,目前除了浙江,天津、上海、江西、湖北、湖南、广东等省(市)也出台了《医疗纠纷预防和处理条例》《医疗纠纷预防和处理办法》等地方性法规、地方政府规章,中央层面也正在起草制定《医疗纠纷预防与处理条例》。[2] 2015 年 6 月 1 日起,宁波市人民代表大会通过的《宁波市人民调解条例》颁布实施,进一步保障了医疗纠纷"宁波解法"的实施。

---

[1] 张兴平,王华卫,陈洋根.医疗纠纷官司如何审理,浙江省高院推崇杭甬模式[EB/OL].[2014-01-08].http://zjnews.zjol.com.cn/system/2014/01/08/019799045.shtml.

[2] 陈琼,贺艳."宁波解法"实施 7 年医疗纠纷案件年均下降 12.2%[EB/OL].[2015-04-24].http://news.163.com/15/0424/01/ANU9684900014Q4P.html.

第二部分
医疗纠纷"宁波解法"总体评述

　　医疗纠纷"宁波解法"所涉及的核心问题和制度构架难点,主要反映在如何从源头上强化预防责任、控制和减少医疗纠纷的产生,如何有效地引入人民调解机制来协调处理纠纷;如何引入医疗责任保险发挥保险的社会服务功能,解决纠纷损害赔偿问题,以及如何处理人民调解部门与保险理赔机构之间的职能关系与工作效率等一系列问题。对此,宁波市在医疗纠纷预防与处理立法上积极创新,特色鲜明,贴合实际,总体上取得了较好的社会成效。

第一节　医疗纠纷"宁波解法"的立法创新

　　医疗纠纷"宁波解法"在制度设计中结合了宁波市当地的实际情况,重视制度的科学性、合理性的同时,更重视了制度的可操作性,以此形成医疗纠纷处置工作的地方特色。

一、医疗纠纷"宁波解法"的立法原则

　　立法原则是指立法主体据以进行立法活动的重要准绳,是立法指导思想在立法实践中的重要体现。它反映立法主体在把立法指导思想与立法实践相结合的过程中特别注重什么,是执

政者立法意识和立法制度的重要反映。医疗纠纷"宁波解法"作为医疗纠纷解决的地方立法，从医疗纠纷防范到处置形成了一系列的制度体系，在立法中也充分贯彻了公正公平、预防为先等立法原则。

（一）预防原则贯穿医疗纠纷处理立法

"预防为主"的原则是我国卫生工作的根本方针，也是卫生立法及执法应当遵循的一条重要原则。医疗纠纷"宁波解法"把"预防"放在处理医疗纠纷的首位，坚持预防与处理相结合，以防为主，增强各部门医疗安全意识，明确预防医疗纠纷工作是全社会的共同责任，对医患双方提出了具体责任要求，规定医疗机构应建立健全医务人员违法违规行为公示和责任追究制度、医疗质量监控和评价制度、医患沟通制度、安全责任制度，医疗机构制定医疗纠纷处置预案，报卫生局、公安局备案，要求患者遵守医疗机构规章制度，一旦出现医疗纠纷，公安部门立即介入，这些都充分体现"预防为主"的卫生立法理念，有助于构建和谐医患关系，营造良好医疗环境，防范医疗纠纷的发生和扩大。

（二）法治原则确定解决医疗纠纷途径

医疗卫生事业是社会主义事业的重要组成部分，依法管理医疗卫生事业是实现依法治国、建设社会主义法治国家的重要内容，只有加强法制宣传教育，包括卫生法制教育，不断提高广大人民群众的法制观念和法律意识，才能实现依法治国，建设社会主义法治国家的目标。医疗纠纷导致的冲突，往往因当事方的情绪激动而进一步升级或激化。患方情绪失控时，会采取抢夺病历、打骂医护人员，甚至发生群体性聚集等恶性事件，严重威胁医护人员人身安全，干扰了正常的医疗秩序。《宁波市医疗纠纷预防与处置暂行办法》首次以地方行政法规形式规范医疗纠纷调解与处置，明确要求尊重患者的生命健康权、知情权等权益，在《医疗事故处理条例》的基础上，规范了医疗纠纷的处理程序，医疗机构确立医疗纠纷内部报告制度、向卫生部门和公安部门的报告制度；鉴于在医疗纠纷实际解决中，医疗机构常迫于患方的压力（如职业"医闹"的介入），私下在赔偿数额方面作出让步，造成医院国有资产损失，医疗纠纷"宁波解法"依据《民事诉讼法》和《医疗事故处理条例》的规定，在允许医患自行协商的基础上，引入人民调解机制，限定院方在处置医疗纠纷中的国有资产（金）赔偿的权利，明确规定患方索赔金额超过1万元的医疗纠纷，必须通过医疗纠纷理赔处理中心介入处理，进行调查、评估、协商，也从法律意义上明确医院方管理国有资源职责，即公立医疗机构承担提供和发展公共医疗卫生服务的职责，院长是公立医疗机构的管理者而非所有者，无权私自处理国有医疗机构的财产，从而限制了医疗机构私下承诺给予患者高数额的医疗损害赔偿行为，患方的高额赔偿不能由医疗机构内部解决，促使在明确医疗责任基础上，医疗损害赔偿与医疗责任相适应，有效防止国有资产流失；限定患方参加协商的人数，首次明确公安部门直接介入医疗纠纷处置中的职责和程序，对于公安人员在医疗纠纷处理中玩忽职守将追究法律责任,以此有效防止医疗纠纷的激化,防范和制止暴力行为的发生,维持正常医疗秩序;医疗纠纷"宁波解法"也以立法形式规范和引导新闻媒体开展客观正确的医疗纠纷的舆论报道,明确新闻媒体在医疗纠纷报道中的法律责任,对于媒体或记者对真相未明、调查结果尚未公布的医疗纠纷作严重失实报道,或在报道中煽动对立情绪,造成严重社会不良影响和后果的将依法追究相应法律责任。总之,医疗纠纷"宁波解法"通过规范医疗纠纷的依法处置,有助于遏制"医闹"现象,更明确无端造成或者激化医疗纠纷的违法行为同样承担法律责任,促进了社会主义法制意识的提高。

（三）公正公平体现医疗纠纷处理的法律精神

公正公平是法律制度追求的核心价值之一,尤其在法制社会,公平公正几乎成了法律的代名词,而法律则被视为公平和正义的物质外壳。医疗纠纷"宁波解法"在明确卫生、公安等部门职责的基础上,要求患者依法维护自身权益和解决医疗纠纷,尊重医务人员,自觉维护正常的医疗秩序,更创新地引入医疗纠纷人民调解委员会作为第三方介入处理医疗纠纷以体现"公正公平"。在医疗活动中发生民事争议之后,医患双方当事人可向医疗纠纷人民调解委员会提请调解。医疗纠纷人民调解委员会处理医疗纠纷时应公正地对待医患双方当事人,不能有所偏袒。目前医疗纠纷调解已被多个国家和地区所认可,早在 1960 年日本东京医师设立的医疗纠纷处理委员会就是专门处理医疗事故争议的医事调解组织,美国 85% 的医疗纠纷也都是通过仲裁和调解的方式解决[1]。医疗纠纷"宁波解法"规定由司法部门建立市、县(区)两级调解委员聘请法医、医学专家和法律界人士担任调解员处理医疗纠纷,避免了医患双方激烈的法庭对抗,可在较为缓和的气氛中解决争议,调解可望更为公正,同时过程具有保密性也有利于保护患者的隐私[2]。这就为医患双方创造一个公平、公正的医疗纠纷解决途径,避免医患矛盾激化,对于化解医疗风险、保障医患双方合法权益方面有着积极作用。

（四）及时便民提高处理医疗纠纷工作的效率

及时便民是提高依法处理医疗纠纷工作效率的重要准则,要求在保证公正、公平的前提下,应当在尽可能短的时间内给当事人一个答复,节省费用、时间、精力,以减少当事人的负担。《医疗事故处理条例》规定了医患双方解决医疗纠纷可通过法院诉讼解决,但法院起诉耗时成本高,因此大多数患者更愿意选择医患双方协商的途径和医疗机构"私了",致使医疗纠纷得不到正确处置,而且干扰了正常的医疗秩序,医疗机构或医务人员如有医疗过失责任,卫生部门也难以追究。医疗纠纷"宁波解法"引入第三方调解机制,让医疗纠纷人民调解委员会介入医疗纠纷处

---

[1] 张海滨.医疗纠纷的非诉讼解决方式——医疗纠纷 ADR[J].中国卫生事业管理,2003,(3).
[2] 李国炜,等.建立我国医事仲裁机制的再思考[J].医学与哲学,2005,26(2).

理,程序上效率较高,费用较省,并对处理时间有所限制(自受理调解开始之日起1个月内调结),提高工作效率;推行医疗责任保险,保费合理,保障程度较高、理赔手续简化,赔付率高,保险服务方便、及时、快速、优质,提高了医疗机构投保的积极性,有效减轻医疗机构的赔付负担。

（五）风险分担减轻医疗机构纠纷赔付负担

我国的医疗责任保险早在多年前就已推出,但发展得并不理想。究其原因,以往推行的医疗责任保险保费较高,保障程度较低、保险费用偏高、免赔条款太多,索赔条件较为苛刻,理赔手续繁杂,赔付率低,影响了医疗机构投保的积极性,也不能有效减轻医疗机构的赔付负担。宁波市的医疗责任保险与国际通行的投保主体为医生不同,采取强制保险的措施,由政府介入引导,由医疗机构投保,坚持保险事故预防为主,按照"保本微利、公平合理、共同分担"的原则,设计医疗责任保险、财产险和火灾公众责任险"三险合一"的保险方案,为医疗机构提供方便、及时、快速、优质保险服务。考虑到医疗损害赔偿的风险性,由多家保险公司组成宁波市政策性医疗责任保险共保体(以下简称"共保体"),共同分担医疗赔偿责任,下设医疗纠纷理赔处理中心,承担医疗纠纷理赔,进行医疗损害赔偿协商。保险不以赢利为目的,利润转入下年赔付准备金,财务开支情况接受卫生、保监等部门监督,同时将根据运作情况调整费率。医疗纠纷理赔处理中心根据医疗损害赔偿统计数据、市场需求,与每家医疗机构签订的保险协议服务条款和保险费率有所不同,由医疗机构承担保险费用。同时,医疗纠纷理赔处理中心配备具有临床医学、药学、卫生法学和保险等专业资质的专职工作人员,聘任相关医学和法律专家组建专家库,为医疗纠纷的处理提供技术咨询服务,有助于医疗机构从复杂的医疗纠纷中解脱出来,为医患双方当事人创造一个公平、公正的医疗纠纷解决途径,有效防止"医闹"现象出现,避免医患矛盾进一步激化,对于化解医疗风险、保障医患双方合法权益方面起到了积极的作用。

二、医疗纠纷"宁波解法"的立法重点

（一）规范医疗纠纷预防和处置各方的责任权利

做好医疗纠纷预防工作,不仅需要医疗机构提高医疗服务质量和水平,确保医疗安全。同时,一旦出现医疗纠纷,医疗机构更要积极采取预防控制措施,确保事态不进一步扩大,及时依法妥善解决纠纷,确保医患双方的合法权益。为有效预防和正确处置医疗纠纷,医疗纠纷"宁波解法"分别对卫生行政部门、医疗机构、公安机关、新闻机构、医疗纠纷人民调解委员会以及基层群众自治组织、乡镇人民政府(街道办事处)等在医疗纠纷预防与处置中的职责作出了相应的规定(表2-1)。如《宁波市医疗纠纷预防与处置条例》第4条规定:公安机关负责维护医疗机构治安秩序,并对医疗机构内部治安保卫工作进行监督和指导。这

也符合 2013 年国家卫生计生委和公安部印发的《关于加强医院安全防范系统建设指导意见》中"建立应急处置机制,实现警医联动,确保恶性突发事件的及时有效处置"的文件精神。

表 2-1　医疗纠纷"宁波解法"规定的各部门和组织的职责

序号	部　　门	职　　责
1	市和县(市)区人民政府	建立医疗纠纷预防与处置工作协调机制,督促有关部门依法预防与处置医疗纠纷,协调解决医疗纠纷预防与处置工作中的重大问题
2	卫生行政部门	指导、监督医疗机构做好医疗纠纷的预防与处置工作
3	司法行政部门	指导医疗纠纷人民调解工作
4	公安机关	维护医疗机构治安秩序,并对医疗机构内部治安保卫工作进行监督和指导
5	保险监督管理机构	依照国家有关规定负责监督管理医疗责任保险工作
6	患方所在单位和居住地乡镇人民政府(街道办事处)、村(居)民委员会	配合做好医疗纠纷的处置工作
7	新闻媒体	应当发挥新闻舆论的宣传、引导、监督作用,倡导建立文明、和谐的医患关系,推动医疗纠纷的有效预防和依法处置

（二）规范医疗纠纷报告和处置程序

医疗纠纷"宁波解法"除了对医疗机构提出建立健全医疗纠纷报告制度、规范医疗纠纷报告和处置工作的要求外,还特别规定:医疗纠纷发生后,医疗机构及其医务人员应当依照医疗纠纷处置预案的规定及时报告,并采取有效措施,避免或者减轻对患者身体健康的损害,防止损害扩大。卫生行政部门接到医疗纠纷报告后,应当责令医疗机构立即采取必要的救治措施;必要时,应当派人赶赴现场,指导、协调处置工作,引导医患双方依法妥善解决医疗纠纷;在医患双方共同在场的情况下,按规定封存和启封现场实物及相关病历资料;双方协商解决医疗纠纷的,应当在医疗机构专用接待场所进行;患方来院人数在 5 位以上的,应当推举代表进行协商,代表人数不得超过 5 位;处置完毕后,向卫生行政部门提交医疗纠纷处置报告,如实反映医疗纠纷的发生经过及调查、处理情况。

（三）引入医疗责任保险机制和人民调解机制

医疗责任保险是处理医疗纠纷与赔偿风险的一种社会分担机制,是医疗机构与保险公司双方协议开展的医疗执业责任保险业务,是在双方约定的期限内,医疗机构及其医务人员在从事诊疗护理过程中发生的医疗事故和医疗纠纷,经界定由保险公司承担经济赔偿责任。医疗纠纷"宁波解法"创新引入医疗责任保险机制，在保持原有处置渠道的前提下，明确公立医疗机构按规定参加医疗责任保险，承担医疗责任保险的保险机构应设立医疗纠纷理赔部门。

医疗纠纷人民调解机制是指在诊疗活动中发生民事争议，医患双方当事人向医疗纠纷人民调解委员会提请调解，以解决医疗纠纷的制度。根据《医疗事故处理条例》规定，医疗纠纷发生后医患双方可以选择自行协商、卫生行政部门调解和法院诉讼三条途径进行解决。医疗纠纷"宁波解法"创新引入医疗纠纷人民调解机制，规定市和县（市）、区由司法部门组织医疗纠纷人民调解委员会，聘请法医、医学专家和法律界人士担任调解员，负责医疗纠纷的调解工作。

（四）依法处理"医闹"滋事

医疗纠纷"宁波解法"规定了医疗机构应当立即向所在地公安机关报警的几种情况：包括停尸闹丧，或聚众占据医疗机构诊疗、办公场所的；故意损坏或窃取医疗机构财产、设备和病历、档案等重要资料的；阻碍医师依法执业，侮辱、诽谤、威胁、殴打医务人员或者侵犯医务人员人身自由、干扰医务人员正常生活的；有其他严重影响医疗秩序的行为，经劝说无效的。

医疗纠纷"宁波解法"明确规定了公安机关在处理医疗纠纷过程中的职责。如公安机关接到关于医疗纠纷的治安警情后，应当按照下列程序处置：立即组织警力赶赴现场；开展教育疏导，制止过激行为，维护医疗秩序；依法处置现场发生的各类违反治安管理的行为；患者在医疗机构内死亡，患方拒绝将尸体移放太平间或殡仪馆，劝说无效的，现场处置民警可以依法移放尸体。

医疗纠纷"宁波解法"对患方在医疗纠纷处置过程中妨碍正常医疗秩序进行了限制。如患方聚众占据医疗机构诊疗或办公场所，寻衅滋事的；拒不将尸体移放太平间，或在医疗机构拉横幅、设灵堂或张贴大字报，经劝说无效的；阻碍医师依法执业，侮辱、诽谤、威胁、殴打医务人员或者侵犯医务人员人身自由、干扰医务人员正常生活的；破坏医疗机构的设备、财产和重要文件资料的，以及其他扰乱医疗秩序的行为等，情节严重的，有以上行为之一的由公安机关依法给予治安管理处罚；构成犯罪的，依法追究刑事责任。

（五）加强对患者病历资料的保护

病历是否保存完整、是否被篡改往往是纠纷发生时医患双方争论的焦点。在实际操作中，患方为搜集证据提出的复制病历资料等要求往往会被院方拒绝。对此，医疗纠纷"宁波解法"规定要求医疗机构应当依法如实提供病历资料，患者有权查阅、复制门诊病历、住院志、医嘱单、检验检查报告、手术及麻醉记录单、病理资料、护理记录等病历资料。医疗机构应当依法如实提供有关病历资料，不得隐匿或者拒绝，不得伪造、篡改或者违规销毁。这也为了进一步明确医务人员的相关职责，同时保护患者对病情、诊断、治疗的知情权的要求。同时，医疗纠纷发生后，医患双方应在双方在场的情况下,应按规定共同对现场实物及相关病历资料进行封存或启封。

三、医疗纠纷"宁波解法"的立法特点

医疗行为的特殊性、疾病的复杂性和人类认识能力的有限性以及医学技术发展的局限性,必然造成医疗卫生行业从业人员具有高度职业风险,由此难以避免医患关系紧张、医患矛盾激化,这就需要完善和创新调处医患矛盾的机制,对因医疗过失行为导致医疗损害的患者进行合理充分赔偿,分散医疗机构和医务人员的职业风险,是完善社会保障体系的重要环节,也是维护医患双方的合法权益,维护医院医疗秩序的保障[1]。医疗纠纷"宁波解法"创造性地推出医疗责任保险协调理赔和医疗纠纷第三方调解,将医疗责任保险协调理赔和人民调解作为解决医疗纠纷的两条重要途径,缓和了医患之间的冲突情绪,提高了纠纷处理的效率。

（一）医疗责任保险和医疗纠纷第三方调解平行互补实现了风险转移

医疗机构对于医疗纠纷争议感到棘手的问题在于,患方并不愿意通过司法途径解决,更愿意通过在医疗机构内制造纠纷激化的现象给院方施加压力。医疗机构参加医疗责任保险,是希望发生医疗损害赔偿费用后,保险公司能够全额承担赔偿,以解决无法预测的赔偿风险;要求有人民调解委员会介入医疗纠纷处理,是希望能体现公平公正、转移矛盾,避免冲突。因此,投保医疗责任保险后,许多医疗机构希望一旦发生医疗纠纷,患方只找保险公司要求赔偿,不要找医疗机构。事实上,大部分患者认为医疗机构是发生医疗损害的责任人,即使医疗机构参加了医疗责任保险,患者还是要到医疗机构来讨说法,医疗机构仍然无法摆脱面对患者质疑的局面。医疗纠纷"宁波解法"最大的优势就是在发挥人民调解机制的同时,限制医疗机构的赔偿权力,一旦患方对参加医疗责任保险的医疗机构索赔金额1万元以上（不含1万元）的,医疗纠纷人民调解委员会应当通知保险机构参加,对于超过10万以上的索赔或是对事实存在争议,必须经过鉴定程序。如患方提出过高的索赔要求,医疗机构必须通过医疗损害理赔程序处理,更可在人民调解的机制下解决问题,实现了医疗责任保险与医患纠纷第三方调解这两个纠纷处理平台的互补,同时分别设置了专门调解和接待场所,将院内冲突及时转移至院外,减轻了医疗机构的压力,也维护了正常的医疗秩序。

（二）医疗纠纷协商理赔机制提高了纠纷处理效率

医疗责任保险是商业化运作,保险公司的趋利性决定了它并不是真正意义的完全第三方,发生医疗损害争议后,医疗纠纷理赔处理中心其实是代表医疗机

---

[1] 顾桂国,唐敏,王卫国,等. 医疗责任保险和医患纠纷第三方调解融合模式研究[J]. 上海预防医学,2013,25（10）.

构、保险公司和患方对赔偿问题进行协商解决,保险公司和医疗机构之间是代理和被代理的法律关系,医疗纠纷理赔处理中心代表着医疗机构和保险公司的利益,通过调查、评估、协商对纠纷进行处置,医疗纠纷理赔处理中心的工作人员的角色和交通事故中保险公司的保险勘察员的角色比较类似,发生交通事故后,保险公司的查勘员就到现场进行评估定损,提出理赔意见,而医疗纠纷协商理赔也和这个流程接近,但是对于责任认定还须经过医疗专家进行评估,这就提高了处理结果的公正性。在确认责任和赔偿方案之后,由医方直接将赔偿数额支付给患方,然后医方再至保险公司进行理赔,整个纠纷处置过程由医疗纠纷理赔处理中心全程参与,医方、患方和医疗纠纷理赔处理中心可以共同签订三方的协商处理协议,流程简单、方便快捷、专业公正,极大减轻医患双方的纠纷处理负担,提高了效率,体现了便民。由此可见,医疗机构不但购买保险,而且还购买了理赔服务,这是宁波市医疗责任保险最大的特点[1]。同时,考虑到医疗行为的高风险性,根据保险合同条款对于赔付额进行了控制(理赔数额不能超过实际赔偿数额),这就让保险公司和医疗机构共同分担了医疗损害赔偿风险,减轻了医疗机构的赔偿负担。

(三)医疗纠纷人民调解机制提高纠纷处理结果的公信度

医疗纠纷"宁波解法"创新引入了医疗纠纷人民调解机制,其最大的优势在于来自第三方的公平、公正。由于第三方的介入,改变了原先医患自行协商处理中存在的双方地位不平等、信息量不对称的难题,实现了三个重要转变,首先是协商人员的转变,过去是医患之间直接协商,现在改为第三方协商;其次是让纠纷从院内转移院外解决,让纠纷冲突有了缓冲地带;第三是医患之间从长时间、单次、无序的协商转变为多次、便捷、有序地协商。在认清事实、明确责任的基础上,医疗纠纷人民调解委员实现了医患的有效沟通,既当患者的"老娘舅",又做医生的"知心人",对医患双方进行纠纷调解,有效保障了医疗机构正常的工作秩序,维护了双方权益,纠纷处置结果更容易被双方接受,社会公信度能够得到保障,尤其是对于患方向参保医疗机构索赔数额超过1万元的,人民调解需要邀请医疗纠纷理赔处理中心的人员参加,更有助于明确双方合法权益,涉及的赔偿客观合理,让纠纷顺利解决也更具有现实基础。

(四)医疗纠纷"宁波解法"加强了对医疗服务质量的监管

医疗纠纷在"宁波解法"模式下,依法解决医疗纠纷的氛围逐渐形成,而且医患双方的权益得到了维护,医疗机构正常秩序得以维护,据统计,宁波市因医疗纠纷引发的治安和刑事案件从2009年的77起下降到2014年的30起,年均降幅达

---

[1] 王仁元. 医患调解管用! 宁波卫生局长解读"宁波解法"[EB/OL].[2014-05-19]. http://www.cn-healthcare.com/article/20140519/content-457483.html.

12.2%,未发生一起严重暴力案件和个人极端行为。与此同时,医疗质量监管比以前更加严厉,过去很多医疗纠纷,卫生行政部门并不掌握具体情况,现在要求医疗机构每一次纠纷处置都在阳光下操作,尤其是涉及到 1 万以上的赔偿,必须要通过医疗纠纷理赔处理中心介入处理,医疗机构无法单方自行解决,控制了医疗机构的赔偿权,从制度上更让医疗纠纷必须公开处置。此外,医疗责任追究力度也在不断加大,截至 2015 年 4 月,宁波市卫生行政部门共发放了重大医疗纠纷责任追究书 1608 份,要求医疗机构仔细分析责任原因,切实提出整改措施,并上报对当事医务人员的责任追究情况,并将医疗责任与职称评定相挂钩,2013 年 -2014 年宁波共有 41 名医务人员因医疗纠纷事件被高级职称评审委员会延缓晋升,起到了较好的警示作用[1]。

第二节　宁波市医疗纠纷预防与处理的相关规定

　　医疗纠纷重在预防,要想从源头上解决医疗纠纷,必须采取有效预防措施,从制度上提高医疗安全,提升医疗服务质量,改善医患关系。医疗纠纷"宁波解法"在制度设计的时候也对医疗纠纷的预防与处理进行了规范,一方面尽可能通过医疗服务水平的提高,减少医疗纠纷的发生,另一方面也通过规范医疗纠纷处理的程序,维护医患双方合法权益。

一、医疗纠纷的预防

（一）加强对医疗机构的监管

　　根据医疗纠纷"宁波解法"的规定,加强对医疗机构的监管包括两个方面:一是卫生行政部门监管,宁波市卫生行政部门通过加强对医疗机构执业行为的监督管理,督促医疗机构及其医务人员提高医疗服务质量,保障医疗安全,维护患者权益;二是行业监管,宁波市医疗卫生行业协会如医学会等社会团体通过加强医疗卫生行业自律,促进医疗机构及其医务人员诚信执业。

（二）完善医疗质量管理体系

　　根据医疗纠纷"宁波解法"的规定,宁波市医疗机构建立健全医疗质量监控和评价、医疗安全目标责任等制度,提高医疗质量和服务水平,保障医疗安全。

（三）加强医疗机构及医务人员的执业管理

　　根据医疗纠纷"宁波解法"的规定,应当加强医疗机构及医务人员的执业管理,具体包括以下内容:

---

[1] 陈琼,贺艳."宁波解法"实施 7 年医疗纠纷案件年均下降 12.2%[N]. 现代金报, 2015-4-24.A07.

1. 加强卫生法律、法规、规章和技术操作规范以及医疗服务职业道德教育,增强医务人员的医疗安全法律意识,促进医疗文明。

2. 在医疗活动中应当遵守诊疗、护理规范,遵守职业道德,树立敬业精神,关心、爱护、尊重和平等对待患者。

3. 建立健全医务人员违法违规行为公示和责任追究制度,督促医务人员依法执业。

4. 应当尊重患者对病情、诊断、治疗的知情权和隐私权,未经患者本人同意,医疗机构及其医务人员无合法理由不得公开患者病情。

5. 应当按照国务院卫生行政部门规定的要求书写和妥善保管病历资料,不得隐匿、伪造或者销毁医学文书及有关资料。

6. 在避免对患者产生不利后果的前提下,如实告知患者病情、医疗措施、医疗风险及医疗费用等情况,并及时解答其咨询。

7. 应当因病施治、合理用药,不得违反诊疗规范对患者实施不必要的检查。

8. 医疗机构应当公开医疗收费的明细项目,按照规定收取医疗费用。

（四）建立医患沟通制度

1. 履行告知义务

宁波市医疗机构的医务人员应当在医疗活动中向患者说明病情和医疗措施。需要实施手术、特殊检查、特殊治疗的,医务人员应当及时向患者说明医疗风险、替代医疗方案等情况,并取得其书面同意;不宜向患者说明的,应当向患者的近亲属说明,并取得其书面同意。因抢救生命垂危的患者等紧急情况,不能取得患者或者其近亲属意见的,经医疗机构负责人或者授权的负责人批准,可以立即实施相应的医疗措施。同时,患者及其亲属应当如实向医务人员陈述病情,配合医务人员开展医疗活动,并按时支付医疗费用;发生医疗纠纷后,应当通过合法途径表达意见和要求。

2. 设立医患沟通场所

宁波市各医疗机构应当设置专用接待场所,配备专（兼）职人员,接受患方的咨询和投诉,耐心听取患方对医疗服务的意见,及时解答和处理有关问题。目前,宁波市二级以上医院均设立了医患关系促进部门,作为负责医患沟通、解决医患矛盾的主要机构。

二、医疗纠纷的处理程序

（一）报告

宁波市医疗机构应当制定医疗纠纷预防和处置预案,并报卫生行政部门和公安机关备案。医疗纠纷发生后,医疗机构及其医务人员应当依照医疗纠纷处置预案的规定及时报告,并采取有效措施,避免或者减轻对患者身体健康的损害,防止损害扩大。

（二）卫生行政部门的处理

宁波市卫生行政部门接到医疗纠纷报告后,应当责令医疗机构立即采取必要的救治措施;必要时,应当派人赶赴现场,指导、协调处置工作,引导医患双方依法妥善解决医疗纠纷。

（三）医疗纠纷的应对处置

医疗纠纷发生后,医疗机构和患方可以根据实际情况,通过采取双方自愿协商、向医疗纠纷人民调解委员会申请调解、向卫生行政部门申请医疗事故争议处理和向人民法院提起诉讼等途径之一寻求纠纷解决。

发生医疗纠纷后,宁波市医疗机构对患方反映的问题和提出的异议,医务科（处）应及时组织调查、核实,当事医务人员及科室应当积极配合,实事求是反映医疗经过,必要时提供书面情况说明,重大疑难的医疗纠纷应当组织医院或市内专家会诊。具体应对处置措施包括以下内容:

1. 医院工作人员应当告知患方有依法解决纠纷维护自身权益、复印复制有关病历资料、申请尸体解剖和医疗事故技术鉴定的权利;应当告知患方有遵守医院规章制度,维护正常医疗秩序的义务,禁止停尸闹丧,打砸医院和伤害医务人员等违法行为。

2. 在医患双方在场的情况下,依照有关规定共同对现场实物和相关病历资料进行封存和启封,患方依法提出要求复印复制病历资料、对相关药物注射物品等实物进行检验,医疗机构应当依照规定予以配合和支持。

3. 就引发纠纷的医疗活动,由医疗机构组织专家会诊或者讨论,并将会诊或者讨论的意见告知患方,答复患方的咨询和疑问。患方仍有异议的,应当告知患方有关医疗纠纷处置的办法和程序,引导患方依法解决纠纷。

4. 医疗机构应当告知患方解决医疗纠纷的途径和程序,并答复患方的咨询和疑问。

5. 患者在医疗机构内死亡的,医疗机构应当告知其亲属按规定将尸体移放太平间或者殡仪馆;不能确定死因或者医患双方对死因有异议的,应当告知其亲属可按规定进行尸检,患方依法申请尸体解剖和鉴定的,医疗机构应当依照规定予以配合和支持。

6. 配合卫生行政部门、公安机关、医疗纠纷人民调解委员会、保险机构等做好调查取证工作。

7. 医疗纠纷处置完毕后,医疗机构应当及时向卫生行政部门报告处理结果。

（四）赔偿要求

因药品、消毒药剂、医疗器械和其他医疗用品的缺陷,或者输入不合格的血液造成患者损害的,患者可以向医疗机构索赔,也可以向生产者或者血液提供机构索赔。患者向医疗机构索赔的,医疗机构赔偿后,有权向负有责任的生产者或者血液提供机构追偿。其他因医疗侵权行为导致的患者人身损害,患者可以根据索赔数额直接向医疗机构或者通过保险公司进行索赔。

（五）医疗秩序的保障

在医疗纠纷发生后,有下列行为之一,经劝阻无效的,医疗机构应当立即向所在地公安机关报警:

1. 聚众占据医疗、办公场所,在医疗机构内拉横幅、设灵堂、贴标语,或者拒不将尸体移放太平间或殡仪馆;

2. 阻碍医务人员依法执业,侮辱、威胁、殴打医务人员或者限制其人身自由,干扰医务人员正常工作、生活;

3. 故意损坏或者窃取、抢夺医疗机构的设施设备等财产或者病历、档案等重要资料;

4. 其他严重影响医疗工作秩序的行为。

为了及时防止医疗纠纷在医院内的激化,影响正常医疗秩序,公安机关接到医疗纠纷报警后,应当依照下列规定进行处置:

1. 及时组织警力赶赴现场;

2. 开展教育疏导,制止过激行为,维护正常的医疗工作秩序;

3. 患方拒不将尸体移放太平间或者殡仪馆的,现场处置民警应当责令移放,并依法予以处置;

4. 依法处置现场发生的违反治安管理的行为,保护当事人的人身、财产安全。

（六）医疗纠纷的协商理赔和调解

详见本书第三部分和第四部分。

三、医疗纠纷处理情况的监督和法律责任

（一）对医疗纠纷处理情况的监督

根据医疗纠纷"宁波解法"的规定,患方对医疗机构的解答和处理不满意的,有权向卫生行政部门投诉。卫生行政部门受理投诉后,应当依照有关规定处理,并将处理结果及时告知当事人。

（二）法律责任

根据医疗纠纷"宁波解法"的规定,各级人民政府及其卫生、公安、司法行政等部门和医疗机构的工作人员在医疗纠纷协商、调解和处理过程中,不得违反法律法规随意承诺赔偿或给予赔偿。如违反医疗纠纷"宁波解法"的相关规定,将被追究相应的法律责任,具体情形如下:

1. 医疗机构及其医务人员不履行医疗纠纷预防和处置工作职责,或者有侵害患者合法权益的行为的,由卫生行政部门责令改正;情节严重的,对直接负责的主

管人员和其他直接责任人员依法给予处分;构成犯罪的,依法追究刑事责任。

2. 扰乱医疗机构正常工作秩序,侵害当事人及其他人合法权益的,由公安机关依法处理;构成犯罪的,依法追究刑事责任。

3. 保险机构协商理赔部门工作人员和医疗纠纷人民调解员在医疗纠纷协商、调解过程中违反法律、法规和医疗纠纷处置工作规则的,由有权机关和组织或者所在单位依法处理。

4. 各级人民政府及其有关部门工作人员在医疗纠纷预防与处置工作中,违反规定,有下列情形之一的,由有权机关依法给予处分;构成犯罪的,依法追究刑事责任:

（1）接到医疗纠纷报告、报警后,未及时采取相关处置措施的;

（2）在医疗纠纷预防和处置过程中,非法收受他人财物或者其他利益的;

（3）在医疗纠纷协商、调解、处理等过程中违反规定,随意承诺赔偿或者给予赔偿的;

（4）其他玩忽职守、滥用职权、徇私舞弊的行为。

第三节　医疗纠纷"宁波解法"实施绩效分析

从 2009 年至 2013 年,浙江省法院共受理医疗纠纷案件 4111 件,审结 4104件。全省法院每年度收案数量平稳处于 752～870 件,占民事案件总数比例小,处于 0.3%～0.387%,同期医疗纠纷调解委员会等人民调解组织受理的医疗纠纷数相比更多,从 2009 年 1471 件到 2013 年上升为 4483 件。[1]面对愈演愈烈的医疗纠纷,医疗纠纷"宁波解法"自实施以来,在政府相关部门的高度重视下,制度的科学性、合理性和可操作性得到了充分显现,及时化解医患矛盾,医疗风险共同分担机制逐步建立,依法解决医疗纠纷的社会氛围也逐渐形成,取得了较为显著的社会效应,该医疗纠纷处理模式也获得了社会的广泛认可。

一、医疗纠纷"宁波解法"实施情况

（一）医疗纠纷第三方处理机构运行情况

医疗纠纷第三方处理制度使医患双方受益的同时拓展了司法调解的工作领域,提高了司法调解在社会民众中的威望。对于保险机构来说,这种新型医疗责任保险业务是保险业务的一种全新拓展,有利于建立群众对保险机构的信任度,促进保险事业的健康发展。

---

[1] 肖菁,朱艺艺.浙江法院 4 年来受理医疗纠纷案件 4000 余起［N］.钱江晚报,2014-1-8.A3.

截止 2010 年 2 月,宁波市已建立了 1 个理赔处理中心和 5 个分中心(象山、宁海、奉化、余姚和慈溪),服务网络覆盖全市各县市区,人员配备齐全,硬件设施符合服务需求。全市共有协商理赔工作人员 27 名,其中临床医学和药学专业的 22 名,占总人数的 81.5%。医疗纠纷理赔处理中心中,超过 80% 的工作人员都有医学专业工作背景,有的还曾担任过医院院长、医务科科长等职,具有丰富的临床医学和纠纷处置经验。中心与分中心之间实行垂直管理,人员可全大市调度,数量和结构已能基本满足当前医疗纠纷协商理赔工作的需求。

同时,宁波市建立了 10 个医疗纠纷人民调解委员会,调解机构覆盖全市各县市区除海曙、江东、江北外,人员配备和办公设施基本符合调解服务需求,政府财政保障医疗纠纷人民调解委员会经费基本到位。全市医疗纠纷人民调解委员会共有调解员 36 名(专职 24 名,兼职 12 名),其中医学专业 11 名,占总人数 30.6%。

(二)医患双方对调处满意度情况

医疗纠纷"宁波解法"实施两年期间,116 起院方报告无责任的医疗纠纷,经过医疗纠纷理赔处理中心和医疗纠纷人民调解委员会工作人员细致调查和组织专家论证,找出了院方存在的过失,并及时给予患方相应的赔偿;171 起提出不合理索赔要求的患方,在医疗纠纷理赔处理中心和医疗纠纷人民调解委员会工作人员的耐心协商和调解下,最后认同了调解评估意见,其中医疗纠纷理赔处理中心还收到患方送来的锦旗 14 面。此外,截至 2013 年底,医疗纠纷理赔处理中心共受理各类来信、来访、来电、咨询和投诉共 626 起,经过有效调处,有 523 起提出索赔几十万元的纠纷最后下降至几千元。2009 年,曾对 122 份已调处终结案件的问卷调查显示,患方对处理结果满意和基本满意的达 100%。

(三)医疗责任保险负担程度情况

宁波市医疗责任保险为政府介入引导,由多家保险公司组成宁波市政策性医疗责任保险共保体,设立医疗纠纷理赔处理中心具体承担理赔工作,降低医疗损害赔偿的风险,该险种由医疗机构投保,按照"保本微利、公平合理、共同分担"的原则,设计医疗责任保险、财产险和火灾公众责任险"三险合一"的保险方案,保障了保险公司商业化和市场化的需要。医疗纠纷理赔处理中心根据医疗事故赔偿统计数据以及市场需求,与每家医疗机构签订的协议服务条款和费率有所不同,同时发挥社会服务职能,不以赢利为目的,利润转入下年赔付准备金,根据运作情况调整费率,财务开支情况接受卫生等部门监督,将医疗机构保险负担控制在合理范围之内。经调查,参保的医疗机构基本能接受该保险方式,但是医疗责任保险总税率相对偏高。截止 2010 年 2 月底,全市 215 家公立医疗机构全部参保,另有 1 家部队医院和 4 家民营医院也主动要求参保,使医疗责任保险在全市公立医疗机构实现全覆盖,按医疗机构投保的天数,实际已实现保险费收入应为 5005.54 万元,其中,医疗责任保险保费收入应为 3958.52 万元,财产险保费收入应为 990.40 万元、火灾公众责任险保费收入应为 56.62 万元。医疗纠纷理赔支出 2087.34 万元,预计医疗纠纷未决赔款 1324.28 万元,税金等 267.60 万元,医疗纠纷理赔处理中心运作成本费用为 791.70 万元(按实际投保天数的医疗责任保险保费的 20% 提取),全市医疗责任保险综合成本率为 112.94%,医疗责任保险累计亏损 512.23 万元,全市医疗机构财产综合险理赔支出 29.01 万元,预计未决赔款 19.31 万元,另外医疗责任保险总税率为 6.76%(包括营业税及附加 5.6%、保险保障基金 1%、印花税 0.1% 和水利基金 0.06%),实际税费已达 405.14 万元。

(四)医疗纠纷赔偿数额情况

根据《医疗事故处理条例》规定,医疗纠纷发生后医患双方可以在自愿平等的基础上直接协商解决,医疗机构可以依据医疗过失行为的严重程度给予患方相应的经济赔偿,赔偿数额由医患双方商定。但在医疗纠纷实际解决中,医疗机构常迫于患方的压力私下在赔偿数额方面作出让步,造成医疗机构国有资产损失。医疗纠纷"宁波解法"在允许医患协商的基础上,明确规定患方索赔金额超过 1 万元的医疗纠纷,参保医疗机构无权任意赔偿,必须通过医疗纠纷理赔处理中心进行理赔,从而限定医疗机构处理医疗纠纷的权力,可以避免患方漫天要价,有效防止国有资产流失。通过对 2008 年 3 月至 2009 年 11 月调处终结的 834 起医疗纠纷的统计,患方共索赔 12323.25 万元,协议赔付金额 2588.33 万元,同比下降约 40%,医疗机构医疗纠纷赔偿金额明显减少。

(五)医疗机构工作秩序保障情况

医疗纠纷"宁波解法"实施后,重大医疗纠纷情况明显减少,在医疗纠纷理赔处理中心和医疗纠纷人民调解委员会的引导下,医疗事故技术鉴定数和法院诉讼明显增加,2008 年全市有 150 起医疗争议申请市级医疗事故技术鉴定,27 起医疗争议申请尸检,44 起医疗争议申请司法途径,比 2007 年分别上升 69%、29% 和 52%(表 2-2)。同年,全市医务人员被打(起)、医务人员被打(人数)、医疗机构被砸(起)、公安介入(起)、公安拘留(起)和公安拘留(人数)同 2007 年相比分别下降了 67%、66%、30%、18%、68% 和 7%(表 2-3)。大多数重大医疗纠纷都能在半天内由院内转移到院外成功处置。通过明确公安部门的职责,也有效防止"医闹"现象出现,保障了正常医疗秩序。据统计,自 2008 年至 2014 年,宁波市公安部门共介入处理医疗纠纷 526 起,停尸闹丧 120 起,公安强制移尸 30 起,医务人员受到伤害 230 人次,依法拘留肇事者 182 人次,医闹现象显著减少(表 2-4)。通过对市级医疗机构所在地公安机关的问卷调查,所有被调查的公安机构一致认为第三方介入医疗纠纷处理实施效果明显,第三方在医疗纠纷处置中能够做到公平公正,公安部门处置医疗纠纷也有法可依。

表2-2　医疗纠纷"宁波解法"实施前后申请医疗事故鉴定数和诉讼数量比较

年　　度	2007年	2008年	变化值
医学会鉴定数	89起	122起	↑37%
鉴定为医疗事故数	35起	44起	↑25%
走司法途径数	29起	44起	↑52%

表2-3　医疗纠纷"宁波解法"实施前后宁波市重大医疗纠纷情况比较

年　　度	医务人员被打(起)	医务人员被打(人数)	医疗机构被砸(起)	公安介入(起)	公安拘留(起)	公安拘留(人数)
2007年	91起	148人	122	205	25起	41人
2008年	30起	50人	85	168	8起	38人
变化值	67%↓	66%↓	30%↓	18%↓	68%↓	7%↓

表2-4　医疗纠纷公安现场介入情况(2008—2014年)

	2008年	2009年	2010年	2011年	2012年	2013年	2014年
公安介入	168	77	72	74	64	40	31
停尸闹事	60	18	13	9	9	6	5
医务人员伤害人次	50	35	29	31	42	31	12
公安强制移尸	13	4	2	3	6	1	1
依法拘留肇事者	38	26	17	34	28	21	18

（六）医疗纠纷信息公开情况

以前迫于医疗机构声誉影响或是患方压力等因素,医疗机构对于医疗纠纷,不愿报、不想报,存在如果可以私下解决就私下解决的想法,瞒报、漏报现象使得卫生行政部门很难正确把握本辖区内医疗纠纷发生处理以及赔偿情况,根据医疗纠纷"宁波解法"规定,患方索赔超过1万元,参保医疗机构就不能和患方自行协商解决,须通过医疗纠纷理赔处理中心进行处理,使得医疗纠纷信息公开化,卫生行政部门可以基本清楚了解本辖区内医疗纠纷情况,可以有针对性的采取措施预防医疗纠纷,提高医疗服务质量,改善医患关系。截止2012年4月,宁波市卫生行政部门根据医疗纠纷调解协商理赔的具体情况,已对赔款1万元以上的医疗纠纷向当事医疗机构发出了责任追究和整改通知书,其中发放重大医疗纠纷责任追究书1608份。

（七）医疗服务整改和提升情况评价

医疗纠纷"宁波解法"实施两年期间，宁波市共有 3 名医务人员因严重违反技术操作规范被解聘或辞退，有 7 名医务人员因在医疗纠纷中承担主要责任被高职低聘、行政警告或免职，起到了明显的警示教育作用，也促进了医务人员学习钻研医疗业务知识，关注医疗质量管理，一定程度上促进了医疗质量的提升。根据2009 年宁波市卫生行政部门对 11 家市级医疗机构行风测评问卷调查统计，共向市民发放问卷 3580 份，回收 1365 份，对医疗机构认为满意的为 931 人，占 68.3%，基本满意的为 408 人，占 29.9%，不满意的 24 人，仅占 1.8%。

（八）医疗纠纷处理的社会氛围情况

长期以来，发生医疗纠纷后，常常会被社会民众简单地认为医疗机构肯定对此负有责任，这和社会新闻媒体不正确或是不恰当的宣传报道不无关系，尤其一些新闻媒体为了吸引读者眼球，扩大媒体的知名度，寄希望通过对医疗纠纷的报道能让社会大众更加关注，不惜误导或是暗示读者医疗机构错误的医疗行为是医疗纠纷产生的唯一原因，过分渲染患方的不幸遭遇以博取社会的同情，甚至是直接参与或间接指导"医闹"，给医疗机构施加压力，激化了医患矛盾和冲突。医疗纠纷"宁波解法"实施以来，加强了和宣传部门、新闻媒体的沟通，宁波市的新闻媒体、各级宣传部门恪守职业道德，力求客观公正，对真相未明、调查结果尚未公布的医疗纠纷不作失实报道。通过重视发挥新闻舆论的宣传、引导、监督作用，积极倡导建立文明、和谐的医患关系，有效推动医疗纠纷的有效预防和依法处置，营造了良好的医疗纠纷处理的社会氛围。

二、医疗纠纷"宁波解法"实施效果

自医疗纠纷"宁波解法"实施以来，有效促进医患双方接受通过医学会组织的医疗事故技术鉴定或医疗损害鉴定解决纠纷，医疗纠纷赔偿数额大幅下降，医务人员被打、医院被砸及公安机关介入拘留情况明显减少。截止 2009 年 5 月底，医疗纠纷理赔处理中心和医疗纠纷人民调解委员会共受理医疗纠纷 643 起（其中 218 起死亡），已调处终结 441 起，引导进行尸体解剖和医疗事故技术鉴定18 起，法院起诉 13 起，仍需继续治疗 32 起，正在协调解决中 139 起。理赔调解终结的 441 起医疗纠纷患方共索赔 6323 万元，其中不合理索赔 72 起，实际赔偿1196 万元。

（一）逐步形成依法处理的社会氛围

医疗纠纷"宁波解法"实施后，政府相关部门通过新闻通报会、网络媒介互动、制作《医疗纠纷处理宣传手册》、开办培训班等各种形式，广泛深入地展开宣传教育和引导。在医疗纠纷处理过程中，当地媒体恪守职业道德，坚持客观公正，对真相未明、调查结果尚未公布的医疗纠纷均没有进行失实报道，而是结合部分案例，积极地宣传医疗纠纷"宁波解法"的相关规定,大大扭转了以往"不吵不赔、小吵少赔、大吵多赔"的思想意识,对教育、引导社会群众在法律框架下妥善解决医疗纠纷起到了积极的作用,医疗纠纷大多能在 12 小时之内转移至院外处置,恶性纠纷案件呈下降趋势。自医疗纠纷"宁波解法"实施以来,通过医疗纠纷理赔处理中心和医疗纠纷人民调解委员会处理医疗纠纷的数量和比率逐步提高,依法调处医疗纠纷的良好社会氛围逐步形成(表 2-5)。

表 2-5　宁波市医疗纠纷结案方式分布表(2008—2013 年)

年度	通过医疗纠纷理赔处理中心协商和医疗纠纷人民调解委员会调解结案(件)	所占比(%)	行政调解及诉讼结案(件)	所占比(%)	法院调解和判决结案(件)	所占比(%)
2008 年	210	92.52	4	1.76	13	5.72
2009 年	623	93.26	3	0.45	42	6.29
2010 年	714	96.48	0	0	26	3.52
2011 年	798	97.32	0	0	22	2.68
2012 年	753	92.06	0	0	65	7.94
2013 年	799	93.84	0	0	50	6.06
合计	3897		7		218	

（二）有力保障医疗机构的工作秩序

在公安、司法、卫生和保险部门的积极配合下,宁波市医疗纠纷理赔处理中心和人民调解委员会工作人员以探究医疗事实为基础、以相关法律规章为准绳,开展了积极有效的协调处置,使得绝大多数医疗纠纷的发生原因、医方责任等事实情况得以明确,并成功转移到了院外进行理赔和调处。当重大医疗纠纷发生后,公安机关能依照规定,快速介入,耐心劝导,严格执法,果断处置,有效扼制了"医闹"现象和一些打闹医疗机构恶性事件的发生。现在宁波市"医闹"事件逐渐减少,即使有"医闹"发生,但是由于公安机关介入的及时,"医闹"一般也持续时间短、事件控制有效、处理迅速,有效维护了医疗机构的正常工作秩序,确保了社会的和谐稳定。

（三）有效维护医患双方的合法权益

通过立法明确宁波市医疗纠纷理赔处理中心和医疗纠纷人民调解委员会在医疗纠纷处置中的职责,严格按国务院《医疗事故处理条例》[1]规定计算赔偿金额,全方位向医患双方公开标准和计算方法,严格规范赔偿程序和计算标准,力求公平

---

[1]自 2010 年 7 月 1 日起,根据《中华人民共和国侵权责任法》为依据进行理赔。

公正公开,既维护了患者的合法利益,也防止了国有资产的任意流失。

（四）明显提高医疗机构的服务质量

通过医疗纠纷调解和协商理赔,对调处过程中发现的医院管理、医疗服务质量及医疗安全方面的问题,医疗纠纷人民调解委员会和理赔处理中心及时向医疗机构提出防范建议,并报主管卫生行政部门。由卫生行政部门责令和督促医院整改、责任追究和违规情况公示。通过医疗纠纷处理和责任追究机制,有力促进医疗机构的管理和医疗服务质量的提高。目前,宁波市卫生行政部门已对赔款在1万元以上的医疗纠纷发生单位发出了责任追究和整改通知书;有些医疗机构还在全院范围内开展了临床用药安全大检查,对不合理、不规范的用药进行通报批评和处罚,制定实施了临床药师参与临床医疗的工作制度,进一步加强了医务人员的培训;不少县（区）卫生行政部门也建立了由医疗纠纷理赔处理中心主持的医疗纠纷案例研讨例会制度,定期组织医务人员参加,不仅提高了医疗安全意识,更有效促进了医院医疗服务质量的提高。

（五）基本形成医疗风险社会化分担机制

社会学的冲突理论认为:利益群体之间的冲突,其暴力程度与冲突群体的组织程度呈现负相关关系。这是因为随着群体组织程度和组织能力的提高,参与冲突的个体将更倾向通过组织手段解决矛盾并接受其所在组织的约束。现阶段医患暴力冲突增多,其根本原因是利益冲突,但缺少组织化解决冲突的途径也是加剧暴力冲突的最主要原因之一。在医患矛盾双方中,无组织的患方处于信息和其他资源的劣势地位,而劣势地位本身就会促使患方对医方提出的解释和解决方案产生不信任感。医疗纠纷"宁波解法"创新引入了第三方——人民调解组织,从中立角度帮助患方客观地分析产生矛盾的原因,利用自身的组织力量协助患方解决矛盾,使医患双方的直接对垒转化为三方协同努力,可以有效地减少医患暴力冲突,同时该制度也有医疗纠纷协商理赔制度作为保障,确保医患损失的赔偿能得以实现。此外,宁波市在该制度制定过程中也考虑了公安、保监、宣传、街道等各类组织和机构共同参与处理医疗纠纷。通过社会各类组织、各部门的协同合作,将原来过于完全依赖医疗机构自行解决医疗纠纷的机制逐渐演变为社会共同分担医疗风险,医疗风险社会化分担机制由此基本形成,有力推进了社会大调解机制的建立与完善,促进了社会和谐。

第三部分
宁波市医疗纠纷协商理赔制度研究

　　医疗纠纷是指在一定的始发或诱发原因作用下,患方对医疗服务的全部或部分,或是对其服务结果持有异议,而对医疗服务的提供方不满,提出各种权益要求,医患双方在认识上存在分歧,形成的一种暂时的、特殊的医患关系状态的过程。如何厘清医疗纠纷损害赔偿的责任,化解医护人员在医疗纠纷中的风险,使患者能获得适当且快速的赔偿,已成为卫生法学界亟待解决的重要课题。2008 年 3 月,宁波市以地方立法形式创新引入医疗纠纷协商理赔机制,引导医疗机构参加医疗责任保险,在保险条款的设计、保险责任分配、参与纠纷解决等方面更具有操作性,该机制的建立对于医疗损害责任认定、医疗纠纷的顺利解决以及促进医患和谐关系的构建发挥了积极的作用,这对于促进全国范围内的医疗责任保险模式统一并推广,加快医疗责任保险的基础环境建设与市场培育具有十分积极的意义。

第一节　医疗责任保险的理论与实践

　　医疗行业是一个高风险的行业,医疗行为是一项高风险的活动,医疗损害以及导致的损害赔偿纠纷是医疗风险的固有内容,国际医疗界普遍承认"医疗损害无处不在",医疗纠纷损害一旦发生就会出现如何解决损害赔偿问题,医疗损害在对患者造成损害的同时,对医疗机构的发展也产生了消极的作用,让医疗机构单独承担这一风险势必会造成医疗纠纷越演越烈,医疗环境也会日益恶化,而医疗责任保险则可以实现风险转移以达到填补损害和转移风险的双重目的,而及时转移医疗风险,对于保障医疗机构的工作秩序也具有积极意义。

一、医疗风险转移理论

根据风险经济学原理,避免行为风险的方法是减少行为的活动量或转移风险。在我国由于骤然上升的医患纠纷,导致有些医生采取防御性行医措施,不做风险较高的手术,原本可凭经验确诊的却徒增一些检查项目,医生的这种减少自身风险行为活动量的做法是有悖于我国医疗事业救死扶伤的最高价值取向,造成了卫生资源的浪费。因此,将转移风险引入医疗责任保险机制符合风险经济学原理。

（一）医疗风险的概念和特点

1. 医疗风险的概念

医疗风险对患者是指存在于整个医疗服务过程中,可能会导致损害或伤残事件的不确定性,以及可能发生的一切不安全事情。医疗机构的各个工作部门、各个工作环节都存在潜在的医疗风险,如由于院方对自身利益的切身保护,有意或无意回避患者的正当要求而引发的风险;患者及其家属对院方的医疗手段期望过高,当主观愿望与现实产生差距时,采取过激行为引发的风险;部分患者及家属缺少道德与诚信,进行无理取闹造成的风险;药品出现不良反应而引发的风险等。

2. 医疗风险的特点

（1）医疗风险的迁移性:目前,患者及家属对医学的诊断、治疗功效以及给患者带来的利益深信不疑,但对医疗过程中存在风险的事实认识不足甚至完全忽略,越来越多的患者错误地认为只要来到医院就等于把自己由于疾病产生的危险转嫁到医院或医生身上。医疗风险的迁移性决定医疗机构或医务人员可能会承担了过多的风险(但是现实中患者可能认为医疗机构就应如此)。

（2）医疗风险的不确定性:医疗风险最大的特点就是具有不确定性,这种不确定性意味着风险无处不在,但是风险是否发生、造成损害后果的大小都难以确定,医疗机构对此只希望能够将这种风险及时转移,减轻自身的风险压力。

（二）医疗风险处理方法

按照风险管理理论,管理者对存在的风险可以选择避免、预防与抑制、保留与承担、中和、分散、集合、转移以及学识与研究等方式进行处理;避免、预防、抑制风险的发生虽然是最理想的处理方式,但有的风险却是避免不了的,而医疗风险正是如此,并不是医疗机构构建了完善的预防体系就能完全避免或解决医疗风险,最多只是降低医疗风险的发生率而已。

作为医疗风险来说,风险的保留和承担如仅凭借医疗机构自身的力量来抗衡风险,那必须有较为雄厚的经济实力作为支持,例如美国许多规模较大的医疗集团就采取建立医疗损害赔偿基金的方式转移医疗风险,需要指出的是如果基金的数额太少,就根本无法达到防范风险的目的。当然,风险转移对于医疗风险而言是最常用的一种处理方式,其形式还是以保险最为重要,保险可以对偶然事件所导致的损失的结果,提供合理的经济准备,就购买者而言,为风险转移;对经验者而言,为风险的承担与集合。至于保险的具体形式也具有多种性,比如社会保险、补偿基金以及医疗责任保险等。

（三）医疗责任保险和医疗风险转移

医疗行为造成损害结果的发生,需要有相应的损失填补机制予以解决,以在医疗提供者或医疗服务接受者之间寻找新的利益平衡。一般说来,按照谁存在过失,谁承担责任,但是医疗行业和生命健康密切相关,不可预防和不归责于医患双方的损害情形大量存在,如受到医学科学发展的限制等造成的并发症,这些无法通过医疗机构及其医务人员提高自身注意就可以防范。按照风险转移理论,风险分散后,责任最终由商品或服务的接受者承担,而且可以根据不同的需要和政策,选择不同的风险分散工具,但都须利用价格的调整或税费的征收来实现。医疗责任保险正是建立在风险转移理论基础上,通过保险机制,以达到转移风险医疗的目的。

1. 侵权责任社会化是医疗风险社会化分担的基础

从社会的角度看,侵权是把某人所受的损失转移给被认为造成损失的人或者对损失之发生负有责任的人,在某种程度上把这种损失转移至企业或整个社会。侵权损害赔偿社会化中的损害赔偿不同于以责任针对性为基础的传统侵权损害赔偿责任,它不仅仅是针对性地由侵权人单独承担,而是可能还要由国家、社会、多数企事业单位或者社会上不特定的多数人来分担。这是因为伴随社会经济的发展,诸如高速交通工具使用的普及,以及石油、核能等为人类利用,有越来越多的社会民众可容许的危险存在,导致对于不特定的人存在有危险,并且一旦危险变成现实,加害人对于损害的发生没有过失,如果让受害人自己承担损害,会造成不公平的结果,基于社会连带性的思考,社会的构成是配合与协调的,为了一个整体的连接,其各个组成部分之间利害关系密切、互相依存,任何一个人的行为都离不开社会连带关系,法律的作用就是为了实现社会连带的事实。因此,侵权行为不再是纯粹私人之间的权利义务关系,而是具有了社会性。侵权责任社会化即是加强了侵权行为责任的损害填补功能,即损害发生由何人负担比较合理、有效。侵权责任社会化主要体现在归责原理的社会化以及责任赔偿的社会化,前者包括过失概念的转变、过失推定、无过失责任制度等的建立,后者包括责任保险制度、社会保险制度,目的在于使得风险分散于社会成员负担[1]。

2. 医疗责任保险是分散医疗风险的有效途径

从社会福利角度考虑,好的法律规则是能够为医生、患者提供激励因素,使得他们为避免医疗事故而投入的边际成本等于相应的边际收益。从社会总体而言,医疗事故总是适量存在,正如现代人们宁愿容忍由于交通事故而造成的伤亡也不愿彻底抛弃现代交通工具一样。对无可避免的医疗事故,医疗责任保险和社会医疗保险成了不可缺少的分散风险的工具[2]。

3. 医疗保险制度是实现人人享有基本医疗权的保障

保障人人享有基本医疗权是国家的责任,对于不构成医疗侵权行为的一些行为所造成的损害,放任其存在而不予以解决,只会增加社会问题的严重性。因此,国家有义务对于不幸遭受医疗损害的社会民众提供补偿援助的机会,其法理基础就是损害公平分担于社会的理念。一旦有损害发生,对于社会总体而言就是损失,通过社会补偿计划和公众援助,或者具有整体分摊风险价值的医疗责任保险,损害可以有效弥补或降低,减轻社会民众的负担,同时社会资源合理调节,也可以减少贫富差距过大,让需要补偿的受害人得到补偿,费用最终分配到社会全体,通过广泛的分配损失,减轻个人无法承受医疗风险时的损害。医疗行为的特殊性决定了不可归责于医患各方的医疗损害应被纳入社会医疗保障体系内分担。

二、医疗责任保险的基础知识

(一)医疗责任保险的概念

医疗责任保险是处理医疗纠纷与赔偿风险的一种社会分担机制,是医疗机构与保险公司双方协议开展的医疗执业责任保险业务,是在双方约定的期限内,医疗机构及其医务人员在从事诊疗护理过程中发生的医疗事故和医疗纠纷,经界定由保险公司承担经济赔偿责任。医疗责任保险是以被保险人对在医疗活动中因医疗过失所造成的患者人身伤害而承担的民事赔偿责任为标的,它是指被保险人在执行医师业务时,因过失行为违反了其业务上应尽的责任,在保险期间受赔偿请求,承保该业务的保险公司对被保险人负赔偿责任。从性质上看,医疗责任保险虽然不是严格意义上的社会保险,也不是社会保障制度的组成部分,但在一定程度上却具有社会保障机制的作用,该险种具有一定的社会公益性,发挥着弥补受害人损失,减轻医疗机构赔偿压力,减少医疗纠纷和分散医疗风险的重要作用,因此与一般的商业保险不同,具有准社会保险的性质。

---

[1]陈玉玲.医疗损害社会化分担之法理基础[M].南京社会科学,2012,(7).
[2]郁光华.从医疗事故的法律改革看中国侵权法的趋向及其对保险市场的影响[EB/OL].[2010-11-5]. http://www.civillaw.com.cn.访问

根据 2008 年宁波市卫生局《关于印发宁波市实施医疗责任保险的若干规定的通知》的规定,医疗责任保险是医疗机构与保险公司双方协议开展的医疗执业责任保险业务,是在双方约定的期限内,医疗机构及其医务人员在从事诊疗护理过程中,发生的医疗事故和医疗纠纷,经鉴定后,由保险公司承担经济赔偿责任的保险产品,是对医疗机构执业过程中,处理医疗纠纷与赔偿风险的一种社会分担机制。

根据我国《保险法》的规定,责任保险是指被保险人对第三者依法应负的赔偿责任为保险标的的保险。由此可推定医疗责任保险应具备以下构成要件:

1. 须为法律责任,未转化为法律责任的道义上的责任不能被确认为保险责任。

2. 被保险人对第三者负赔偿责任,就是被保险人在第三人提出请求时,负有不可推诿的损害赔偿责任。

3. 须负民事责任,如果被保险人所承担的责任是刑事责任或行政责任,皆不得为责任保险之标的。

4. 须依法负责任,即法律明确规定应承担的民事责任。

需要注意的是,医疗保险和医疗责任保险也具有明显的区别。医疗保险是为补偿疾病所带来的医疗费用的一种保险,是职工因疾病、负伤、生育,由社会或企业提供必要的医疗服务或物质帮助的社会保险。两者的区别主要包括:

1. 医疗责任保险承保的是被保险人的损害赔偿责任,属于职业保险的范畴,医疗保险承保的是被保险人的身体和健康,属于人身保险的范畴;

2. 医疗责任保险的风险责任是被保险人的医务人员工作中的失职或者过失行为,医疗保险的风险责任则主要取决于被保险人的年龄及投保前的身体健康状况;

3. 医疗责任保险必须由医疗机构等各种医疗机构集体投保,以投保单位任职的工作人员为保障对象,医疗保险则是允许任何人投保,保障的也是保险人自己;

4. 医疗责任保险的赔偿必须经过受害方向保险方索赔并通过医疗机构才能获得赔偿金,保险人的赔款实质上是对被保险人利益损失的相应补偿,医疗保险的赔偿则是由保险人直接索赔,赔偿归自己所有。

（二）医疗责任保险的标的

责任保险以民事责任为基础,一般以侵权损害赔偿责任为标的,而契约责任只在特殊的情形下才可以作为责任保险的标的。从侵权责任法角度,责任保险的标的包括了两个方面:

1. 过失责任

即行为人在一定情形下因为疏忽大意或者过于自信,造成损害他人或社会的后果而应依法承担的损害赔偿责任,在医疗活动中就是医疗机构及其医务人员因医疗过失行为造成的患者人身损害应承担的过失责任。

2. 无过失责任

即无论行为人主观上是否有过错,均需要对损害后果承担责任,责任保险分散制度的建立促进了无过失责任适用的范围,但是对于医疗活动,常被认为无过错无责任,最明显的是国务院《医疗事故处理条例》规定:"不是医疗事故的,医疗机构不承担法律责任"。

(三)医疗责任保险的影响因素

保险是分散危险和消化损失的制度,责任保险具有分散责任的功能,可以做到损害赔偿社会化,实际增强加害人损害赔偿的能力,可以有效避免受害人不能获得实际损失赔偿的情况。但是医疗责任保险是否能实现,还受到多方面因素的影响,具体有以下几点:

1. 责任主体

责任主体的确定可以明确医疗风险的归属,从而促进责任主体提高注意度,防范风险的发生。在医疗损害纠纷中,赔偿权利人是患者及其家属,赔偿义务人则是医疗服务的提供者,也就是医疗机构及其医务人员。根据我国的法律规定,医务人员的医疗行为属于"职务行为",产生的损害赔偿责任由医疗机构承担,一般只有在医疗机构承担了赔偿责任后,再根据具体情况决定是否对相关医疗人员进行处罚(尽管处罚的金额可能要远远低于实际赔偿数额)。

2. 医疗过失

医疗过失是医疗机构及其医务人员在诊疗护理活动中因注意不够,违反了相关的法律、法规、部门规章以及诊疗护理常规的行为。对于医疗过失的认定,除非是明确违反法律规定,一般多通过鉴定形式来确认,例如医疗事故技术鉴定或医疗损害鉴定。

3. 损害后果

医疗损害后果是确定医疗风险转化为损失的前提之一,也是准确估计风险大小的标准。医疗行为的损害后果可以决定医疗侵权行为的伤害程度,这种损害后果通常需要通过医疗事故技术鉴定、医疗损害鉴定或者司法鉴定予以认定。由于医疗行为的"双刃剑"作用,对于任何不同个体都可能因为差异性或者因医疗行为的复杂性造成损害后果的发生,而且同样的医疗行为对于不同个体所可能造成的损害后果都不尽相同,这都需要在后果认定时加以甄别。

4. 因果关系

医疗行为和患者的损害后果之间只有构成直接必然的因果关系,才有可能被认定为医疗侵权,如果仅仅有医疗侵权行为,但并没有造成损害后果,或是没有医疗侵权行为,但有损害后果,都可能会影响医疗损害责任的分配。而且,医疗行为是一个复杂的过程,造成损害后果可能并不是单纯一个医疗行为所造成,更多的可能是多因一果的情况,这也就给医疗责任保险的理赔带来了一定的困难。因此,要在认定时候仔细分析造成患者损害后果的最为直接原因,要注意患者基础性疾病的影响。当然,因果关系的判断最为直接的方法仍然是鉴定。

5.事故参与度

事故参与度最早是日本法医学家渡边富雄提出,最初是用于评价交通事故中原有疾病与交通事故的损伤分别对受害者的死亡或者残疾的影响比例关系。1994年,日本法医学教授若杉长英将"事故参与度"原则引入医疗事故的损害赔偿中,该原则在国外人身意外伤害案件中已经比较普遍被应用。由于事故参与度对于侵权行为在损害后果中的作用区分的更加具体,有助于责任认定更加清晰、准确和科学。

(四)医疗责任保险的保险范围

保险责任是指在保险合同中订明的危险事故发生后,保险人所承担的经济赔偿责任。保险责任一般有三个条件限制:造成风险性的损失属于保险责任范围内;保险事故发生在保险责任的保险期限范围内;保险责任的承担以保险金额为最大限度。由此可见,保险责任应该是被保险人获得赔偿的依据和范围。

医疗责任保险的责任范围的确定主要涉及以下方面:

1.医疗责任保险的保险事故是医疗过失引起的民事赔偿责任。

2.医疗责任保险的保险责任是由被保险人因过失行为导致的人身损害而承担的赔偿责任。

具体而言,医疗责任保险的保险范围最终还需要根据保险合同的约定为准,但保险范围通常包括以下方面:

1.因医疗机构及其工作人员的医疗过失造成患者人身伤亡而对患者应承担的损害赔偿责任,包括医疗费、误工费、住院伙食补助费、陪护费、残疾生活补助费、残疾用具费、丧葬费、被抚养人生活费、交通费、住宿费、精神损害抚慰金等。

2.因被保险人供应的药物、医疗器械问题造成患者的伤害而应承担的损害赔偿责任,但只限于与医疗服务有直接关系的且只是使患者受到伤害。

3.因赔偿引起纠纷的仲裁或诉讼费用及其他事先经保险人同意支付的费用。

4.被保险人为缩小或减少患者人身伤亡的赔偿责任所支付的必要的、合理的费用。

(五)医疗责任保险的除外责任

医疗责任保险的除外责任也称为责任免除,是指在保险合同中订明的保险人不承担赔偿责任的范围。除外责任有两种情况:一种是原因除外责任,也就是在保险条款中规定,因某种原因造成的损失保险人不承担赔偿责任;一种是损失除外责任,也就是在保险合同中约定,保险人对任何损失不承担赔偿责任。

一般说来,医疗责任保险的除外责任法定情形主要有:

1.被保险人或其医务人员的故意行为和非执业行为。

2. 地震、雷击、暴雨、洪水、战争等不可抗力。

3. 未经国家有关部门认定合格的医务人员进行的诊疗护理工作。

4. 不以治疗为目的的诊疗护理活动造成患者的人身损害。

5. 被保险人或其医务人员从事未经国家有关部门许可的诊疗护理工作。

6. 被保险人或其医务人员被吊销执业许可或被取消执业资格以及受停业、停职处分后仍继续进行诊疗护理工作。

7. 被保险人的医务人员在酒醉或药剂麻醉状态下进行诊疗护理工作。

8. 被保险人或其医务人员使用伪劣药品、医疗器械或被感染的血液制品。

9. 被保险人或其医务人员使用未经国家有关部门批准使用的药品、消毒药剂和医疗器械,但经国家有关部门批准进行临床实验所使用的药品、消毒药剂、医疗器械不在此限。

10. 被保险人或其医务人员在正当的诊断、治疗范围外使用麻醉药品、医疗用毒性药品、精神药品和放射性药品。

三、医疗责任保险的意义及发展趋势

(一)医疗责任保险的意义

解决医疗纠纷的关键是确定责任,以寻求达到分解风险、实现赔偿和化解矛盾的目的。由于侵权责任制度设计上的局限性,不能完全保障受害者获得实际赔偿,容易造成医疗纠纷。如果无法妥善解决医疗意外事故或医疗伤害事件所产生的损害赔偿问题,不仅是医疗从业人员及医疗机构经营者的困扰,更是遭受医疗损害者及其家属的困难所在,而且无形中也造成社会资源的损失及浪费。因此,医疗界和法学界的研究与实践者都希望通过风险转移制度达到填补损害和转移风险的双重目的。实践证明,保险是最有效的风险转移制度。

1. 保护医疗机构及其医务人员的利益

由于患者在医患关系中处于实际的弱势地位,所以在医疗纠纷发生后,医疗机构及其医务人员的权利常常会被忽视和侵犯,建立医疗责任保险制度,可以转移医疗风险,促进医疗损害纠纷公平、客观的处理,维护医务人员的合法权益,同时投保医疗责任保险也可以转嫁执业风险,减轻财务负担,从而有利于医疗机构经营的稳定性。同时,投保前及承保期间,通过对医疗人员进行法律法规、保险知识及医疗风险防范教育,对医疗风险的防范起到了很好的作用,医疗机构的责任风险意识也会增强。

2. 保护患者的利益

医疗损害纠纷所产生的后果最核心需要解决的就是赔偿问题,这不仅是医疗机构的压力所在,也是患方所迫切要求的。医疗责任保险通过转移医疗风险,实际上增强医疗机构损害赔偿的能力,可以有效避免受害人不能获得实际损失赔偿的情况。这就有助于在实践中医务人员可能会减少防御性医疗行为和过度医疗行为,最大限度地保障患者的生命健康;另一方面即使出现了医疗损害纠纷,对患者的经济赔偿也有足够的保障能力,可以减少患者损失。

3. 符合社会保险的原则

由医疗纠纷引发的医患矛盾属于社会矛盾,建立医疗责任保险机制,有助于社会共同参与分担医疗风险,缓解社会矛盾,符合社会保险的目的,提高社会的和谐度。此外,经营医疗责任保险有利于拓宽保险公司的业务领域,增加经济效益。医疗责任保险作为职业责任保险的重要组成部分,它不仅将成为现代医疗服务的一个重要组成部分,而且可能成为保险公司新的经济增长点,同时发展医疗保险也有利于发挥社会管理功能和经济补偿功能。

4. 符合社会公共利益

我国的大部分医疗机构均属于公有性质,如果医疗机构因医疗纠纷赔偿问题而造成无法保障正常医疗工作,受到损害的必然是整个社会的公共利益。建立医疗责任保险机制,可以最大限度保障医疗卫生事业的稳定发展,符合社会公共利益的需要。通过保险这种市场手段达到了社会管理的作用,同时也为医疗纠纷造成的损失提供了一条有效的经济补偿途径,完善了社会救助体系,缓解社会矛盾,维护社会稳定,符合社会公共利益要求。

5. 符合医疗卫生事业发展的需要

发展医疗责任保险有利于发挥市场机制作用,推进医疗卫生体制改革。当前,我国政府已将推进医疗卫生体制改革作为建设社会主义和谐社会的重要内容,而医疗损害赔偿给付和医疗赔偿风险的社会化分担是卫生体制改革的重要组成部分,这与医疗保险制度紧密相连。在这种情况下,建立一定的风险分担机制,实现医疗机构赔偿风险的社会化分担,有利于医疗卫生事业持续健康发展和医疗卫生体制改革的稳步推进。

（二）医疗责任保险的发展趋势

医疗责任保险始于19世纪的法国,先后为德国、英国所采纳吸收,至1887年,美国引入医疗责任保险制度,但彼时的医疗责任保险还非为强制[1]。直至20世纪60年代,科学技术在医疗领域广泛运用,特别是大量医学仪器与临床治疗方法投入使用,人们在感受先进医疗技术缓解并消除病痛的同时,医疗事故也频频发生并使得医疗侵权赔偿案件"井喷",医患矛盾出现前所未有的对立与僵化,各国先后开始推行医疗责任强制保险制度[2]。从制度实践及其发展趋势可以看到,大多数发达国家实际上都已经建立了多层次、多元化的医疗风险分担体系[3]。国外实践证明

[1] 朱铭来,焦峰.医疗责任保险制度的国际比较研究[J].保险研究,2008,(7).
[2] 于娟.论医疗责任强制保险制度的域外经验及立法启示[J].求索,2013,(8).
[3] 王琬,孙纽云.医疗风险分担机制的国际比较与经验借鉴[J].湖北大学学报(哲学社会科学版),2012,39(6).

医疗责任保险在维护医生权益,转移医疗执业风险,减少医疗纠纷发生,促进医学的发展上起到了重要作用[1]。

1. 美国医疗责任强制保险制度

美国是一个市场化程度较高的国家,医疗机构的市场准入度高,以至于政府开办的公立医院仅占美国医院总数的27%。因此,美国的多数医疗服务都是由私立医院与私人医生所提供的,由于医疗提供的私人属性,这些医疗机构及医务人员特别注重医疗责任事故的风险防范,来提升他们防御风险的能力。这种对医疗保险的需求,促进了美国强制性医疗责任保险制度的发展。美国很多州法规定,医疗机构、执业医生必须投保医疗责任保险,而且医生须向医疗机构缴纳一定数额的医疗责任保障金,一旦医疗责任事故发生,患者可以从保险公司获得有效的赔偿。美国医疗责任保险实行医疗机构与执业医师责任保险相结合的模式,投保主体广泛,一旦责任事故发生,由医疗评审与监督委员会调解,调解不成可以通过诉讼确定过错与责任,并由保险公司支付赔偿费用,这种模式有效缓解了医患矛盾。

2. 英国医疗责任强制保险制度

英国是一个高社会保障的国家,该国已构建全民免费医疗保险制度体系,并在该体系下建立了医疗责任强制保险模式,由正规医院和社区医疗保障系统组成,皆为非营利公立医院。为这些医疗机构提供医疗责任保险的并非为商业保险公司,而是由医生维权联合会、医生保护协会与国民医疗服务诉讼委员会组成的互助性责任保险组织模式。由于这种模式不以营利为目的,大大降低了投保费用,这样在保费收取、经营方式及保险理赔方面避免了商业保险利益最大化的弊端[2]。

虽然英国法律并未要求医师必须参加互助型医疗责任保险或者加入商业保险,但是英国医学委员会和牙医委员会的执业守则均要求医师加入互助型医疗责任保险或者购买商业性责任保险。另外,英国卫生部要求所有国立医院执业的医师必须参加互助型责任保险或者购买商业性的责任保险,以保证其有足够的能力承担医疗责任,否则公立医院不得聘任,卫生行政部门不得与其签约。所以,事实上参加医疗责任保险成为一种强制性的规定。

3. 德国医疗责任保险制度

在德国,法定的医疗强制责任保险与私人自愿责任保险并存,但以前者为主,这是因为该国既有公立的社会健康保险体系,也有商业健康保险体系。一旦医疗责任保险事故发生,交由独立于医患双方的专门机构仲裁,确定责任后由保险公司赔偿。

4. 日本医疗责任保险制度

1973年7月,经大藏省批准,日本医师会正式建立医师赔偿责任保险制度,推

[1] 郑渊,等.关于我国建立医疗责任保险制度的探讨[J].医学与社会,2006,(1).
[2] 戴庆康.英国医生互助性责任保险述评[J].南京医科大学学报(社会科学版),2003,(1).

行保障力度更大的"日医医赔责任保险"。医师会以集团的名义与保险公司签订保险合同,将投保模式从会员任意投保改为行会强制投保,保费则从会费中按一定比例抽取,缴纳规定会费的会员因此而自动成为被保险者。

医师会医师赔偿责任保险制度的优势在于:首先,保险公司在运营医师赔偿保险时多自愿遵循保本微利原则,同时医师会雇佣自身医学专家的佣金远远低于商业保险公司,所以保费较为低廉;其次,索赔程序便捷,医患双方如果认可医师会医疗事故纠纷处理委员会的处理意见,不必办理任何法律手续,不需要律师援助,便可进入索赔程序;第三,纠纷处理迅捷,利用医师会提供的程序来处理医疗纠纷的平均所需时间一般不超过 12 个月,仅是法院所需平均时间的一半[1]。

医师会医师赔偿责任保险制度的劣势在于:首先,理赔程序中立性不足,患方无法获知其审查结论形成的依据和经过;其次,保险覆盖的有限,仅覆盖了 50% 的日本医师,且理赔程序有失人性化:第三,医疗事故纠纷的善后工作由医师托付给医师会全权代为处理,考虑该制度设计的目的在于避免医患对抗,促进医患和谐,但也容易被患者认为医师不愿意主动承认医疗过错,而造成医患之间的紧张关系并没有因保险理赔而消除[2]。

5. 瑞典病人赔偿保险制度

1975 年 1 月 1 日,瑞典建立了自愿性的保险契约下的"病人赔偿保险"(patient compensation insurance)。"病人赔偿保险"的主要财源是由要保人(郡议会、私人开业医生及其他私人医事人员等)所支付的保险费。虽然"病人赔偿保险"被归类为医疗无过失(medical no-fault)制度,但是病人医疗伤害结果必须具有一定的严重性,"病人赔偿保险"才予以理赔,并且病人要向"病人赔偿保险"请求理赔,要符合两个积极要件:①因果关系,该伤害必须是医疗提供者之决定或行为所造成的。②可避免性,该伤害、并发症或任何负面之医疗结果必须是可以避免的;若是必要的治疗所发生的不可避免的结果,则不在理赔之限,由此可知,一般治疗下之正常风险是不受"病人赔偿保险"保障的。"病人赔偿保险"保险人只单纯负责经营的行政事务,而不负责盈亏,其功能、角色都与一般商业保险的保险人不同,所以"病人赔偿保险"具有社会保险的性质,强调损害之填补,不能将其视为一般的责任保险[3]。

[1] 据日本最高法院(最高裁决所)统计,2005 年日本法院审理医事关系诉讼案件的平均时间为 26.9 个月,2006 年为 25.1 个月,2007 年为 23.6 个月,2008 年为 24 个月,2009 年为 25.2 个月。详情可参阅最高裁决所官方网站 http://www.courts.go.jp/saikosai/about/iinkai/izikankei/toukei_01.html;2010-11-21 访问。
[2] 李国炜 . 日本医师会医师赔偿责任保险制度评介[J]. 中国卫生法制,2011,9(2).
[3] 杨秀仪 . 瑞典"病人赔偿保险"制度之研究——对"台湾"医疗伤害责任制之启发[J]. 台大法学论丛,2010,30(6).

我国医疗责任保险起步于 20 世纪 80 年代末,在不到 10 年的时间里医疗责任保险市场一直处于低迷状态,其主要表现在市场需求和供给均呈现不足和疲软,因此它并没有改变因医疗纠纷日益严重所造成的医疗损害赔偿问题,医疗机构仍然独立承担着医疗纠纷所带来的风险。由此造成医疗纠纷案件往往游走于法律体制之外,不断地以非理性、不合法的途径寻求获取赔偿之可能空间,如此凸显现行民事赔偿体系处理此类问题的困境。

目前,我国医疗责任保险主要采用商业保险的组织模式及自愿投保的实施模式,在组织模式方面,不同的试点地区选择了不同的模式。例如,深圳市的医疗责任保险采取了商业保险与个人风险储金相结合的组织模式;北京市采用医疗机构和医师共同参保的商业保险模式;上海市采用了医疗机构缴费的方式等。在实施模式方面,北京、上海和深圳实施了一定范围内的强制医疗责任保险模式。自愿的商业医疗责任保险模式是可行的,但其完全市场化发展的自然演进速度较慢,无法解决当前日益严重的医疗纠纷。强制的商业医疗责任保险则有利于扩大保险需求。因此,在医疗责任保险的实施模式上,大多数学者认为:强制保险模式是该险种的最终趋势。但是,强制商业医疗责任保险仍然存在不利于保险企业在医疗责任保险的产品开发和服务方面能力提升的风险,可能将制约着医疗责任保险市场的长久发展,因此在制度和产品设计上必须结合实际情况予以充分考虑。

四、我国医疗责任保险的现实困境和发展设想

早在 1989 年我国就出现了医疗责任保险,采用的是商业保险的组织模式和自愿投保的实施模式。从 1999 年开始,在保监会及各地卫生行政部门的积极推动下,云南、上海、深圳及北京等省市先后以行政指令方式,开始试点一定范围内的医疗责任保险,取得了一定的效果。2007 年 6 月,卫生部、国家中医药管理局、保监会联合下发《关于推动医疗责任保险有关问题的通知》,对进一步扩大医疗责任保险的覆盖面、建立和完善相应制度提出了要求,医疗责任保险的覆盖面在不断提高。截至 2008 年年底,我国保险机构已为 3 万余家各级医疗机构提供了医疗责任保险,覆盖面近 10%,保险责任的金额也超过 140 亿元,支付各种赔款超过 7 亿元。然而,医疗责任保险实际的运行情况却不容乐观,例如上海市从 2002 年起实施综合医疗责任保险,每年承保的医疗机构在 460～490 家,全市参保医疗机构保持在 90% 以上,每年保费收入 3000 万元左右,但各级医疗机构对医疗责任保险的认可度普遍不高[1]。

(一)我国医疗责任保险的发展困境

1. 医疗责任保险无法解决医疗机构风险转移的需求

医疗机构投保的初衷,是希望发生医疗损害赔偿费用后,保险公司能够全额

---

[1] 柏宁 . 浅谈我国引入医疗责任保险的现实意义[J]. 医学与社会,2010,23(1).

承担赔偿,以解决无法预测的赔偿风险。保险公司为了规避风险,医疗责任保险条款都规定了单次索赔的责任限额和累计赔偿额。目前的赔付相对于医疗机构的实际赔偿额而言,医疗责任保险的赔偿限额较低,医疗责任保险起不到风险保障的作用[1]。同时,繁琐的保险和理赔手续,使医疗机构感到投保后的工作甚至多于医疗机构自己单独处理医疗纠纷的工作。保险公司基于商业利益考虑,设置的网点和配备的专业人员不够,对医疗机构提供的服务还远不到位;虽然保险条款规定必要时保险人可以以被保险人的名义对诉讼进行抗辩或者处理索赔事宜,但保险公司缺乏专业技术人员参与调查处理,医疗机构仍需花大量精力来协调,因此医疗机构仍然没有真正从医疗纠纷中解脱出来[2]。

2. 开展医疗责任保险业务的保险公司并不是真正意义的第三方

医疗责任保险是保险公司所开发的保险险种,保险公司的商业性质决定了医疗责任保险从本质上应进行商业化运作,由保险公司向医疗机构及医务人员收取保费,为了成本考虑,保险公司更希望能通过减少保险赔偿的支出以降低保险成本增加收益,这种保险公司的趋利性决定了它并不是真正意义的第三方,难以得到患方的支持。因此,医疗损害事件发生后,患方不愿与保险公司谈赔偿,更愿意和医疗机构直接对抗,以求获得更多的赔偿金额。

3. 以医疗机构为投保主体导致对医疗责任保险的有效需求不足

任何成功运作的保险,首先需要被保险人对该保险有强劲的需求,而这一需求的存在取决于有现实风险存在、风险的发生具有不确定性以及风险的后果为保险人所难以承受。按照大数法则,出险应是小概率事件,但是基于医疗服务行业的高技术、高风险性的原因,医疗机构作为被保险主体,其投保后出现医疗差错或事故是不可避免的,绝非小概率事件。目前的医疗责任保险由于其被保险人实际上为医疗机构,对于年业务收入达几亿及十多亿的大、中型医疗机构来说,每年几百万元的医疗纠纷赔偿数额不会对医疗机构经济运转产生严重打击,诸多医疗机构认为其有足够能力承担风险,普遍抱有“赔付成本有可能低于保险成本”的侥幸心理,这就可能会降低其参加保险的积极性,不愿意参加医疗责任保险,而普遍希望加入医疗责任保险的基层医疗机构因保费低但风险大,又成为保险公司竭力远离的对象,由此导致保险覆盖面不够广泛,大型医院不愿意投保医疗责任保险,小医院风险高,保险公司不欢迎投保的困境。

4. 保险公司的医疗责任保险服务水平尚有不足

首先,由于医疗责任保险所涉及的医疗领域具有较高的专业性,保险公司在医

[1]廖晨歌.浅议我国医疗责任保险体制[J].中国卫生事业管理,2010,(10).
[2]顾桂国,娄继权,王枫华.医患矛盾第三方调解途径中的保险机制探讨[J].上海预防医学,2010,
　　22(2).

疗责任风险防范、保险理赔人才队伍、化解医疗侵权纠纷等方面存在缺陷,导致出险后的理赔服务能力、工作效率需要进一步提高;其次,在全国范围内也欠缺统一的医疗责任保险合同的规范,服务内容差异性大,服务水平不一,这也限制了医疗责任保险在化解医疗纠纷中的作用和地位;第三,由于医学专业性很强,医疗纠纷的处理常需要鉴定结果作为依据,而我国现行的医疗事故技术鉴定或医疗损害鉴定制度尽管多是由医学会负责组织,但是鉴定专家组仍主要是由医疗机构的医务人员构成,其独立性、权威性和公正性备受指责,社会上各类鉴定机构的水平又良莠不齐,一些复杂案件的责任很难被明确认定,造成医疗责任保险理赔难。

5. 医疗机构对医疗责任保险的认识存在误区

被保险人向保险人申请赔偿时,应提交保险单正本、事故鉴定书、裁决书以及保险人认为必要的其他单证材料,但不少医疗机构及医务人员认为,一旦公开医疗机构发生的医疗纠纷,不仅会影响医疗机构的年终考核和评级、声誉、品牌以及医生的职业前途,而且与医院自行处理纠纷相比,工作量有增无减,甚至有些医疗机构会认为投保医疗责任保险,则无异于表明自身对医疗护理水平缺乏信心,即使投保,不少医疗机构对《侵权责任法》、《医疗事故处理条例》及相关法律法规也缺乏足够的认识,遇到医疗纠纷,从保障医疗机构正常秩序和社会稳定考虑,宁可保险公司尽快赔钱解决纠纷,息事宁人,避免患者或家属闹到法院及卫生主管部门,而不至于影响医疗机构的声誉及个人前程,至于纠纷本身到底是否是医疗过失行为造成、是否构成医疗事故,医疗机构反而重视不够。此外,有的医疗机构认为只要购买了医疗责任保险,所有的纠纷处理工作都交由保险公司处理,自己反而置身事外,不配合或不主动配合保险公司的调查理赔工作,甚至会转移矛盾,造成患方对保险公司的不满情绪。

6. 医疗责任保险理赔设计有缺陷

由于医疗行业的复杂性等种种原因,保险公司并未对市场进行细分,其医疗责任保险这种保险产品并未能根据科室、手术类型的不同差别收取保费,使不同风险的人在保险费率上没有差别,或者差别不大,而医疗机构投保时倾向于对风险高的科室投保,对风险系数较小的药剂师及护士则不愿意投保。更为重要的是,在投保后,由于我国对医生的职业生涯缺乏一套完备而且透明的监督体系,因此容易造成一些医生缺乏责任心,使保险事故增加,保险赔付增多,而在医疗责任保险理赔中并没有体现这种风险的变化。也正是由于理赔设计上的问题,医疗责任保险一般须通过政府引导或强制行为方可推行,无法按照保险的大数法则降低风险,市场化运作有困难。

7. 法律法规调整导致医疗责任保险理赔预期不明

2002年9月1日《医疗事故处理条例》正式施行后,医疗责任保险的发展进入了一个新阶段,新规定较原《医疗事故处理办法》重新界定了医疗事故范围,增加了医疗事故分级,强调了医疗机构的举证责任,提高了赔偿标准,但是"不是医疗事故不予赔偿"的规定对于医疗责任保险而言并没有实际解决更多的医疗过失行为所造成的风险。同时,最高人民法院颁布的《关于审理人身损害赔偿案件适用法律若干问题的解释》也提高了人身损害赔偿的额度,尤其是《侵权责任法》自2010年7月1日起施行后,导致医疗侵权损害赔偿标准变化,这也给医疗责任保险赔偿数额的确定带来不小的影响。因此,相关法律法规的调整极大地影响了保险公司对产品责任的预期,对保险公司法律专业人才掌握良好的诉讼技巧提出了挑战,当然也就增加了医疗侵权损害协商理赔的难度。

（二）我国医疗责任保险的发展设想

由于医疗服务提供的专业性、不确定性及高风险性,医疗纠纷成为一个历久弥新的难题,处理不当,使得病人不敢接受治疗、医生不敢手术、医院不愿收治病人。为消减医患间的紧张关系,医疗责任保险,直至医疗责任强制保险逐渐在有些国家建立并完善。起初,人们将保险引入医疗领域,对医疗机构及其工作人员执业活动中,因过失致他人人身或财产损失时所应承担的赔偿责任为保险标的创设新的保险险种,旨在降低医疗机构及其医务人员的经济风险。然而,基于保险意识、保费收益、保险理赔等原因,使得自主投保行为减少,违背了医疗责任保险制度设计的初衷。在此背景下,通过国家或政府根据法律、法规或者行政命令,在医疗机构或医务人员与保险人之间强制建立起医疗责任保险关系且保险公司不能拒保的医疗强制责任保险应运而生[1]。对于我国实际情况而言,过错和因果关系举证责任的双重倒置是导致防御性治疗、过度治疗的重要制度原因。若要证明一个行为构成过错侵权,当事人必须对过错、损害、违法行为、因果关系四个要件加以证明。最高人民法院《关于民事诉讼证据的若干规定》规定:"因医疗行为引起的侵权诉讼,由医疗机构就医疗行为与损害结果之间不存在因果关系及不存在医疗过错承担举证责任。"这种双重的举证责任倒置,曾一定程度上弥补了《医疗事故处理条例》赔偿数额过低的问题。[2]但是实践中,医疗机构往往按比例将医疗损害赔偿责任落实到责任科室,而各科室则落实到具体责任人——医生。而医生为了避免承担巨额的损害赔偿金,会采取防御性治疗行为或者过度治疗,降低导致医疗事故的可能性,并在纠纷发生前收集尽可能多的免责证据,由此医患之间的信任日渐降低,矛盾不断激化,整个社会为此付出了巨大成本。在此背景下,强制性医疗责任保险可以发挥减少医疗风险、分担医疗赔偿责任的作用。

所谓医疗责任强制保险制度,是指国家通过立法建立一种保险制度,确立医疗

---

[1] 杜东亚.论医疗侵权损害赔偿机制的变革——以《中华人民共和国侵权责任法》为视角[J]. 求索, 2011,（5）.

[2] 在《侵权责任法》实施后,该举证倒置制度已不复存在,仅在个别法定情形下,医疗机构才会适用过错推定原则。

机构和医生的强制投保义务,以分散医疗损害赔偿的风险,并使受害人的损失及时得以补偿[1]。这种医疗责任保险制度具有以下特点:①险种设置的法定性与保险参与的强制性。国家通过立法对医疗机构及其医务人员普遍纳入投保主体范围,相异于商业保险,投保人没有选择是否参保的自由,强制参与保险,而且保险公司也不得拒保。②参保主体的广覆盖性。保险业务领域总是存在大数法则,如果参保主体有限,最终必将导致医疗责任保险市场有效需求不足、保险企业经营亏损、保险业务难以维系的境地,医疗责任强制保险的推行,用广覆盖率有效解决了保险中的大数法则中的难题。③利益兼顾性。参与到医疗责任保险法律关系中的主体有医疗机构、医务人员、患者以及保险公司。曾经紧张的医患关系,由于保险公司的介入,一旦纠纷发生,保险公司中立兼顾双方利益,及时理赔,有利于快速化解纠纷,使医疗机构医疗秩序得以维持,医生能潜心工作、患者能及时得到赔偿,保险公司也因为医疗机构及医务人员的广泛参与及政府的相关补贴,也能获得相应的营业利益[2]。

但是,医疗责任强制保险违反了市场规律,更多的是依靠政府的强制行为,如果要保持具有商业性质的保险公司在该产品开发上的积极性,在产品设计必须考虑到以下方面。

1. 在强制的基础上也要尽量遵循保险的大数法则

大数原则又称"大数定理"或"平均法则",是概率论主要法则之一,此法则的意义是这些"有规律的随机事件"在大量重复出现的条件下,往往呈现几乎必然的统计特性,这个规律就是大数法则。大数法则是近代保险业赖以建立的数理基础。根据大数法则的定律,只有参加保险的人数和范围足够大,才能测得相对确定的保险事故的发生概率,降低医疗责任保险缴费和相应提高保单的责任限额[3]。对于保险公司而言,保险公司需要参保人数够多、范围足够广、主体差异足够大,才能更准确确定保险费率,这也是能吸引保险企业开发和推广医疗责任保险的基础,有助于通过市场化运作化解医疗风险[4]。

2. 政府要适当引导医疗行为和稳定保险市场

一般而言,有风险就需要保险,有疾病风险就会有保险市场。然而,一方面医疗责任保险主体的风险选择,导致了承保人为追求利润最大化而选择优质的保险对象,会排斥疾病风险大的投保人,而医疗责任保险主体的逆向选择基于信息的不对称,承保人排斥的投保人往往会更加愿意参加保险,从而加大保险公司赔付的风险;另一方面由于存在医患双方的道德风险,医疗保险的实施让医疗费用通过保险

[1] 江毅.医疗责任保险的历史、现状及未来[J].中国保险管理干部学院学报,2004,(5).
[2] 于娟.论医疗责任强制保险制度的域外经验及立法启示[J].求索,2013,(8).
[3] 陈玉玲.强制责任保险:我国医疗责任保险发展取向[J].上海保险,2002,(1).
[4] 但是目前推行的宁波市医疗责任保险尚未全面实现市场化经营,强制保险更体现政府意志,并不完全符合市场化要求。

公司可报销意味着患者所支付的医疗费用会减少,就可以促进医疗消费能力提升,这就可能造成患者存在过度医疗消费,同时医疗机构通过投保医疗责任保险将医疗风险转嫁给保险机构,导致医疗机构和医务人员减少了滥开处方及相关医疗行为的责任风险,可能会减少医疗行为的注意度,使保险公司承担了过多风险,导致医疗责任保险领域市场失灵。因此,对于医疗责任保险而言,政府要适当引导医疗行为和稳定保险市场。

3. 兼顾个人与社会利益的平衡

责任保险属于商业保险,从本质上应遵循合同法中契约自由的原则。但是随着医疗科学的发展、人们对自身健康需求的提升,在工业社会初期所确立的契约自由原则、过失责任原则等法律界限不断被突破和践踏,社会公害后果不断发生和恶化,相当数量的患者因为医疗行为而遭受生命、健康及财产方面的痛苦与损失,医患关系日益紧张,医疗纠纷不断,导致危及社会和谐稳定。医疗责任强制保险尽管需要遵循契约自由的限制,但同样不可忽视对于个人和社会利益的考虑,如果医疗责任保险事故发生,患者可以获得经济上的补偿,可以大大缓解患者的痛苦,免去维护自身权益所需花费的精力与财力,并缓和社会矛盾。所以,对于医疗责任保险而言,在保险险种设计时必须兼顾个人与社会利益的平衡。

4. 体现医疗责任领域的分配正义和风险分散

医疗行为的出现是基于防治社会公众疾病和提高其健康水平的要求,但是在治疗过程中却是损害风险随时存在,如果过于束缚医疗的自主行为,损害的必然是社会公众,也会造成医疗行业中防御性医疗行为的泛滥,无益于医学技术的发展。鉴于医疗行为是对社会有利的动机,即在治病救人的活动中产生的,是属于社会受益的最终实现,不恰当的医疗侵权索赔让原本的正义会改变,让医疗机构可能会承担更多的风险,而让整个社会共同承担为医疗进步而产生的代价,肯定比让从事医疗服务的机构及个人承担责任更符合公平与正义。在医疗责任领域中,责任承担所体现的是矫正正义,医疗责任强制保险也正体现了分配正义的需求,有效的维护各方合法利益。

5. 合理厘定医疗责任保险的保险费率

合理厘定医疗责任保险的保险费率,可以平衡患者、医方、保险公司等多方利益。如果责任保险费用过高,导致医方无力承担,而医方同时也无力承担高额的损害赔偿费用,则高额的保险费就会产生和举证责任倒置同样的结果——医方试图将负担转嫁给患者,进行防御性治疗或者过度治疗,从而导致医患纠纷不断加深,医疗服务质量越来越低。因此,医疗责任保险可以根据不同医疗领域的风险高低,采取不同的保险费率。

6. 政府要通过强制性保障医疗责任保险的公益性

目前,一些国家对航空器责任、核能事故、机动车事故、医疗事故等实行强制责任保险,而我国实行的机动车强制责任险也取得了良好的社会效果,医疗责任保险应该明确医疗责任保险的强制性。与机动车强制责任险一样,从事医疗责任保险的保险公司应该经过保监会的批准,同时保监会也具有要求相应的保险公司从事该项业务的权力。毕竟,医疗强制责任保险是一项公益性业务,也是国家以市场经济的手段进行国家治理的必要措施。

政府对医疗责任保险的强制性可以通过以下措施实现:通过强制医疗机构或医务人员购买医疗责任保险,扩大参保机构或人员总量,保证承保风险大量且分散,提高了保险公司经营稳定性;建立强制保险制度过程中可以组织多家保险公司联合承保,使保险人承担风险的能力增强,相应降低保费水平,减轻医疗机构的投保负担;可以根据医疗机构不同规模、不同经营性质(是否以营利为目的)、不同级别、不同种类(综合性医院、专科医院、中医院等)区别规定最低投保金额,保证医疗机构保险充足;基于医疗责任保险经营利润低的特点,政府可以提供适当财政补贴,鼓励保险公司经营;对于经常发生医疗纠纷的医疗机构,政府可以支持保险公司收取更高的保费,强制保险能够使医疗技术差、经营能力弱的医疗机构逐步退出市场,从而提高我国整体医疗服务水平。

此外,考虑到医疗责任保险的险种比较单一,还不能很好地适应医疗纠纷处理的各种情况,比如说医疗意外在医疗活动中出现的频率较高,但这却是医疗责任保险的免责事由,这样对于发挥医疗责任保险化解医疗纠纷的作用影响甚大。为了更好地应对医疗风险,可充分利用各方和全社会的力量建立医疗意外保险制度,作为医疗责任保险的补充,不仅体现了人类社会共同应对意外灾害、保障自身安全、促进自身发展、拓宽医疗风险的社会承担范围的积极意义,更有利于增强保险公司的赔付保障能力,提高医疗机构参保的积极性。

综上所述,尽管医疗责任保险还存在不少问题,其健康发展还有待时日,但是作为一种具有较强公益性的保险产品,其分担医疗风险的作用是不容置疑的。相信随着社会经济的发展、法律法规的完善、医疗卫生事业的不断进步,我国的医疗责任保险一定能走出一条适合自己的道路,发挥出它应有的作用。

第二节　宁波市医疗责任保险制度的设计

2006年6月,国务院公布的《国务院关于保险业改革的若干发展意见》提出了我国保险业下一步改革发展的指导思想、总体目标和具体任务,尤其是在对医疗责任保险发展的具体任务中指出:"医疗责任保险应通过试点的方式建立全国统一的医疗责任保险制度以及推进责任保险方面的立法工作"。2007年7月,卫生部、国家中医药管理局和中国保监会联合发文《关于推动医疗责任保险的有关问题的通知》指出："加强沟通合作,积极推动医疗责任保险工作"。此外,《中共中央国务院关于深化医药卫生体制改革的意见》要求,"建立健全医药卫生法律制度、完善医疗纠纷处理机制"。国务院通过的《关于公立医院改革试点的指导意见》也要求,"建立患者投诉管理机制、建立医患纠纷第三方调解机制,积极发展医疗意外伤害保险和医疗责任保险,完善医疗纠纷调处机制"。在上述政策背景下,医疗纠纷"宁波解法"要求医疗机构应按国家及省市有关规定参加医疗责任保险。

一、宁波市医疗责任保险的当事人

当事人一词也常见于涉及保险的民事行为中,指签订保险契约主体的双方(即保险人和投保人),法律诉讼的原告和被告。同时,被保险人及第三人(患者)应当是保险合同的关系人。医疗责任保险是基于医疗活动的特殊性险种,却又有别于一般责任保险。在医疗责任保险中,厘清保险的当事人,对于保险合同的签订,保护保险合同各当事人的合法权益,降低医疗责任事故的频率、分担医疗风险以及加强医疗服务质量监控都有重要的理论意义和实践价值。

（一）保险人

根据我国《保险法》第 6 条规定,保险业务由依照本法设立的保险公司以及法律、行政法规规定的其他保险组织经营,其他单位和个人不得经营保险业务。同时《保险法》第 10 条第 3 款也明确规定,保险人是指与投保人订立保险合同,并按照合同约定承担赔偿或者给付保险金责任的保险公司。因此,在我国医疗责任保险中的保险人只能是依法设立的保险公司,不能是其他未依法设立保险公司的组织、团体和自然人。在日本和澳大利亚,则只有股份有限公司和相互公司才能经营保险业务,在德国,对经营人寿险、火灾险以及雹灾险等险种的公司也有类似的限制。我国台湾地区的《保险法》第 136 条也规定,保险业组织以股份有限公司和合作社为限。

医疗责任保险与其他社会风险转移机制相比,我国商业保险业的税率偏高,营业税率高达 5%,高于交通、建筑、通讯等其他社会行业,因此其存在费用高的缺点[1]。即便如此,除了投保人需支付较多的保险费外,随着法律规范的越加严苛,保险人支付的赔款也随之大幅增加。美国 20 世纪 70 年代因医疗损害赔偿数量及赔偿额度大幅提升,导致众多承揽医疗责任保险的商业保险公司倒闭破产,很多保险公司不再开展或限制开展医疗责任保险业务,有的保险公司则采取大幅提升医疗责任保险保费的应对措施。医务人员及医疗机构甚至买不起或买不到医疗责任保险产品,一部分医务人员和医疗服务项目退出医疗市场,产生一系列社会问题,但

---

[1] 李国炜.相互保险:我国医疗责任保险的发展取向——美国医疗责任相互保险公司的启示[J].
法律与医学杂志,2006,13(1).

随之产生了一种新的保险业务——相互保险[1]。相互保险公司自身是非商业化的没有股权资本的法人团体,其经营的目的不是为了获利而是给投保人提供低成本的保险服务,相互保险公司的投保人和被保险人合二为一,所有投保的医疗服务提供者都有权力通过决策机关参与公司的经营,公司的经营结果和收益归全体成员所有,如加利福尼亚州的医生公司等等,也有一些社会团体如美国医师协会提供针对内部会员的医疗责任相互保险[2]。我国目前除了农业行业开展了相互保险的"阳光农业相互保险公司"外,其他行业尚没有放开。在我国,从事保险业务必须是依法设立的保险公司以及法律、行政法规规定的其他保险组织经营,其他单位和个人不得经营保险业务。我国《公司法》则规定,公司是指有限责任公司和股份有限公司。相互保险公司是合作社性质的组织,不在《公司法》规定的公司形式内,因此相互保险公司在我国尚没有明确的法律支持。"阳光农业相互保险公司"在开办之初也受到一定的法律困扰。为了支持和促进我国农业事业的发展,国务院在2013年3月1日起正式实施的《农业保险条例》第2条第2款中规定,本条例所称保险机构,是指保险公司以及依法设立的农业互助保险等保险组织。因此,"阳光农业相互保险公司"有了明确的行政法规的支持,摆脱了法律困境。国务院为农业保险事业特意放宽相互保险准入,可以为医疗责任相互保险提供参考,但还需要出台相关法律法规给予明确。国内学者也提出建议,希望对保险法加以完善或制定单行法律,允许设立医疗责任相互保险,医疗团体以相互保险的形式来转移医疗风险,从而实现"以确定的小额费用代替不确定的损失"[3]。

为了解决当前保险公司不愿意推出医疗责任保险这种险种的情况,宁波市通过资格招标选择综合实力强、机构网络全、经营理念符合要求的保险人,经过遴选,2008年3月产生了由中国人民财产保险公司宁波分公司为首席承保人,太平洋保险、大地财险和中华联合保险等其他3家保险公司共同参与的政策性医疗责任保险共保体[4],建立医疗纠纷协商理赔机制,按比例共同承保,共同分担医疗风险。

（二）投保人

医疗责任保险起源于欧美国家,其投保人分为医疗机构和执业医师。因此,医疗责任保险也分为医院责任保险和医师责任保险。根据我国《保险法》第10条第2款的规定,投保人是指与保险人订立保险合同,并按照保险合同负有支付保险费义务的人。

[1] Robinson GO. The medical malpractice crisis of the 1970's: a retrospective [J]. Law Contemp Probl, 1986, 49(2).

[2] 罗世瑞. 国外相互保险制度简介以及引入我国保险市场的探讨[J]. 江西财经大学学报, 2003,（4）.

[3] 孙俊. 医疗责任保险法律问题研究[D]. 西南政法大学, 2005.

[4] 目前,宁波市政策性医疗责任保险共保体是由人保、太平洋保险、平安保险、中国人寿和长安保险等5家共同组成的。

由于我国医疗机构管理制度是聘任医师对患者进行诊疗,医务人员只是充当医疗机构的履行辅助人角色,2004年5月1日施行的《最高人民法院关于审理人身损害赔偿案件适用法律若干问题的解释》将之归入"法人替代责任"。我国《执业医师法》第38条规定,医师在医疗、保健、预防工作中造成事故的,依照法律或国家有关规定处理。我国《侵权责任法》第54条明确规定,患者在诊疗活动中受到损害,医疗机构及其医务人员有过错的,由医疗机构承担赔偿责任。《医疗事故处理条例》第52条也规定,医疗事故赔偿费用由承担医疗事故责任的医疗机构支付。因此,在我国法律体系中,医疗机构承担替代责任。

因此,根据我国法律法规及医疗卫生体制,医疗纠纷"宁波解法"要求宁波市医疗责任保险的投保人只能是医疗机构。但是,宁波市医疗机构可以通过经济手段扣除相关医务人员的一部分工资、奖金来处理医生的过错,以规范医疗管理。

（三）被保险人

被保险人是以其财产、责任、生命或身体为保险标的者,即保险事故可能在其财产、责任、生命或身体上发生。在责任保险中,就是对他人财产损失或身体伤害依法应承担责任者[1]。我国《保险法》第12条第5款也规定,被保险人是指其财产或者人身受保险合同保障,享有保险金请求权的人,投保人可以为被保险人。宁波市医疗责任保险中,财产受保险合同保障,享有保险金请求权的人一般指医疗损害责任承担者即医疗机构,医生与保险合同并无直接关系,其既无赔偿的义务也无保险金请求权,其他诸如进修生、实习生、外出会诊医师、多点执业医师[2]等都不能作为被保险人,医师私自走穴属于"非法行医",所产生的责任由其个人承担,不应属于医疗责任保险的承保范围。

（四）第三人

责任保险,又称第三人责任保险,即被保险人依法对第三人负赔偿责任时,由保险人承担合同约定的赔偿责任的保险。医疗责任保险是责任保险的一类险种,因此也称"第三人医疗责任保险"。医疗责任保险以被保险人对在医疗活动中因过失行为、错误或疏漏或业务错失所造成的患者伤残或死亡而承担的民事赔偿责任为标的,在保险期间内受赔偿请求时,由承保该业务的保险公司对被保险人承担赔偿责任。

---

[1]梁研.医疗责任保险法律制度研究[D].吉林大学,2010.

[2]医师多点执业是新一轮医改后诞生的一种新的执业方式,目前尚在探索中,但关于多点执业医师发生医疗事故争议如何解决,一些省市也给予了充分考虑,如江苏省卫生厅于2011年8月1日起施行的《江苏省医师多点执业管理办法(试行)》第22条规定,多点执业医师发生医疗事故争议事件或医疗事故时,由发生争议事件或事故的医疗机构按照相关规定处理。由此可见,多点执业医师发生的医疗事故责任也应由事发医疗机构承担,而非医师个人,但在保险条款仍需要对此重新界定。

宁波市医疗责任保险涉及的主体包括三方——医疗机构、保险公司和第三人。三方主体之间的具体关系分别是：医疗机构与第三人之间的侵权法律关系；医疗机构及其医务人员与保险公司之间的债权债务法律关系；保险公司与被保险人之间的货币给付关系，有时也可为保险公司与第三人之间的货币给付关系。从法律的角度分析，保险公司与第三人之间不存在法律关系，因为两者之间不存在对应的权利与义务。保险公司根据保险合同的约定给付了相应的货币（金钱）给第三方，只是履行其与医疗机构或者医务人员之间的法定或约定的义务，接受给付的第三人仅是保险合同的关系人。因此，在医疗责任保险之中，法律关系仅有两种，一是第三人与医疗机构的侵权法律关系；二是医疗机构或者医务人员与保险公司之间的债权债务法律关系[1]。

这里的责任保险第三人，是责任保险合同约定的当事人和关系人以外的，对被保险人享有赔偿请求权的人。医疗责任保险合同中所指的第三人，是指与被保险人即医疗机构存在契约关系的人，同时对医疗机构享有赔偿请求权的人。由此可见，宁波市医疗责任保险中第三人是指享有赔偿请求权的患方。

二、宁波市医疗责任保险合同

保险合同是投保人与保险人约定保险权利义务关系的协议，所涉及的财产保险业务应包括财产损失保险、责任保险、信用保险、保证保险等保险业务。从本质而言，医疗责任保险是责任保险的一种，也属于财产损失保险范畴。

（一）医疗责任保险合同主体

从合同法角度来说，医疗责任保险合同的主体可以分为合同当事人、合同关系人和合同辅助人三类。当事人主要是指保险人和投保人；关系人主要包括被保险人和受益人，投保人可以是被保险人，投保人、被保险人或第三人都可以是受益人；辅助人则包括保险经纪人、保险代理人和保险公估机构等。

因此，宁波市医疗责任保险合同的主体包括了宁波市政策性医疗责任保险共保体和医疗机构，宁波市保险行业协会为前者的代管单位，而后者则需要根据医疗纠纷理赔处理中心和医疗纠纷人民调解委员会建设情况，分批推进，市级医疗机构先行，逐步推广到县（区）级医疗机构和乡镇卫生院，对于公立医院要求全部参保，对于民营医院采取有条件的鼓励参保。目前，宁波市所有213家公立医疗机构均参加了医疗责任保险，从2014年开始进一步覆盖到了村卫生室，部分民营医院和部队医院也已参保。[2]

---

[1] 刘庆元,邓利强,刘凯.医疗责任保险原理及适用[J].中华医院管理杂志,2005,21(8).
[2] 陈琼,贺艳."宁波解法"实施7年医疗纠纷案件年均下降12.2%[N].现代金报,2015-4-24. A07.

（二）医疗责任保险合同客体

医疗责任保险合同客体是指在民事法律关系中主体享受权利和履行义务时共同指向的对象。保险合同虽属民事法律关系范畴，但它的客体不是保险标的本身，而是保险利益。我国《保险法》第12条第4款规定，财产保险是以财产及其有关利益为保险标的的保险。该法第12条第6款规定，保险利益是指投保人或者被保险人对保险标的具有法律上承认或认可的利益。医疗责任保险的保险标的是医疗机构及其医务人员依法应对第三人承担的损害赔偿责任。因此，宁波市医疗责任保险合同的客体即是医疗机构承担赔偿责任的减轻。

（三）医疗责任保险合同的成立

保险合同不仅是一项民事行为，而且是一项合同行为。因而，保险合同不仅受保险法的调整，还应当同时受民法和合同法的调整，所以，保险合同的成立不仅要符合民事法律行为的要件，如行为人具有相应的民事行为能力、意思表示真实、不违反法律或者社会公共利益，民事法律行为可以采取书面形式、口头形式或者其他形式等，而且也要符合合同的成立要件，如我国《合同法》第13条规定："当事人订立合同，采取要约、承诺方式。"我国《保险法》第13条第1款规定："投保人提出保险要求，经保险人同意承保，保险合同成立。"依照上述规定，宁波市医疗责任保险合同的成立要件有：①投保人提出保险要求；②保险人同意承保。上述这两个要件实质上仍是《合同法》所规定的要约和承诺过程。因此，保险合同原则上应当在当事人通过要约和承诺的方式达成意思一致时即为成立。

（四）医疗责任保险合同生效

根据《合同法》第44条第1款规定，依法成立的合同，自成立时生效。该法第45条规定，当事人对合同的效力可以约定附条件。附生效条件的合同，自条件成就时生效。《保险法》第13条第3款规定，依法成立的保险合同，自成立时生效。投保人和保险人可以对合同的效力约定附条件或者附期限。因此，宁波市医疗责任保险合同自保险人与投保人签订保险合同之日起生效，如另有约定生效条件的，以约定为准。由于我国采取的是"零时起保制"，因此保险合同签订后的次日零时，或附条件成立或附期限到达后的次日零时起生效。根据《宁波市政策性医疗责任险统保项目保险协议》（2011版），医疗责任保险期限为一年期，从1月1日0时起至12月31日24时正。

（五）医疗责任保险合同条款

宁波市医疗责任保险合同包括下列事项：保险人的名称和住所；投保人、被保险人的姓名或者名称、住所，以及人身保险的受益人的姓名或者名称、住所；保险标的；保险责任和责任免除；保险期间和保险责任开始时间；保险金额；保险费以及支付办法；保险金赔偿或者给付办法；违约责任和争议处理；订立合同的年月日等内容。

（六）保险责任

在医疗责任保险条款中，"保险责任"实则是对医疗责任保险范围的一个界定。被保险人的投保医务人员在诊疗护理活动中，因执业过失造成患者人身损害，在保险期限内，由患者或其近亲属首次向被保险人提出索赔申请，依法应由被保险人承担民事赔偿责任时，保险人根据保险合同的约定负责赔偿。

由于医疗行业的特殊性，医务人员在诊疗活动中是否存在过错，以及过错与患者人身损害之间是否存在因果关系，都需要进行相当要求的鉴定，一般可以通过医疗损害鉴定及司法鉴定等。鉴定报告将载明医疗机构及其医务人员是否存在过失，以及参与度等级等等。根据医疗纠纷"宁波解法"的要求，患者索赔金额 10 万元以上（含 10 万元）的，应当进行医疗损害鉴定或者医疗事故技术鉴定，这对于明确事件责任、确定赔偿数额提供了重要的参考，有助于实现保险责任的正确实现。

（七）责任免除

责任免除又称除外责任，指根据法律规定或合同约定，保险人对某些风险造成的损失补偿不承担赔偿保险金的责任。宁波市医疗责任保险合同中，保险人均有对一定范围内的危险事故或损失不承担对被保险人保障责任的规定。保险的目的在于分散或分担危险和损失，并不是被保险人或被保险财产的所有损害都可以通过参加保险予以转嫁。保险人可以根据法律的规定或者通过合同的约定，限定其保险赔偿的责任范围。医疗责任保险的保险人对不予承保的事项的规定，主要包括：法定除外责任、约定除外责任、被保险人故意行为所致损失、经特别约定才能承保的赔偿责任及不保事项[1]。

1. 法定除外责任

是指保险人对被保险人致人损害的赔偿责任，不须约定而免于承担保险责任的情形。法定除外责任因法律的明文规定而发生。如"医疗责任保险条款"第 5 条第 1 项规定，被保险人或其医务人员的故意行为和非执业行为。因医务人员故意行为致人损伤属于刑事法律范畴，非执业行为属于"非法行医"范畴，在刑法和行政法上都有明确禁止性规定，因此属于法定除外责任。

2. 约定的除外责任

是指依照合同的约定，保险人对被保险人致人损害的赔偿责任免于承担保险责任的情形。通常，责任保险单对战争、战争类行为、叛乱、暴动等危险事故都不予承保，因为这些危险所导致的损失无法准确预测，且属于巨大灾害性质的。因此，责任保险一般都将此类危险列为除外责任。

---

[1] 梁研. 医疗责任保险法律制度研究 [D]. 吉林大学, 2010.

此外,依据保险原理,对被保险人的任何故意行为、犯罪行为及违法行为都不予承保。至于经特别约定才能承保的赔偿责任,对于何种危险须特别约定才能使保险人承保并无特别规定,只要保险人与投保人之间达成协议,并适当增加保费,且在不违反法律和保险基本原理的情况下,保险人和投保人或被保险人之间可以选择其所需投保的危险事故,一般此种情况,保险人与投保人会在格式合同外的特别约定中出现,只要保险人与投保人在特别约定中给予明确,同时投保人适当调整保费,该保险合同即有效。

宁波市医疗责任保险在承保条款基本采用总颁医疗责任保险及附加医疗意外责任险条款,外加了一条特别约定——"医疗费赔偿标准特别条款"主要承担医疗过失发生后,当事医疗机构(被保险人)对患者造成的人身损害进行治疗所发生的医疗费用。在设立这一条款时,出于防范道德风险的考虑,根据医疗事故等级或医疗损害情况对医疗费实行按比例赔付原则,防止医疗机构利用医疗事故或医疗损害发生的时机通过医药开销或医疗检查而牟利。

(八)保险费率

我国医疗责任保险起步较晚,尚未形成比较成熟的机制,同时由于医疗行业的特殊性无法确定各种医疗损害的发生概率及赔偿数额,导致现有保险费率计算不合理,医疗机构投保率不高。宁波市的医疗责任保险为改变这一现状,推行一揽子保险模式,该模式统保项目以医疗责任保险为主,坚持保险事故预防为主,按照"保本微利、公平合理、共同分担"的原则,设计医疗责任保险、财产险和火灾公众责任险"三险合一"的保险方案,通过为医疗机构提供方便、及时、快速、优质保险服务,争取以利润率较高的财产险与火灾险支持医疗责任保险的运作,以让医疗责任保险的保险费率总体能维持在一个比较合理的价位[1];同时根据医疗事故赔偿统计数据、市场需求,制定不同医疗机构的费率,满足医疗机构的差异化需求。

按照规定,宁波市医疗机构参加医疗责任保险所承担的全部保险费由医疗机构承担,从医疗机构业务费中列支,按规定计入医疗机构成本,不得提高医疗收费标准和增加患者负担。此外,宁波市医疗责任保险合同中的承保费率根据医疗机构的等级规模、医务人员数、床位数等作了档次区分,确保了保费收取的合理性。

三、宁波市医疗责任保险人的给付责任

(一)医疗责任保险中的第三人直接请求权

当出现保险事故应由保险人支付保险金时,从具体的法律关系来看,是由被保

---

[1] 陈鹏,袁金华.论我国医疗执业保险制度——对宁波医疗责任保险试点的实证分析[J].医学与法学,2011,3(1).

险人向保险人请求支付,那么在情况危急或被保险人怠于行使请求权时,第三人是否可以行使直接请求权是第三人直接请求权的理论依据。根据合同相对性原则可知,合同项下的权利义务只能赋予给当事人或加在当事人身上,合同只能对合同当事人产生拘束力,而非合同当事人不能诉请强制执行合同,除非合同另有约定或法律另有规定。可见,第三人因合同相对性原理而不受医疗责任保险合同的直接保障,即不能直接请求保险人支付损害赔偿。可在当事人急需救济或者被保险人没能力支付时,仍要过久等待似乎是不切实际的,也不能实现保险的作用。为此,从制度设计上应当给受害当事人以法律救济为宜,从近代保险法的发展历史来看,现代保险已从"填补被保险人向第三人赔偿之损害"向"填补受害人之损害"过渡。因此,我国《保险法》第65条即规定,保险人对责任保险的被保险人给第三者造成的损害,可以依照法律的规定或者合同的约定,直接向该第三者赔偿保险金。责任保险的被保险人给第三者造成损害,由此确定被保险人对第三者应负的赔偿责任确定的,根据被保险人的请求,保险人应当直接向该第三者赔偿保险金。被保险人怠于请求的,第三者有权就其应获赔偿部分直接向保险人请求赔偿保险金。可见,我国司法理论是支持第三人直接请求权的,第三人的直接请求权是基于被保险人怠于请求或是被保险人请求并在被保险人对第三人赔偿责任明确的情况。

医疗责任保险的主要作用在于降低医疗机构的赔偿压力,缓解尖锐的医患矛盾,维护医疗机构的正常医疗秩序。但是宁波市医疗责任保险和其他诸如交通责任保险不同,第三人直接请求权表现为患方一般只能向医疗机构请求医疗损害赔偿,只有赔偿后医疗机构方可向保险公司申请理赔,如果患方提出诉讼,保险公司一般可作为第三人参加诉讼。当然,在纠纷处理过程中如涉及索赔额较大的情况下医疗纠纷理赔处理中心也是全程参与的;也可在其主持下,医方、患方和医疗纠纷理赔处理中心三方共同签订协商处理协议。这一模式有效地减少了医疗机构暴力事件的发生,充分发挥了保险公司服务社会的能力,更为重要的是建立起新的理赔协商机制和保险理念。

（二）保险追溯期

保险追溯期是指自保险期间开始向前追溯约定的时间期间,投保人连续投保,追溯期可以连续计算,追溯期的起始日一般不超过首张保险单的保险期间起始日,追溯期由保险合同双方约定并在保险合同中载明,根据《宁波市政策性医疗责任险统保项目保险协议》（2011版）,首次参加共保体起连续投保期间,追溯期以连续时间计算;最长追溯期为三年。脱保前在保险期间和追溯期内发生并已结案的医疗纠纷,保险人承担保险责任;脱保前发生但脱保后结案的医疗纠纷,保险人不承担保险责任。

（三）赔偿方式

宁波市医疗责任保险的保险标的为医疗过失损害赔偿责任,一般包括医疗事故损害责任和医疗差错损害责任(不构成医疗事故的医疗过失损害),其赔偿原则主要依据我国现有的法律、法规和司法解释采用适当限制的原则,赔偿项目包括了医疗费、误工费、住院用具费、丧葬费、伙食助费、陪护费、残疾生活补助费、被扶养人生活费、交通费、住宿费、精神损害抚慰金等。

(四)赔偿限额

一般说来,宁波市医疗纠纷理赔处理中心承担赔偿责任的大小取决于发生医疗损害后医疗机构对患者赔偿的范围和数额。由于赔偿责任没有具体的价值标准,因此事先无法预测,如果对赔偿数额不加以限制,司法机关基于对弱势群体的同情,可能会导致天价赔偿案件迅速增加,这不仅使保险公司面临不确定的风险、陷入经营的困境,并且受害患者可能也会夸大自己的损失,进行不必要的医疗消费,造成卫生资源的浪费。毕竟医疗责任保险仅是为受害患者提供最基本的必要补偿,而不是对其损失提供完全的赔偿,因此保险公司的赔偿责任应该以保障受害人的基本权益为限规定赔偿限额,不能超过必要的合理赔偿范围。

因此,宁波市医疗责任保险在赔偿限额设定时,在收集医疗责任保险赔付情况数据的基础上,运用精算技术,根据保险公司面临的医疗风险、被保险人的实际需求和社会总体生活水平进行合理制定,并且要根据现实需要及时进行适当调整。宁波市通过对医疗责任保险赔偿额的限定,一方面使得保险公司容易控制风险责任,便于更准确预测自己承担的风险,以确定适合本行业发展的费率;另一方面促使医疗机构和医务人员做出最大努力,提高医疗技术水平和服务质量,积极采取措施,最大限度地减少医疗损害事故发生,防止医疗损害进一步扩大。

(五)争议处理

因履行宁波市医疗保险责任合同发生争议的,由当事人协商解决。协商不成,双方一致同意向参保医疗机构所在地法院提起诉讼。

(六)诉讼时效

参保医疗机构向共保体请求赔偿的诉讼时效期间为二年,自其知道或者应当知道保险事故发生之日起计算。

四、宁波市医疗责任保险的风险管控机制

2008年3月,宁波市政策性医疗责任保险共保体开始承保医疗责任保险,专门成立宁波市医疗纠纷理赔处理中心受理参保医疗机构报案,直接参与到医疗机构的医疗风险管控中,通过介入具体医疗纠纷的处理,代表医疗机构与患方就医疗损害的赔偿问题进行协商,并参与纠纷的调解、诉讼过程,完成理赔,从而改变了医疗责任保险传统的"报销"模式,将"社会服务"功能融入到医疗责任保险中,有效的转移了医疗风险。宁波市医疗责任保险风险管控模式有效化解医疗纠纷,既维护了医患双方的合法权益,又促进了社会的和谐稳定。宁波市医疗责任保险具体

的风险管控主要通过以下三个方面实现。

（一）宁波市医疗责任保险在保费计算中采取了浮动机制

宁波市医疗责任保险根据"保本微利"的原则设计保费费率，在保费收取上争取达到每年保费收入与赔款支出的相对平衡，前一年保费如有结余，则转化为第二年的保险准备金，第二年的保费费率在规定幅度之内下调。如前一年出现亏损情况，则保费费率则在规定幅度范围之内进行提高，增加保费收入以弥补亏损。通过保费浮动机制一定程度上降低了医疗责任保险的风险。以往医疗责任保险推行难，其中很重要的原因之一就是很多医疗机构认为现行的医疗责任保险保单条款最高赔偿额太低、保险期限较短、保险责任不足、在医疗纠纷发生之时不能顺利地得到理赔，因此认为投保有些得不偿失。目前在宁波市一家三级甲等医院医疗纠纷个案和累计最高保险责任分别为 100 万元和 500 万元，而宁波市历史上最高赔偿金额分别为 70 万和 300 万元，现在执行的赔偿标准基本可以满足医疗机构医疗纠纷赔偿实际需要。

（二）由宁波市医疗纠纷理赔处理中心代表医疗机构直接管控医疗风险

由于医疗损害赔偿的标准缺失，医患双方在协商解决纠纷过程中凭双方力量强弱的对抗或关系程度决定赔偿数额的多少，造成医疗纠纷中"大闹大赔、小闹小赔、不闹不赔"或"关系赔款"现象，传统的"报销"型医疗责任保险又未在医疗纠纷解决过程中介入，而且理赔人员可能存在专业性的欠缺，医疗纠纷数量的持续增加，这些都可能造成风险管控难。对此，宁波市的医疗责任保险合同中采取了积极的应对措施。

1. 宁波市的医疗责任保险合同中要求患方索赔金额在 1 万元以上的医疗纠纷，参保医疗机构必须委托宁波市医疗纠纷理赔处理中心介入处理，将医疗机构可以擅自决定赔款的权力收回。同时，规定宁波市医疗纠纷理赔处理中心在纠纷处理过程中必须以《医疗事故处理条例》[1]为基础进行理赔协商或调解，从而统一了宁波市在协商、调解过程中医疗损害赔偿的标准，总体上控制了医疗责任保险的风险。

2. 宁波市医疗纠纷理赔处理中心并非单纯由保险理赔人员组成工作队伍，而是从社会中广泛招聘了具有医学知识背景的专业人员，构建了专业的纠纷处理及保险理赔队伍，在医疗纠纷处理及保险理赔过程中能通过专业能力控制风险。同时，将理赔工作做在了医疗纠纷处理的前面，积极主动与被保险人进行沟通，不但真正掌控了医疗责任保险的风险，而且促进保险人和被保险人之间构建良好的关系，减轻被保险人的医疗纠纷压力。

3. 当前，医疗纠纷"宁波解法"的实施有效控制了医疗纠纷持续增长的态势，不过从纠纷总数上来说仍然处于高位。但是，宁波市医疗纠纷理赔处理中心每起

---

[1] 自 2010 年 7 月 1 日起，根据《中华人民共和国侵权责任法》为依据进行理赔。

纠纷处理终结后都会向卫生行政部门报送《宁波市重大医疗争议反馈报告表》,以促进医疗机构医疗服务质量的提高,并提供各项理赔统计数据以作为卫生行政部门制定提高医疗质量相关政策的参考,促进医疗服务水平的提高,强化医疗安全的意识,以减少医疗纠纷的发生,最终实现风险的管控。

（三）多家保险公司组成共保体管控理赔风险

医疗责任保险的风险在于医疗损害的赔付数额难以预测和控制。宁波市由人保等多家保险公司共同组成共保体,首席承保人与其他共保人签订共保协议,共同分担医疗损害理赔费用,降低险种经营风险。同时,共保体对于参保医疗机构的医疗损害理赔数额进行了限制,有效管控了理赔风险的不确定性,让医疗纠纷的化解和保险公司的赔付能力实现相互协调。

（四）组合险种提高医疗损害赔付能力

宁波市政策性医疗保险共保体根据"保本微利"原则,设计了"医疗责任保险附加医疗意外责任保险、财产综合保险和火灾公众责任保险"统保险种,向参加医疗责任保险的医疗机构推销财产险和火灾公众责任险,通过较高盈利空间的险种弥补医疗责任保险的经营风险,保障了共保体的医疗损害赔付能力,有效分散了赔付风险,更提高了保险公司经营医疗责任保险的信心。

五、宁波市医疗责任保险合同中各方的权利义务

根据《宁波市政策性医疗责任保险统保项目保险协议（2011版）》,共保体和参保医疗机构须各自承担相应的权利和医务,具体如下:

（一）参保医疗机构的义务

1. 发生索赔金额在免赔额以上的医疗纠纷,参保医疗机构应立即以电话或书面形式通知医疗纠纷理赔处理中心。医疗机构应在患方提出索赔或已经知道有医疗过错之日起30天内,需向医疗纠纷理赔处理中心报案,及时沟通。

2. 参保医疗机构提供一个接待室供理赔处理中心代表或调委会调解员与患方沟通。

3. 医疗纠纷发生后,参保医疗机构应书面提交有关诊疗情况说明和院方专家讨论意见,参保医疗机构相关人员有义务协助、配合理赔处理中心或调委会工作人员的调查取证,实事求是反映客观情况,并有义务提供病历等相关资料供调查人员查阅,必要时提供复印件。

4. 在共保体协商或在调解期间,参保医疗机构相关人员有义务协助。

5. 医疗机构参保时,应向共保体提供参保人员清单,如本协议生效后15日内,仍未提供人员清单,发生保险事故则不予理赔。如参保期间人员有变动,医疗机构应立即向共保体提出申请并报备变动名单,经共保体同意后生效,由此产生的应收或应退保费在续保调整时统一结算。如发生医疗纠纷的医务人员没有在所报备的

人员名单中,则宁波市医疗纠纷理赔处理中心视为该人员未投保,不予承担相应的保险责任。

（二）参保医疗机构的权利

1. 免赔额以下的医疗纠纷,参保医疗机构有权自主与患方协商解决。

2. 参保医疗机构有了解调解或理赔工作进展情况权利,有权对调解案件提出处理建议意见,共保体要充分尊重参保医疗机构合理的处理建议。

3. 参保医疗机构对共保体的各项服务工作有监督的权利。

（三）共保体的义务

1. 在接到参保医疗机构的报案后,共保体专职协商理赔人员应在规定的时间内到达现场,接受参保医疗机构的委托,进行医疗纠纷处理工作。

2. 共保体应认真履行理赔服务承诺条款中的全部规定。

3. 共保体在医疗纠纷处理整个过程中对参保医疗机构所提供的材料内容及信息等方面负有保密义务。

4. 在医疗纠纷协商、调解或法院判决后,参保医疗机构提供单证齐全,共保体应在 5 个工作日内支付给参保医疗机构赔款。

（四）共保体权利

1. 共保体理赔处理中心代表或调委会调解员在调查医疗纠纷期间有权查看和复印病历等相关资料。

2. 共保体理赔中心代表或调委会调解员有权会见与医疗纠纷有关的医疗机构当事人,参保医疗机构应提供相关便利。

第三节　宁波市医疗纠纷理赔处理中心的组织建设

根据《宁波市医疗纠纷预防与处置条例》第 27 条的规定,承担医疗责任保险的保险机构应当设立医疗纠纷协商理赔部门,按照有关规定承担医疗纠纷的调查、评估、协商、赔付等具体事务。2008 年 3 月,宁波市医疗纠纷理赔处理中心挂牌成立,截止 2010 年 2 月,全市共有协商理赔工作人员 27 名,其中临床医学和药学专业的 22 名,占总人数的 81.5%（表 3-1）,中心与分中心之间实行垂直管理,人员可全大市调度,数量和结构已能基本满足当前医疗纠纷协商理赔工作的需求。

表 3-1　宁波市医疗纠纷理赔处理中心建设情况（截止 2010 年 2 月）

序号	地区	成立时间	工作人数	参保医疗机构
1	市理赔处理中心	2008 年 3 月 1 日	14	10
2	余姚分中心	2008 年 10 月 1 日	4	26
3	慈溪分中心	2008 年 9 月 17 日	3	29
4	奉化分中心	2008 年 9 月 1 日	2	15
5	宁海分中心	2008 年 9 月 20 日	2	20
6	象山分中心	2008 年 6 月 20 日	2	28
7	鄞州区	无*	0	31
8	海曙区	无*	0	11
9	江东区	无*	0	15
10	江北区	无*	0	8
11	镇海区	无*	0	13
11	北仑区	无*	0	14
合计			27	220

注：由宁波市医疗纠纷理赔处理中心统一处理，故未设立分中心。

一、宁波市医疗纠纷理赔处理中心的性质、角色定位和工作特色

（一）宁波市医疗纠纷理赔处理中心的性质

和医疗纠纷人民调解委员会完全独立第三方的性质不同，宁波市医疗纠纷理赔处理中心是由首席承保人——人保公司设立，保险公司属于商业性机构，需要通过向医疗机构收取保费牟取经济利益，也就是说宁波市医疗纠纷理赔处理中心实际代表的是医疗机构的切身利益，即宁波市医疗纠纷理赔处理中心仅仅是具有相对独立第三方的性质，从机构名称看来也具有一定的行政色彩。

（二）宁波市医疗纠纷理赔处理中心的角色定位

为了能更好地推行医疗责任保险，有效转移医疗风险，实现保险公司、患方和医疗机构之间利益平衡，宁波市医疗纠纷理赔处理中心在实践纠纷处理中存在医疗机构的纠纷处理代理人、医疗纠纷诉讼的参与人和保险公司的业务经办人三种角色定位。

1. 医疗机构的纠纷处理代理人

根据《医疗事故处理条例》的规定，医患双方可以共同协商处理医疗纠纷，但

是医疗纠纷"宁波解法"限制了医疗机构自行和患者协商处置医疗纠纷的权力,医疗纠纷索赔金额1万元以上(不含1万元)的,已参加医疗责任保险的医疗机构应当及时通知保险机构参与医疗纠纷的协商处理,这也是宁波市医疗责任保险制度的特色所在,可以有效防止国有资产任意流失,但这也就意味着宁波市医疗纠纷理赔处理中心可以直接代表医疗机构和患者进行协商处理。由于限制医患双方可以共同协商处理医疗纠纷的法律规定尚不完善,对此宁波市医疗纠纷理赔处理中心在遇到需要介入处理的医疗纠纷时,基本都会和相关的医疗机构签订委托代理合同,由此以确保协商理赔工作的合法性。

2. 医疗纠纷诉讼的参与人

由于医疗机构投保了医疗责任保险,一旦医疗纠纷进入司法程序,保险公司就可以作为第三人参加到民事诉讼过程中。所谓民事诉讼中的第三人,就是指对于已经开始的诉讼,以该诉讼的原被告为被告提出独立的诉讼请求,或者由该诉讼中的原告或者被告引进后主张独立的利益,或者为了自己的利益,辅助该诉讼一方当事人进行诉讼的参加人。因此,在医疗纠纷民事诉讼中,医疗纠纷理赔处理中心代表了保险公司的利益,但有了其作为第三人的参与,有利于维护利害关系人的合法权益,实现诉讼经济。

3. 保险公司的业务经办人

在宁波市医疗纠纷协商理赔制度中,医疗纠纷理赔处理中心属于保险公司的业务经办人,代表保险公司和医疗机构签订保险合同,负责纠纷的协商理赔,但是保费仍由医疗机构向保险公司支付。医疗纠纷理赔处理中心依据医疗责任保险合同,通过第三人赔偿机制能够有效减轻医疗机构的赔偿责任,降低医疗机构和医务人员的执业风险,同时也能够及时补偿患者因医疗过失行为造成的损害,因而是保障医疗卫生事业的可持续发展、维护社会和谐稳定的有效手段。

(三)宁波市医疗纠纷理赔处理中心的工作特色

宁波市医疗纠纷理赔处理中心首先创新将以往保险公司被动"报销"变成主动"支付",理赔相关单证先由理赔工作人员在处理纠纷时负责收集,医疗机构按协议、调解书和判决书向患方支付赔偿金,医疗纠纷理赔处理机构在5个工作日内主动向医疗机构支付赔款,对于三级医院1万元以下、二级医院6000元以下、一级医院3000元以下的赔偿,可以直接支付给患者,提高了工作效率。此外,医疗纠纷理赔处理中心通过组建医学和律师专家库,为医疗纠纷处置提供强有力的专业技术咨询服务,解决了很多保险公司只能"赔"却无力"查"的尴尬。

二、宁波市医疗纠纷理赔处理中心的制度建设

宁波市医疗纠纷理赔处理中心成立以后,在卫生、公安、保监和司法等多部门的支持下,在政策性医疗责任保险共保体、保险行业协会指导下,制订了医疗

纠纷协商理赔工作制度以及机构的内部管理制度,明确了理赔机构的职责任务,规范纠纷处理程序和应对措施,也为医疗纠纷协商理赔服务工作的顺利开展和管理水平的提高提供了制度保障。

（一）宁波市医疗纠纷理赔处理中心的工作原则

工作原则是一个组织或部门能正确开展工作的依据和准则,宁波市医疗纠纷理赔处理中心在性质上仅仅是相对独立的第三方,但在医疗纠纷协商理赔工作中仍然要按照公平、合法、合理和便民的原则,才能真正做到服务社会,化解纠纷,促进和谐。

1. 公平原则

要求医疗纠纷理赔处理中心在工作中应以社会正义的观念指导自己的行为,遵循公平理念确定各方的权利和义务,平衡医患双方以及保险公司的利益,处理医患当事人之间的纠纷。因此,公平原则要求在医疗纠纷协商理赔机制下,医患当事人参与协商处理的机会平等,享有平等、均衡的权利和义务,能公平地分配医患双方的权利义务并合理地承担民事责任。

2. 合法原则

是指医疗纠纷理赔处理中心在工作中必须按照法律法规的要求,不得和法律法规相违背。这里的合法不仅仅是主体的合法,还包括了程序的合法。

3. 合理原则

是指医疗纠纷理赔处理中心在工作中必须客观、适度,合乎理性。由于在医疗纠纷中,医疗侵权损害所产生的原因常常比较复杂,这种复杂性甚至通过评估、鉴定未必能解决,这就需要协商理赔要建立在正当考虑的基础上,不得考虑不相关因素;平等适用法律法规的规定,不得对相同事实给予不同对待;要符合自然规律;要符合社会道德、职业道德等。

4. 便民原则

便民,简单地说就是方便人民群众。医疗纠纷理赔处理中心由保险公司设立,履行服务社会的职能。在医疗纠纷协商理赔机制中,医疗纠纷理赔处理中心参与纠纷处置,通过专业力量开展评估、协商有助于患方更好的理解医疗损害发生的事实缘由,由医疗机构先行向患方支付赔偿后再进行理赔,有助于赔偿款及时到位,减少患方获赔的烦琐手续,简化了流程,这都是便民的体现。

（二）宁波市医疗纠纷理赔处理中心的工作职责

根据医疗纠纷"宁波解法"的总体要求,宁波市医疗纠纷理赔处理中心制定了比较完善的工作职责,具体如下:

1. 在宁波市医疗责任有关保险机构共同领导下,负责辖区内参保医疗机构发生的、索赔金额 1 万元以上医疗纠纷的协商理赔。

2. 受理参保医疗机构医疗纠纷报案,及时派员参加医疗纠纷处理,负责受理、调查、评估、协商、诉讼以及理赔等工作；积极配合医疗纠纷人民调解委员会的调解工作，依法妥善处理医疗纠纷，维护医患双方合法权益。

3. 医疗纠纷协商理赔中，医患双方宣传有关的法律、法规和政策，认真履行告知义务，教育引导医患双方依法处理医疗纠纷，努力将医疗纠纷从医院内移至院外处理，切实维护医疗机构的正常工作秩序。

4. 热情接待医患双方的咨询，认真听取医患双方的陈述，耐心做好解释工作，完善来访接待登记，定期整理统计、分析汇总，及时向有关部门汇报并提出整改建议。

5. 及时将调处过程中发现的医疗机构在管理上、医疗服务质量上及医疗安全方面存在的问题向相关医疗机构提出防范建议，并报主管卫生行政部门。

6. 配备具有临床医学、药学、卫生法学和保险等专业资质的专职工作人员，工作人员应当加强自身业务理论学习和培训，不断提高理赔工作人员综合素质和处理医疗纠纷的能力。

7. 加强政治思想教育，恪守职业道德，牢固树立为医患双方服务的意识，加强工作责任心，努力为医患双方提供优质理赔服务。

8. 坚持公正公平，严守理赔工作纪律，廉洁自律，自觉接受医患双方和社会监督，努力塑造良好的社会形象。

（三）宁波市医疗纠纷理赔处理中心的工作流程

根据医疗纠纷"宁波解法"的总体要求，宁波市医疗纠纷理赔处理中心接到医疗纠纷报案后，根据相应的流程积极采取医疗纠纷处置和协商理赔工作，具体流程如下：

1. 医疗纠纷处置流程

（1）受托介入：医疗纠纷理赔处理中心接到医疗机构报案后，根据保险合同委托处理的要求，应于90分钟内（县市区120分钟内）赶到现场，表明身份，受理纠纷，并介入处理，了解纠纷的基本情况，收集相关资料。

（2）宣传告知：医疗纠纷理赔处理中心受理纠纷后，应当书面告知患方权利、义务以及纠纷处理的办法、途径、程序，积极向医患双方宣传相关法规政策规定，教育引导医患双方依法妥善处理医疗纠纷。

（3）调查评估：医疗纠纷理赔处理中心应在规定时间内，开展对医疗过程的深入调查，合理评估，如遇到疑难复杂纠纷，应当向专家咨询。最终赔偿责任和赔偿金额的意见须经理赔处理中心集体讨论确定，赔偿10万元以上的案件，须进行医疗损害鉴定或医疗事故技术鉴定，并报医疗责任保险共保体风险管理委员会审议通过。

（4）解释答复：医疗纠纷理赔处理中心应当在5个工作日内告知医患双方初步评估意见，就争议焦点问题作好解释答复工作。医患双方对调查答复结果有异议的，经办人应当进行耐心充分的沟通，或建议通过合法途径解决双方的争议。

（5）协商调解：患者在诊疗活动中受到损害，医疗机构及其医务人员有过错，并应承担责任的，医疗纠纷理赔处理中心应当代表医疗机构与患方进行赔偿事宜的协商。患方申请医疗纠纷人民调解委员会调解或其他行政调解的，医疗纠纷理赔处理中心应当出席调解，就赔偿问题发表评估意见。

（6）参与诉讼：医疗纠纷理赔处理中心设立律师库，职责范围内的诉讼案件由专人负责处理，及时与医疗机构协商，确定诉讼委托代理人和律师费用，以便共同应诉。

（7）赔款处理：经医疗纠纷理赔处理中心协商、医疗纠纷人民调解委员会或卫生行政部门调解达成协议的，以及人民法院调解或判决生效的，医疗纠纷理赔处理中心应当收集相关单证，根据保险合同的约定，进行理算、核赔，于15个工作日内，主动向医疗机构支付赔款。

（8）反馈报告：医疗纠纷调解完毕后，应当收集、整理有关医患纠纷情况，按月向医疗机构反馈，提出防范建议意见，并向卫生行政部门报告。

2. 医疗责任保险理赔流程

（1）接报案：医疗纠纷理赔处理中心实行24小时接报案服务，原则上受理以"出险通知书"书面形式的报案，特殊情况下受理电话报案。接案人员接到报案后快速填写接报案基本信息，提交查勘员。遇到重大社会影响的案件，应及时报告相关领导。

（2）查勘：查勘工作要求两人查勘，查勘员接受调度后，应于90分钟（县市区120分钟）赶到现场，作好查勘等相关纪录，查明出险时间、出险科室、责任人及出险原因，深入实际调查研究，做到情况明了，原因清楚，责任明确，损失有据。在理赔处置过程中，注意收集相关单证，查勘员应当在7个工作日内向立案员提供案卷进行审查，提出估赔意见，并根据纠纷处理情况，随时变更最新估赔数据，由立案员及时调整。

（3）立案及转报案：立案员接受查勘员提供的案卷案情说明、估赔意见、核对保单等资料，作出是否立案的决定，对符合保险责任的赔案，给予立案，并向"95518"（中国人民财产保险股份有限公司客服电话）转报案；对不符合医疗责任保险赔案的退回查勘或不予立案。

（4）理算：理算员收到医疗纠纷人民调解协议书、行政调解协议书、法院判决书或调解书，应在48小时内缮制好查勘报告，确定保险责任、赔偿项目以及赔偿金额，并就"完整未决"卷宗进行理算，在核赔前需对赔案卷宗进行再次检查，查验卷宗资料是否齐全。对不齐全卷宗进行补充完善。理算员对理算完毕的赔案，应及时把案卷移交核赔员。

（5）核赔：核赔员对核赔无误的案件提交审批，对有问题资料退回理算员补充，并作出解释和说明。对在核赔中发现不符合规范标准的赔案，及时提出处理意见及解决方法,乃至请示医疗责任保险共保体风险管理委员会。针对赔案中存在的各种问题要做好收集、登记、整理工作,及时向相关岗位和环节提出反馈,做到信息共享,并定期作好总结商报,从而进一步加强理赔质量。

(6)审批:严格按照权限审批赔案,不得越权审批赔案,审批完毕后及时交综合部主动理赔。

(7)赔付及结案归档:对审批同意的赔案,综合部应按照约定的工作日内,将赔款主动送达或汇出出险的医疗机构。赔案终结后,应在15天内将案卷整理、编号、归档。

三、宁波市医疗纠纷理赔处理中心的队伍建设

医疗纠纷协商理赔难度和压力大,专业性和政策性强,情况复杂,涉及面广,要做好理赔服务工作必须建立起一支既懂医学、法律和保险知识,又热心社会事业、为人公道正义,还会善于做社会工作的复合型人才队伍。医疗纠纷理赔处理中心成立伊始就高度重视这项工作,在市卫生局和保险行业协会的支持下,一方面在媒体上公开进行招聘,选聘了16名优秀人员;另一方面在全市卫生系统招募7名优秀医务人员,为医疗纠纷协商理赔工作的顺利开展,奠定了扎实的工作基础。

(一)重视思想建设,树立服务意识

处理措施得当、医患双方满意度高(尤其是群众满意度高)、协商理赔成功率高是医疗责任保险和理赔处理机构生存和发展的基础。为此,医疗纠纷理赔处理中心十分重视工作人员的思想教育,每周通过各种形式组织工作人员学习党和国家政策,领会各级党委和政府维护社会稳定的指示精神,明确肩负的使命和任务。医疗纠纷理赔处理中心成立以来,在医疗纠纷协商理赔过程中,每个工作人员都能站在公正公平的立场上,为医患双方提供优质服务。遇到群众一时不理解,工作人员坚持认真耐心说服教育,还替患方出谋划策,赢得群众的尊重;还有遇到个别患方到中心吵闹纠缠,工作人员总是耐心、诚心对待,赢得群众好评和理解,许多纠纷难题迎刃而解,维护了社会的和谐与稳定。

(二)强化作风建设,提升中心形象

求真务实、科学客观、公平公正、依法规范、勤政廉洁是医疗纠纷协商理赔服务成功的保证。医疗纠纷理赔处理中心始终要求工作人员做到真心诚意为群众,公平公正为社会,吃苦耐劳为工作,任劳任怨为稳定,清正廉洁为形象。自医疗纠纷"宁波解法"实施以来,中心每位工作人员都认真对待每一件医疗纠纷,认真调查核实,虚心听取专家意见和中心集体讨论意见,进行科学客观评估,依法公正公平处理,切实维护医患双方的合法权益。同时,重大医疗纠纷处置难度大,现场引导处理经常通宵达旦,甚至连续几天几夜,每位工作人员都能发扬不怕苦、不怕累和持续作战的精神,耐心做好解释答复和教育引导工作,这种工作精

神赢得了社会群众的信任和医务人员的赞赏。在廉洁自律方面,中心实行了一票否决制,据统计仅医疗纠纷"宁波解法"实施两年来工作人员共拒收钱物 13 人次,现金 4000 元,购物卡 7 张,并收到患方赠送的锦旗 12 面。

（三）注重业务建设,提高能力水平

医疗纠纷协商理赔既复杂又专业,还需要相应的技巧和能力,涉及法律、卫生管理法规、医疗常规和保险政策行规。因此,业务能力建设是医疗纠纷理赔处理中心队伍建设的工作重点。对此,一方面在宁波市卫生行政部门职能处室的帮助指导下,组织工作人员边实战处理边应对学习,技能技巧快速提高;另一方面,通过请进来、走出去的办法进行学习,坚持每半月组织一次业务培训学习,聘请医政管理、医学、法学、律师及保险行业专家进行授课,并分批组织工作人员到外地参加各类相关培训班,同时组织互学自学,中心组织工作人员轮流授课,相互交流学习,共同提高。为了提高学习的主动性和积极性,医疗纠纷理赔处理中心每年组织考试,考试成绩与工作人员年度考核奖励挂钩。

四、宁波市医疗纠纷理赔处理中心的服务情况

（一）全程参与医疗纠纷的预防与调处工作

截至 2015 年 6 月,宁波市医疗纠纷理赔处理中心共受理医疗纠纷 5922 起（涉及鉴定 763 起、尸检 127 起、诉讼 346 起）,其中调处终结 5177 起（含免赔额以下案件 652 起,零赔偿 131 起,待销案 753 起）,正在调处中有 745 起。共涉及患者死亡 1548 起、公安介入 451 起、停尸闹事 123 起、患方自行移尸 91 起、公安强制移尸 32 起,依法拘留肇事者 130 人次。患方提出不合理赔偿 587 起,索赔额从几十万下降到几千元的有 156 起。已经处理的 5177 起案件中患方索赔金额达到了 92556.53 万元,实际协议赔偿金额为 24336.87 万元。此外,受理来电咨询 233 起,受理投诉 41 起,来访咨询 374 起,来访投诉 26 起,来信咨询投诉 9 起。据悉,截至目前尚无一例反悔案例,2014 年医疗机构对理赔处理中心的满意度为 98.7%,患方满意度为 97.7%。[1]。

仅宁波市医疗纠纷理赔处理中心成立的前两年,已印发医疗纠纷处理手册 3 万册和相关法律政策规定汇编 3000 本;组织开展医疗纠纷预防与处置座谈会 24 次,组织回访征求卫生行政部门和医疗机构意见 27 次;撰写《宁波市医疗纠纷预防与处置工作简报》6 期;截至 2015 年 8 月,宁波市医疗纠纷理赔处理中心已向卫生行政部门和医疗机构提供医疗纠纷和防范建议报告表共 2115 份;配合卫生部门在全市各地和各医疗单位开展医疗纠纷预防与处置业务培训 151 次,接受医疗安全教育的人员达 13461 人次（表 3-2）。

---

[1] 陈琼,贺艳."宁波解法"实施 7 年医疗纠纷案件年均下降 12.2%[N].现代金报,2015-4-24.A07.

表 3-2　宁波市医疗纠纷理赔处理中心开展提升医疗安全相关工作情况（2008.1—2015.8）

	2008年	2009年	2010年	2011年	2012年	2013年	2014年	2015年8月底前	合计
提供医疗纠纷防范建议表（份）	129	362	430	335	315	179	142	223	2115
医疗纠纷防范授课（次）	19	19	18	18	21	7	35	14	151
接受安全医疗教育人次	775	2017	1537	1620	1767	1200	3205	1340	13461

（二）充分发挥医疗责任保险的社会管理功能

宁波市医疗纠纷理赔处理中心充分发挥医疗责任保险的社会管理功能,通过推进医疗责任保险的顺利开展,保障了医疗机构有充足赔偿能力保障广大患者合法权益,缓解医患矛盾和冲突,减轻医疗机构处理医疗纠纷的压力,防止了国有资产无端流失,从而最终达到维护医疗秩序和社会稳定的目的。同时,在医疗纠纷协商理赔工作中总结经验、查找医疗服务的不足,帮助并敦促医疗机构加强防范,提高医疗安全,从根源上减少医疗纠纷的发生。此外,医疗责任保险通过规定保险费率浮动,有关医疗纠纷信息的通报,促使医疗机构对于防范风险的自主意识加强,对医疗机构增强安全防范措施起到了一定的激励作用。因此,宁波市医疗责任保险不仅具有医疗纠纷赔偿风险的社会分担作用,更重要的是在医疗纠纷处置和预防中显示着强大的作用,创造了多方共赢的良好局面。

第四节　宁波市医疗纠纷协商理赔制度的评价

2007 年 11 月,宁波市人民政府第 16 次常务会议审议通过《宁波市医疗纠纷预防与处置暂行办法》,从地方法规的立法高度建立了医疗纠纷预防与报告制度,其中创新引入医疗责任保险机制,引起国内卫生法学界的关注。2008 年 3 月 1 日,宁波市医疗纠纷理赔处理中心正式成立,明确职责,力求医疗纠纷处置的公平、公正、公开。

一、宁波市医疗纠纷协商理赔制度的特点分析

我国的医疗责任保险早在多年前在国内一些地方就已推出,但发展得并不理想,相比之下,宁波市医疗纠纷协商理赔通过立法创新,也有其自身特点。

（一）政府主导推动下的商业化运作

宁波市的医疗责任保险改变以往医疗机构与保险公司双方合作的模式,由政府介入,实现政府—医疗机构—保险公司三方联动,采取强制保险的措施。市政府推动各医疗机构参与医疗责任保险,政府、医疗机构和保险公司共同协商,由医疗机构承担保险费用,不仅确保保费来源,也减轻了医务人员的经济负担,此外,由于政府的介入,约束了保险机构的商业化倾向,保险机构承诺发挥社会服务职能,不以营利为目的,利润转入下年赔付准备金,保证了医疗责任保险制度的稳定性和公益性,提高了社会效益。

（二）多家保险机构分担医疗赔偿风险

鉴于医疗行为的高风险等因素,以往国内推行的医疗责任保险,免赔条款过多,索赔条件较为苛刻,理赔手续繁杂,赔付率低,影响了医疗机构投保的积极性,不能有效减轻医疗机构的赔付负担[1]。考虑到医疗损害赔偿的高风险性,宁波市由多家保险公司共同分担医疗赔偿责任,目前是由人保财险、太平洋保险、平安保险、中国人寿和长安保险等5家保险公司组成宁波市政策性医疗责任保险共保体,成立医疗纠纷理赔处理中心,为医疗机构提供方便、及时、快速、优质的保险服务。

（三）合理设计保险条款提高保障程度

宁波市医疗责任保险坚持保险事故以预防为主,医疗机构和保险公司充分协商,确定相对统一的承保方案,设计医疗责任保险与财产险、火灾公众责任险共同营销的保险方案,合理设计分级和浮动式费率体系,保险与定价相互匹配。保险公司每年根据上一年度医疗机构赔偿数额和发生医疗风险的因素等做评估,逐年调整保费,既保证了医疗赔偿费用的支付,又增加了约束医疗机构医疗行为的力度,提高了医疗责任保险的保障程度。

（四）人民调解工作并行互补协商理赔机制体现便民

医疗纠纷"宁波解法"规定市和县（市）、区由司法部门组织医疗纠纷人民调解委员会,聘请法医、医学专家和法律界人士担任调解员,负责医疗纠纷的调解工作。因此,宁波市在设立医疗责任医疗纠纷理赔处理中心同时,也设立了医疗纠纷人民调解委员会,制度设计时重视医疗纠纷协商理赔机制和人民调解制度的互补,在两个不同的处理平台上医患可以自由选择。遇到医疗纠纷损害赔偿数额较高、案情复杂或者争议较大时,由医疗纠纷理赔处理中心介入处理,进行事实调查、评估,组织医患双方协商解决;事实清楚或简单案件则一般由医疗纠纷人民调解委员会组织调解。这不仅提高了工作效率,更体现了便民,有助于及时化解纠纷矛盾。

（五）人员的专业性确保医疗纠纷协商理赔公平、公正

医疗纠纷理赔处理中心配备具有临床医学、药学、卫生法学和保险等专业资质

---

[1] 鞠金涛.浅析医疗责任保险的难点与对策[J].解放军医院管理杂志,2005,（2）.

的专职工作人员,聘任相关医学和法律专家组建专家库,为医疗争议的处理提供专业技术咨询服务,以专家库为技术支撑,确保医疗纠纷处置的公平性、专业性和规范性。

（六）保险公司主动介入和参与医疗纠纷处理

医疗纠纷"宁波解法"限制了医疗机构自行和患者协商处置医疗纠纷的权力,医疗纠纷索赔金额 1 万元以上（不含 1 万元）的,已参加医疗责任保险的医疗机构应当及时通知保险机构参与医疗纠纷的协商处理,在这种情况下宁波市医疗纠纷理赔处理中心可以直接代表医疗机构和患者进行协商处理,有利于及时转移医疗风险。同时,宁波市医疗纠纷理赔处理中心负责调查、分析、评估、协商与应诉等理赔工作,并可以作为第三人参加到医疗纠纷侵权的民事诉讼过程中,也有助于维护利害关系人的合法权益,减少了诉累（图 3-1）。

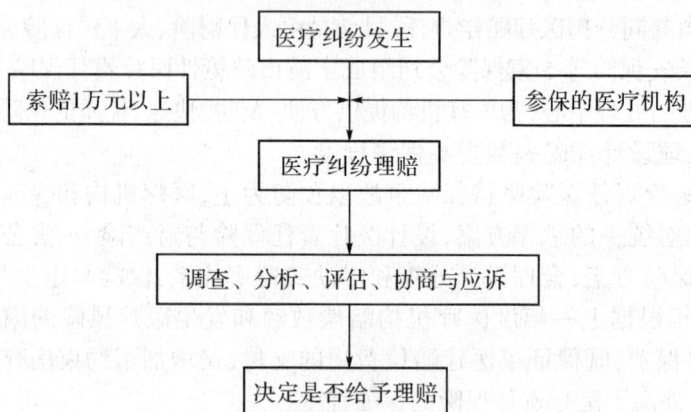

图 3-1 宁波市医疗纠纷理赔处理中心参与处理的程序

（七）建立了医疗责任保险的监督机制

为了控制医疗责任保险的风险,协调保险公司和医疗机构之间的利益,宁波市成立了医疗机构医疗责任保险工作联席会议,会议成员包括了全市来自三甲医院院长、区（县）人民医院院长和基层社区卫生服务中心主任的代表约 20 人组成,审查纠纷协商理赔的合法问题,监督保费资金的使用,每年就医疗机构保费问题和保险公司进行谈判,避免保费的随意增加。

（八）建立了合理高效的医疗损害赔偿支付途径

以往医疗责任保险的理赔,先是通过保险公司将赔偿金额支付给医疗机构,再由医疗机构支付给患方,程序复杂,会造成患方的不满。为了简化程序,宁波市医疗纠纷协商理赔制度规定医疗机构有权处理医疗纠纷索赔的金额,如三级医院 1 万以下、二级医院 6000 元以下、一级医院 3000 以下,可以自行向患方支付赔偿。至于超过自行赔付限额的情形,对医疗纠纷理赔处理中心的理赔期限也进行了限定,提高了工作效率。

（九）建立了医疗纠纷防范的宣传警示制度

首先,宁波市医疗纠纷理赔处理中心对于处理完成医疗纠纷,须填写报告单,提出整改意见,并上报当地卫生行政部门,有助于卫生行政部门真实掌握本辖区内医疗纠纷情况,以及有效采取针对措施预防医疗过失行为的发生;其次,宁波市医疗纠纷理赔处理中心通过对典型案例的分析汇总,提供给医疗机构的医疗服务质量监控部门参考或组织医疗机构参加案例讨论,以提高医疗服务质量,提升患者医疗服务满意度;第三,宁波市医疗纠纷理赔处理中心不定期到各医疗机构宣传讲解医疗纠纷预防和处置的情况,宣传相关的处理规定,提醒医疗机构及医务人员切实加强自身的业务能力和职业素养。

二、宁波市医疗纠纷协商理赔制度的实践情况

宁波市医疗纠纷理赔处理中心严格按《医疗事故处理条例》[1]规定计算赔偿金额,全方位向医患双方公开标准和计算方法,严格规范赔偿程序和计算标准,既维护了医患合法利益,也防止了国有资产的任意流失。自2008年至2013年,宁波市医疗纠纷理赔处理中心共接到报案受理医疗纠纷4740起,已协商调处终结4099起,正在法院诉讼47起,治疗未终结61起,正在引导尸检和鉴定115起,正在协商中420起,其中4099起调处终结的纠纷中患方共索赔77196.41万元,协议赔付金额17781.11万元,其中市级医院调处终结1002起,协议赔付金额6140.72万元,市级医院案均协议金额6.13万元（表3-3）。2009年,曾对122份已调处终结案件的问卷调查显示,患方对处理结果满意和基本满意的达100%,同时医疗纠纷理赔处理中心还收到患方送来的锦旗14面。由此可见,宁波市医疗纠纷协商理赔制度对于推进医疗纠纷依法处置、构建和谐医患关系具有积极意义。

表3-3　宁波市医疗纠纷协商理赔情况（2008—2013）

	年度（年）	2008	2009	2010	2011	2012	2013	合计
报案情况	全市报案总数	331	860	849	913	943	844	4740

[1] 2010年7月1日起,以《中华人民共和国侵权责任法》为依据进行理赔。

	年度（年）	2008	2009	2010	2011	2012	2013	合计
调处终结案件	处理完毕	227	668	740	820	818	826	4099
	患方索赔额（万元）	4423.88	8716.3	11133.24	14888.4	13777.25	24257.34	77196.41
	医患协议金额（万元）	610.92	2165.66	2365.66	3419.57	4469.71	4749.59	17781.11
	市级医院调处终结	79	145	162	184	225	207	1002
	市级医院协议金额（万元）	344.94	753.17	737.18	1039.09	1639.94	1626.4	6140.72
	市级医院案均协议金额（万元）	4.37	5.2	4.55	5.65	7.29	7.86	6.13
正在处理中案件	尸检	0	0	0	1	8	6	15
	鉴定	0	3	5	11	30	51	100
	法院起诉	0	1	5	15	18	8	47
	治疗未终结	0	0	2	3	5	51	61
	正在协商中	0	8	10	30	94	278	420

　　为了加强对医疗纠纷协商理赔工作监管，提高医疗责任保险的实效，宁波市医疗机构医疗责任保险工作联席会议办公室专设监督办，定期在中心工作，抽样查阅案例分析，对重大、疑难、医患意见分歧较大的医疗纠纷处置情况和医疗责任保险保费收支情况进行审查。每年会同卫生、公安、司法和保监局等部门对医疗纠纷理赔处理中心进行医疗责任保险理赔服务工作的考核。医疗纠纷理赔处理中心自成立以来每年考核均为优秀，医疗责任保险服务工作获得了医疗纠纷处置各相关部门的一致肯定。

　　（一）协商理赔机构介入减轻医疗机构负担

　　医疗纠纷"宁波解法"坚持了两个转移。一是谈判人的转移，以前是医院院长、医务（处）科长与患方"针尖对麦芒"矛盾冲突频发，现由医疗纠纷理赔处理中心工作人员参与医患双方协商；二是谈判地点的转移，以前患方在医院内往往有过激举动，如拉横幅、打砸、停尸闹丧等，严重影响了医疗机构正常的医疗秩序，造成恶劣的社会影响，现在争议过大或索赔数额过高只有到医疗纠纷理赔处理中心

才能协商理赔事宜,对患者及家属的情绪冷静有促进作用[1]。医疗纠纷协商理赔机构介入减轻医疗机构负担主要体现在以下三点:

1. 通过宁波市医疗纠纷理赔处理中心把医疗纠纷从院内及时转移到院外进行处理,由保险公司直接与患者协调解决,有助于医疗机构从复杂的医患纠纷中解脱出来,为医患双方创造一个公平、公正的医疗纠纷解决途径,有效防止“医闹”现象出现,避免医患矛盾激化,对于化解医疗风险、保障医患双方合法权益方面有积极作用。

2. 医疗纠纷理赔处理中心与每家医疗机构签订的协议服务条款和费率有所不同,保费合理,保障程度较高,理赔手续简化,赔付率高,也有效减轻了医疗机构的赔付负担。

3. 医疗纠纷理赔处理中心的介入可以减少医疗机构在纠纷处置上人力的投入,节约了人力资源。

（二）有效防止医疗机构国有资产流失

根据《医疗事故处理条例》规定,医疗纠纷发生后医患双方可以在自愿平等的基础上直接协商解决,医疗机构可以依据医疗过失行为的严重程度给予患方相应的经济赔偿,赔偿数额由医患双方商定[2]。但在医疗纠纷实际解决中,医疗机构常屈服于患方的压力、维稳的需要以及“家丑不可外扬”的想法,私下在赔偿数额方面作出让步,造成医疗机构资产无端损失,医疗纠纷“宁波解法”在允许医患协商的基础上,明确规定患方索赔金额超过1万元的医疗纠纷,参保医疗机构无权自行赔偿,必须通过医疗纠纷理赔处理中心介入处理,从而限定医疗机构处理医疗纠纷的权力,医疗机构无权私下承诺与给予患者高数额的医疗损害赔偿,可以避免患方漫天要价,有效防止资产流失。根据统计,医疗纠纷“宁波解法”实施前,宁波市医疗责任保险简单赔付率2006年为125%;医疗纠纷“宁波解法”实施后,简单赔付率明显下降,2007年为92%,2008年只有51%。

（三）责任追究制度促进医疗服务质量提高

以往由于法院起诉耗时且成本高,卫生行政调解缺乏公正性,医疗事故技术鉴定制度也尚不完善,大多数患者更愿意选择医患双方协商的途径和医疗机构“私了”,致使一方面医疗纠纷得不到正确处理,干扰了正常的医疗秩序,而且医疗机构或医务人员如有医疗过失责任,卫生部门也难以追究。宁波市医疗纠纷理赔处理中心在医疗纠纷协商理赔过程中力求公平、公正,对发现的医院管理、医疗服务质量及医疗安全方面的问题,及时向医疗机构提出防范建议,并报主管卫生行政部门。截止2010年2月底,卫生行政部门根据医疗纠纷调解协商理赔的具体情

---

[1] 杨信云.因为公正“宁波解法”能够解题[J].宁波通讯,2012,(18).
[2] 朱晓卓,等.试论医疗事故技术鉴定中再次鉴定的法律问题[J].中国卫生事业管理,2008,(2).

况,已对赔款 1 万元以上的医疗纠纷向当事医疗机构发出了责任追究和整改通知书,其中发放重大医疗纠纷责任追究书 513 份。

（四）规范工作程序提高了协商理赔工作的公信力

医疗纠纷理赔处理中心属于相对独立的第三方,但公正、公平同样也是其工作的基本准则。为了提高工作的公信度,医疗纠纷理赔处理中心加强了工作制度建设,强调了程序规范尤其在工作中加强了与医患尤其是对患者的沟通。例如医疗纠纷理赔处理中心在理赔中进行的评估程序,不仅能给患方充分发表意见的机会,更加注重了关于评估结果的沟通,评估前听取患方的意见,评估后和患方反馈结果,就患方提出的异议进行解释,以帮助患者能够理解评估结论。处理工作的公信度提高,让社会公众对医疗纠纷协商理赔制度的接受度不断提高,对于缓和医患关系、化解医疗矛盾起到了积极的作用。

（五）市场化经营保障医疗责任保险的有效推行

宁波市在 2008 年 3 月以前一直以各保险经营单位分散承保的方式经营医疗责任保险,虽然对此险种谨慎发展,对于大型综合性医院的承保严格予以控制,但经营效益还是一直不容乐观,经营规模也无法扩大。2008 年 3 月,以人保财险、太平洋保险、大地保险、中华联合保险等 4 家保险公司首先组成宁波市政策性医疗责任保险共保体,对外统一以共保体名义负责理赔服务,保险规模得到进一步的扩大。具体签单和理赔工作共保体下属的宁波市医疗纠纷理赔处理中心统一完成,有效把控承保和理赔质量关,保证统保政策得到严格贯彻。

鉴于医疗行为的风险过大,为保障保险公司的商业利益,一方面在保险合同中限定了保险责任的比例,另一方面设计医疗责任保险、火灾公众责任险、财产险"三险合一"的保险方案,配套医疗责任保险同时销售火灾公众责任险、财产险,拓宽了自身经营的险种。目前宁波市总体保险费率执行情况良好,有效提高了医疗机构参保积极性,不仅实现了全市的公立医院医疗责任保险的全覆盖,不少民营医院也纷纷打报告主动要求加入,经过评估审核,目前已经有宁波第五医院、宁波开发区中心医院、宁波明州医院等多家民营医院参保,医疗责任保险的保费从 2008 年的 2837 万元逐步递增到 2013 年的 4000 万元,累计承担风险保额 21 亿多元[1];同时,组合营销方式符合保险公式商业化运作的需要,有助于提高保险公司开展医疗责任保险服务的积极性。目前医疗责任保险收支基本平衡,火灾险、财产险处于盈利状态,以保险收益的"微利"确保了医疗责任保险的社会公益性。

（六）全程参与提高医疗纠纷协商理赔服务成效

根据医疗纠纷"宁波解法"的规定,医疗纠纷理赔处理中心可以代表医疗机构直接参与到医疗纠纷处理,也可以作为第三人参加到医疗纠纷的司法诉讼中。因

---

[1] 医疗纠纷"宁波解法"走向全国[N].东南商报,2014-1-1:A5.

此在实践中,医疗纠纷理赔处理中心均能全程参与处理受理的医疗纠纷案件,并与医疗纠纷人民调解委员会和人民法院协调配合,全市医疗纠纷的处置工作得到了参与各方(医患双方,以及卫生、公安、司法、法院、医学会等相关部门)的普遍认可和赞许,医疗纠纷协商理赔服务成效显著。

（七）及时调整医疗责任赔偿标准保障患方权益

2010年7月1日之前,宁波市医疗责任保险是按照《医疗事故处理条例》为依据进行理赔的,由于《医疗事故处理条例》赔偿标准与交通事故等民事纠纷赔偿标准相比过低,患方在协商理赔中难以接受较低的赔偿金额,也容易因此再次产生纠纷。2010年7月1日《侵权责任法》实施后,医疗纠纷损害赔偿标准和《医疗事故处理条例》相比有了显著的提高,完全实现了和交通事故等民事侵权赔偿标准的一致,但这也使医疗责任保险的赔偿风险大幅度地增加。对此,宁波市医疗纠纷理赔处理中心通过与医疗机构积极协商,重新设计保费,及时衔接《侵权责任法》的相关规定,调整赔偿标准,确保了患方合法权益的保障,避免了因赔偿标准原因而产生的再次纠纷。

三、宁波市医疗纠纷协商理赔制度存在的问题

宁波市医疗纠纷协商理赔制度在实施过程中也存在了一些实际问题,或由于欠缺法律依据,或是存在法律有障碍等问题,可能会造成医疗纠纷的解决困难,具体体现在以下几个方面。

（一）医疗纠纷协商理赔途径尚需明确

根据国务院颁布的《医疗事故处理条例》规定,医疗事故纠纷发生后,医患双方可以自行协商寻求解决,尽管医疗纠纷协商理赔机构从经济角度可视为医疗机构利益代理方,但和一般医患协商途径中医疗机构作为纠纷处理单一主体与患方协商不同,宁波市医疗纠纷理赔处理中心也可作为主体参与纠纷解决。根据医疗纠纷"宁波解法"的规定,医疗纠纷损害纠纷索赔金额超过1万元的,必须通过医疗纠纷理赔处理中心介入处理,从而限制了《医疗事故处理条例》中所赋予医患双方对于医疗侵权争议自主协商的权力。诸如此类,这些都需要上一层面相关法律法规对医疗纠纷理赔机制予以明确和规范。

（二）医疗责任保险合同条款需完善和明确

在宁波市医疗责任保险条款中,不仅涉及医疗责任造成人身损害的赔付,也涉及医疗意外造成人身损害的赔付。医疗意外一般是指医务人员在从事诊疗或护理工作过程中,由于患者的病情或患者体质的特殊性而发生难以预料和防范的患者死亡、残疾或者功能障碍等不良后果的行为,就其本质而言,医疗意外非医疗机构或医务人员自身原因所造成。对此,有的国家设计了医疗意外保险,其目的是为了降低医疗的意外风险,但这一险种和医疗责任保险还是有本质差别,将两者混为一

谈,对于责任的认定、赔付的金额等方面可能引起当事双方的误解。

（三）医疗纠纷理赔处理中心的性质和作用尚需明确

宁波市由多家保险公司共同组织成立医疗纠纷理赔处理中心的同时,也设立了医疗纠纷人民调解委员会。由于医疗纠纷争议的解决大多是通过经济补偿实现,作为实际意义上第三方医疗纠纷人民调解委员会无权确定赔偿数额,更多是发挥引导医患双方调解的作用,推动理赔工作的开展,但医疗纠纷理赔处理中心收取医疗机构的保费,并由具有商业色彩的保险公司运作。因此,医疗纠纷理赔处理中心难以避免在一定程度也代表了保险公司和医疗机构的利益。此外,宁波市医疗纠纷理赔处理中心只是具有相对第三方的性质,即代表医疗机构与患方进行纠纷的处理,也代表保险公司对纠纷所造成的损失进行理赔,协调了医疗机构和保险公司之间利益问题,所开展的工作具有社会服务性质。但是,由于所承接的业务为医疗责任保险,该险种在全市范围内属于政府主导下的保险业务,具有一定强制性的行政色彩,而该机构名称中"处理"更强化了这一问题,容易引起角色混乱,不能体现服务社会、化解矛盾的本质要求。

（四）医疗责任保险保障程度有待提高

按照《宁波市实施医疗责任保险的若干规定》的要求,全市各类各级公立医疗机构应当按照规定参加医疗责任保险,鼓励非公立医疗机构参保,但这并不意味着强制医疗责任保险制度的全面建立,尚无法完全实现市场化运营。截至2010年6月,全市有220余家医疗机构参加医疗责任保险,但部分医疗机构认为保费昂贵、索赔条件苛刻、赔偿手续繁杂、赔付率太低,不愿意投保;而民营或私人营利性医疗机构风险难以控制,保险公司又不愿意承保,尤其是抗风险能力差的个体诊所尚未纳入。因此宁波市在所有医疗机构范围内尚未能全面实现强制医疗责任保险,基于医疗服务的高风险性,这会增加保险公司的经营成本,由于成本会反映在保费上,逆向选择问题便可能出现。由于目前参加医疗责任保险的覆盖面不够大,事故发生率、赔付率等数据缺乏,保险公司很难按照大数法则来科学合理地计算保险费和设计保险条款,导致目前的产品难以满足市场的需要,如厘定的保险费可能过高或确定的免赔额过大等问题出现难以避免。

（五）医疗责任保险服务质量有待提高

人才是医疗纠纷理赔纠纷处理工作是否能顺利开展的核心保障。医疗责任保险在产品开发、核保、理赔等方面的技术含量较高,要求相关从业人员具备一定的法律、医疗、保险等知识结构。目前,保险公司的专业人才大多集中在产品开发阶段,在医疗侵权损害的核保、理赔方面往往缺少相关专业的从业人员,由于业务能力问题造成了核保、理赔方面存在种种不尽如人意的地方,无法为医疗机构和患者提供满意的保险服务。因此,要大力发展医疗责任保险,必须提高医疗纠纷理赔处理中心从业人员的素质和能力,促进其专业化、职业化发展,要培养既懂保险理论与实务、又熟悉医疗专业技术并且精通法律知识的复合型人才。

（六）鉴定对于控制医疗风险的作用有待提升

在医疗纠纷协商理赔中，常会涉及鉴定问题，一般包括医疗事故技术鉴定、司法鉴定以及医疗损害鉴定三种类型。由于司法鉴定与医疗事故技术鉴定选择的标准不同，司法鉴定适用一般人身损害的评定标准，而医疗事故技术鉴定适用专门的医疗事故分级标准，医疗损害鉴定除了人身损害之外更考虑到了精神损害情况。在《侵权责任法》实施前，在一般情况下由于医疗事故的分级标准比一般人身损害的评定标准更为严格，所以部分患方更愿意选择司法鉴定。而从院方角度来讲，由于医疗事故技术鉴定的结果跟医院以及当事医生的考核相挂钩，对于医院过错明显、责任较大的案件，院方也不愿意选择医疗事故技术鉴定，转而会认可司法鉴定结论。不仅如此，在司法诉讼的过程中，对于患方按人身侵权提起诉讼的案件，院方如果不以医疗事故进行抗辩，不提出进行医疗事故技术鉴定，就会造成法院在审理案件时适用一般人身损害的赔偿标准而可能使赔偿数额成倍上升。至于医疗损害鉴定，随着《侵权责任法》的实施，更多的纠纷选择此类鉴定，从赔偿标准上应该说更有利于患方。因此，由于医患双方选择的鉴定不同，会造成损害赔偿数额的差异，这对于医疗责任保险控制风险的能力下降，也会引起医患双方新的争议出现，造成医患关系的进一步紧张。此外，由于医疗损害鉴定结论至少从实质上难以成为卫生行政部门处理相关责任人的依据，也可能造成卫生行政部门监控医疗风险措施难以到位，而要求索赔10万以上的一律要求鉴定，也可能会增加处理负担和不必要的鉴定费用支出。

（七）医疗机构和政府部门对于医疗纠纷理赔工作的配合度有待提升

1. 医疗机构出现较大额度的医疗欠费问题造成理赔工作复杂性增加，一方面使医疗纠纷解决的难度增大，另一方面又可能造成了医疗纠纷理赔处理中心实际理赔金额的上升。例如医疗机构未及时向患方索要医药费，发生纠纷后经医疗纠纷理赔处理中心查勘、评估、集体讨论认为院方在该纠纷中过错不明显、赔偿责任不大，但此时希望通过协商或调解的方式向患方追讨医疗欠费已经不太现实，而通过司法途径追讨欠费的可能性也不大，此时患方又坚持不出院要求继续治疗的方式，并要求免除全部医药费加赔偿，这样医疗纠纷理赔处理中心就进入了难以进行合理赔偿的困境。

2. 基层有关政府部门接到医疗机构的报告后，出于维护社会稳定等因素考虑，比较倾向于"热处理"医疗纠纷。而作为医疗纠纷主体的基层医疗机构，一方面，其需要在当地生存必须依附于当地政府等有关部门，这注定了其不可能违背当地政府及有关部门的意见；另一方面，基层医疗机构在发生医疗纠纷之后，其本身也不希望大吵大闹的事情发生（毕竟基层医疗机构发生索赔数额大且矛盾激烈的医疗纠纷的几率不大），宁愿多赔付钱而尽早的了结纠纷，当然患方也会从这种处理中获得较大利益。但是与此相对应的是医疗纠纷理赔处理中心提出规范处理医疗纠纷的方式就可能被各方所排斥,可能造成医疗机构实际赔偿数额的随意提高。

3. 宁波市医疗纠纷理赔处理中心介入医疗纠纷的处理后,少部分医疗机构认为医疗损害赔偿是保险公司负责的,在与患方交谈过程中有时会有意无意的表示院方是愿意多赔点钱的,但是保险公司不同意,在口径上未能和医疗纠纷理赔处理中心保持一致,从而增加了医疗纠纷理赔的工作压力,对于医疗纠纷公平合法处理带来了障碍,由此造成医疗纠纷协商理赔的社会公信力下降。

4. 由于医疗纠纷理赔处理中心的介入处理,医疗机构对于原本属于自身承担的纠纷处理义务或不履行或履行不彻底,例如就引发纠纷的医疗活动,由医疗机构组织专家会诊或者讨论,并将会诊或者讨论的意见告知患方,但最终这项目工作常常实际上是由医疗纠纷理赔处理中心完成,又如发生纠纷后医疗机构常不主动向卫生行政部门报告,对于死因不明或死因有异议的,没告诉患者家属要进行尸检等,诸如此类都可能影响纠纷处置工作。

5. 由于医疗责任保险费实际上还是由医疗机构自行承担,对于自我抗风险能力强的大型医疗机构不愿意参加医疗责任保险或对参加医疗责任保险存在抗拒心理,也会导致对医疗纠纷理赔工作的不配合[1]。基层医疗机构规模小、抗风险能力差,但是没有遇到风险或风险较小时对参加医疗责任保险的积极性也不高。

（八）保险公司医疗风险评估工作有待加强

宁波市保险公司在开发医疗责任保险产品时,更多因是政府需求并在政府的主导下进行,保险公司在医疗风险评估和医疗风险管理方面都有明显不足,缺少比较深入的市场调研和详尽的风险预测,或是借鉴国外的统计数据,或是干脆凭经验开发或销售产品,这些情况都不能准确反映本地的医疗赔偿风险情况。目前保险公司在费率厘定上只能初步做到对不同类型的医疗机构区别对待,而细化到不同科室不同医务人员在现阶段尚无实现的可能。相比之下,国外的政府部门或其指导下的民间组织非常重视各种风险数据的统计,使保险公司在开发产品时有一个完备的数据库,可以科学、合理地开发产品。如日本政府部门建立的工伤保险数据库便有 51 大类的各种不同类型的事故统计数据。

四、宁波市医疗纠纷协商理赔制度的完善思路

我国法律环境的优化、医疗环境的变化为医疗责任保险的发展提供了机遇,政府在转变社会职能过程中也希望通过商业保险发挥社会管理功能。因此,宁波市应抓住当前有利时机,促进医疗责任保险的发展,推动医疗纠纷协商理赔制度的完善。

---

[1] 杨巍,黎佳平,肖娟.浅析我国医疗责任保险之困境[J].现代医院管理,2013,11(1).

（一）加大对医疗纠纷协商理赔制度的支持力度

加快医疗责任保险的发展,取得政府部门的支持至关重要。政府部门的意见具有权威性和指导性,能够推动医疗机构更容易接受医疗责任保险,而医疗机构一旦通过医疗责任保险转移了风险,有效解决了医疗纠纷,则会把投保医疗责任保险转化为自觉的行动。因此,首先要进一步加大宣传力度,广泛、深入地宣传医疗纠纷协商理赔新机制在维护医患双方利益和社会安全稳定中的作用,结合典型案例,进行深层次的宣传,提高群众知晓率,使广大社会民众都能自觉依法表达意见和要求,维护自身合法权益。其次,政府在经济支持和政策引导方面也应进一步推动宁波市医疗纠纷协商理赔工作的法制化和规范化进程,增加政府的财政支持,增强政策支持的力度,尤其应在经济上确保医疗责任保险的公益性;通过政策引导和建立责任追究机制,增强基层政府部门、医疗机构自身的责任意识,避免医疗机构将协商理赔工作和医疗纠纷处置混为一谈,促进基层政府部门、医疗机构积极配合医疗纠纷理赔处理中心开展工作,避免因维稳需要而违法处置不能随意接受患方的无理索赔,推进医疗纠纷协商理赔工作的规范化;政府的相关职能部门还应积极打造"医疗纠纷报告系统"、"保险资源信息平台",以行政手段推动发展医疗责任保险所需数据的积累和分享。第三,保险公司和医疗纠纷理赔处理中心也应加强与卫生行政部门、医疗机构等相关部门和单位的沟通,在承保时就做好医疗保险责任范围的宣传,在遇到理赔难题时要及时反馈,以争取获得政府部门能及时合理调整政策,同时也能获得医疗机构的理解和认可。

（二）完善医疗纠纷理赔责任风险分担机制

美国20世纪70年代就已经形成比较完整的医疗保障体系——医疗意外处理保险、医生责任保险、医疗民事赔偿制度、侵权诉讼、独立医疗意外鉴定委员会、医生问题的公众监督委员会等,通过这个医疗保障体系,大多数医疗纠纷在法庭外得以解决。当前医疗责任保险已成为美国现代医疗服务的一个重要组成部分,绝大多数医生都参加了保险,保险成了医生的法定义务,医疗责任保险的发展情况也已成为各国社会保障制度、民事法律制度完善程度的重要标志之一。鉴于医疗保险的经济因素,政府在以社会公益为目的采取强制保险以及保障保险公司经济利益进行捆绑式保险的同时,可考虑借鉴美国的医疗互助保险经验,逐步实现由一些具有共同要求和面临同样风险的人(即医疗机构和医生)自愿组织起来,预交风险损失补偿分摊金,开展医疗互助保险,同时也可进一步分散医疗机构的医疗责任风险和政策性医疗责任保险的承保风险,以促进医疗责任保险持续良性运作。由于医疗行为是为提高社会公众健康,具有社会公益的性质,该风险金还可通过政府资助、保险公司财产险和火灾公众责任险中提取一部分、医疗机构缴纳和吸纳社会捐赠、社会公益赞助以及患者支付等途径筹集,实行统一管理、统筹使用,实现医疗风险由政府、医疗机构、保险公司和患者共同承担。此外,也要尽快逐级申请免税或减税事宜,减轻医疗机构的经济负担和医疗纠纷理赔处理中心的承保风险,这也符合宁波市政策性医疗责任保险的设计初衷。

（三）建立协商理赔和医疗服务提升衔接机制

医疗纠纷协商理赔机制不仅是为了解决医疗纠纷,更为重要的价值是在于能够今后防范医疗纠纷。宁波市医疗纠纷理赔处理中心在处理医疗纠纷过程中,所发现到的问题和提出的建议与医疗机构医疗服务质量、患者安全和纠纷防范直接相关,可以更多地从患方和社会的角度观察医疗机构运营中存在的问题,有助于利用社会资源改进医疗机构管理,这与我国现行的公立医疗机构管理体制内上级机关检查、专家督导、医疗机构之间互检是有所区别的,相关部门应建立协商理赔和医疗服务提升衔接机制,使之成为防范医疗纠纷第三方援助早期介入干预的有效方式。

（四）构建医疗纠纷协商理赔的社会监督机制

医疗纠纷的复杂性决定了协商理赔的复杂性,公平公正是医疗纠纷协商理赔能够顺利实现的关键,但是缺乏社会监督的理赔可能难以达到这一目标,公开公正的前提还需要公开。对此,在医疗纠纷协商理赔过程中可以邀请社会人士或新闻媒体参与监督,重视医患双方对理赔工作效果反馈,对有重大争议或者严重损害后果的医疗纠纷协商理赔还可以考虑邀请相关专家进行现场质证,让处理结果更显公正、公开。同时,建立并完善保险公司的准入制度,确保有实力的保险能参与医疗责任保险,并通过社会组织参加监督保费收取和使用情况,健全对保险公司的法律责任追究制度。在保证保险公司经济效益的同时,确保科学合理使用保险金,有助于医疗责任保险制度的稳定,为医患双方创造一个真正公平、公正的医疗纠纷解决途径。

（五）推进医疗纠纷协商理赔机制和调解机制的有效互补

和医疗纠纷人民调解委员会独立第三方的性质不同,医疗纠纷理赔处理中心属于相对第三方的性质,需要向医疗机构收取保费,代表医疗机构参与到医疗纠纷处理,其公信度问题仍然未能完全体现实际意义上的公平、公正（尽管医疗机构理赔处理中心在制度建设上强化了公平、公正要求）。因此,在构建医疗纠纷协商理赔机制和人民调解机制这两个纠纷处理平台时,要在各自承担的职责方面进一步细化,合理分配各自的职责,并实现互补协调,医疗纠纷构建及第三方调解第三方赔付机制以确保在医疗纠纷人民调解机制的保障下,同时提高医疗纠纷协商协商理赔机制的社会认可度。此外,依据最新的法律法规,及时合理调整医疗责任保险合同条款,不仅可以提高医患双方当事人对协商理赔工作的配合度,更可以有助于调解工作的顺利开展。

（六）强化医疗纠纷协商理赔处理中的鉴定作用

鉴定对于确认医疗纠纷中医疗行为有无过错、医疗行为和损害结果之间的因果关系等方面具有重要作用,有助于医疗侵权责任的认定,而且通过鉴定也有助于医患之间加强沟通,提高对于医疗侵权问题的认识水平,有利于医疗纠纷协商理赔的公开处理。但是,目前对于患方索赔10万以上的医疗纠纷需要进行鉴定,也就排除了索赔数额在10万以下的医疗纠纷。医疗责任保险的对象应该是所有的医疗侵权事件,对于所有的医疗纠纷都应该公正、公平和公开处理,而鉴定制度应该是一种保障,全面实行医疗事故技术鉴定或者医疗损害鉴定对于协商理赔工作意义重大。因此,在医疗纠纷协商理赔中要重视鉴定工作,逐步适当扩大进行鉴定的案件范围,无论案件索赔金额多少,只要双方对于医疗侵权行为争议过大,应通过鉴定予以认定。尽管医疗纠纷理赔处理中心也可自行组织医学评估,但和医学会组织的医疗事故技术鉴定和医疗损害鉴定仍然在程序上、组织上存在差异,应该逐步接轨,也有利于资源的有效利用,避免产生结果差异以造成激化医患纠纷的不良后果。此外,对于责任明确的医疗损害纠纷,可考虑不进行鉴定,以避免患方索赔10万以上的医疗纠纷必须进行鉴定这种"一刀切"的做法所带来效率问题,也可减少经济损失,提高处置的满意度。

（七）提升医疗纠纷理赔处理中心工作人员的业务能力

医疗纠纷协商理赔的对象是复杂的医疗纠纷,涉及医学问题属于专业领域的专业知识,专业性强,为了促进服务结果的接受度,需要和服务对象进行有效沟通,这就需要有素质高、能力强的人员。所以,必须加强协商理赔人员的队伍建设,要逐步建立准入制度,对于从事医疗责任保险理赔的工作人员必须具备医学、法律、社会学和保险学方面的专业知识;加快对相关人才的培养,可以通过联合高校开展人才培养,依据工作岗位要求确定教学计划,并设置专业课程,提供师资保障;对于现有人员,应逐步建立和完善岗位考核机制,并联合人社部门,设定该岗位职业工种和准入要求,以提高专业人员的职业水平和可持续发展能力。

（八）调整创新以市场手段促进医疗责任保险的运作

调整创新是推动保险业结构优化升级、实现可持续发展的重要手段。从理论上说,风险越高的地方,责任保险越有开展的前途,责任保险业务的利润也就越大,医疗服务行业的高风险性应当成为责任保险发展的推进器,然而我国目前的情况却恰恰与之相反[1]。保险公司并不愿意从事医疗责任保险业务,医疗责任保险存在市场需求不足的问题,如仅依靠政府的财政支持并不是长远之计,产品和服务才是医疗责任保险发展的基本要素,医疗责任保险功能的发挥最终体现在产品和服务上。医疗责任保险包含着诸多的变动因素,法律法规的变动、政策的影响、医疗机构的改革等任何一项都需要产品及时更新[2]。因此保险公司应深入了解市场,根据

---

[1] 廖晨歌.论我国强制医疗责任保险立法的必要性[J].中国卫生事业管理,2011,（10）.

[2] 朱晓卓.试论我国医疗责任保险发展困境和对策思考[J].中国农村卫生事业管理,2014,（06）.

市场和政策的变化,适应医疗机构的需求,不断开发新产品,推出新服务,增加附加业务,如保险公司应积极开发其他效益型险种,与医疗责任保险同时推行销售,借用其他险种弥补医疗责任保险的亏损,再次分担医疗风险,这也是一种减轻保险公司经济负担、弥补赔偿标准过低、提高保险积极性的有效途径。同时,建立医疗纠纷理赔处理数据库,监控包括赔付金额、相应的保费支出等数据,可准确反映本地的医疗风险情况,并综合考虑医院的类别(综合或专科)、级别、科别的不同组成、医疗机构的病床数和实际入住率、医护人员人数和实际接诊、服务次数、过去一定时期发生医疗过失概率及未来一定时期医疗过失发生的概率、一定时期内通过各种不同途径解决纠纷的平均医疗过失赔偿额,医疗机构所在地区的物价指数和职工年度平均收入等等因素,科学厘定医疗责任保险的保险费,确保保险费收取的合理性,以获得参保医疗机构的认可和支持。此外,还需要根据法律变化合理调整修订医疗责任保险合同条款,提高社会对医疗责任保险的接受度和保障政策法规的及时衔接。通过调整创新以市场手段促进医疗责任保险的运作,以此充分且有效发挥医疗责任保险的实际功能,进一步增强险种竞争能力,吸引更多的医疗机构购买医疗责任保险,而在理赔过程中也更易获得医患双方当事人的配合。

(九)强化医疗纠纷协商理赔机构的服务功能

宁波市医疗纠纷理赔处理中心的角色定位决定了该机构是在行政部门的主导下成立的,承担了原本由行政部门负责解决的社会矛盾问题,尤其是医疗责任保险需要在政府的引导下推行,致使医疗纠纷协商理赔实际工作具有一定的行政色彩。根据《宁波市医疗纠纷预防与处置条例》第27条规定:"承担医疗责任保险的保险机构应当设立医疗纠纷协商理赔部门,按照有关规定承担医疗纠纷的调查、评估、协商、赔付等具体事务。"医疗纠纷理赔处理中心的工作实质上是一种保险服务工作,保险业务只有通过市场化运行才能具有发展潜力,突出服务可以使保险工作成效得到提升。因此,从制度设计上要逐步强化医疗纠纷理赔处理中心的服务功能,去除行政化,提高机构的服务意识,以协调医疗机构、患方和保险公司之间的利益冲突,更好地为社会服务,化解纠纷,承担解决社会矛盾的责任,可以首先从机构名称上做一定的调整,如更名为"宁波市医疗纠纷理赔服务中心"或"医疗损害赔偿协商服务中心"。

第四部分

宁波市医疗纠纷人民调解制度研究

近年来,医疗纠纷大量增加成为医疗卫生行业面临的重大危机,加快探索医疗纠纷有效解决机制已经成为社会广泛关注的热点问题。在当前医患双方仍然欠缺信任基础的环境下,仅仅依靠医患双方各自为政,自行其是,只寄希望于依靠对方的义务主动履行以实现自己的权益保障,这明显是不现实的。考虑到司法体制尚不完善,医患纠纷案件审理耗时长,成本高,而医疗机构与卫生行政部门的隶属关系致使行政调解缺乏信任的基础,由此客观、公正、中立的第三方介入更显其现实价值[1]。2008年3月,宁波市以地方立法形式创新引入医疗纠纷人民调解机制,成立医疗纠纷人民调解委员会作为完全独立的第三方参与医疗纠纷处理,该调解机制的建立对于医疗纠纷顺利解决、促进医患和谐关系的构建起到了积极的作用。

第一节　医疗纠纷人民调解的基本理论

我国传统道德文化中十分重视人与人之间的交流沟通,但是目前医疗纠纷在处理过程存在的最大难题是医患之间缺乏信任而无法交流,由此造成医患关系日趋紧张,医患冲突日益激

---

[1] 俞敏洁.医疗纠纷多元解决机制的探讨[J].医学与社会,2012,(2).

烈。对此,我国在努力加强卫生法制建设同时,可以从我国传统文化中挖掘有助于构建和谐医患关系的因素,根据我国当前和谐社会建设的需要,积极为医患双方当事人搭建一个可以交流沟通的平台,由此第三方调解完全有可能成为具有我国特色的医疗纠纷处理的有效途径。

一、人民调解的概念和优势

(一)调解的概念

调解是在第三方的主持下,根据国家的法律法规以及社会公序良俗为依据,对纠纷双方当事人进行调解、劝说,促使他们相互谅解和谦让,在平等自愿的基础上达成协议,解决纠纷的活动。调解具有以下三个特征:

1. 纠纷必须是由第三方主持协商,不同于双方当事人自行协商和解,调解的过程就是第三方在当事人之间进行利益协调和心理平衡的过程。

2. 第三方主持人在调解中的作用仅仅限制于斡旋、协调,而不能对双方作出任何强制性的决定或者裁断。

3. 调解协议不具有法律强制性,调解协议的落实取决于当事人的自愿,一方当事人在协议达成后仍可以反悔拒绝履行,当然另一方当事人也可以通过其他合法途径解决纠纷。

(二)人民调解的优势

人民调解之所以能成功,其优势在于对当事人心理或观念的影响,主要包括以下三点[1]:

1. 信赖第三方的心理,即基于一定的原因,对主持调解的第三方表示信服,或者认为第三方对双方当事人之间的纠纷的看法及处理意见具有权威性。这种心理的产生往往依赖于第三方与双方当事人之间的在知识上、伦理上、情理上、行政上乃至于事实上的尊重。

2. "和为贵"的观念,即基于我国传统的儒家文化思想的影响,认为以相对和平的方式解决有关问题,是符合社会道德规范的,是值得提倡的。这种观念在中国社会根深蒂固,这也是人民调解在我国社会源远流长的重要原因之一。

3. 协商中的妥协心理、认同心理在人民调解中也时有体现,经过第三方居中协调,当事双方容易在争执焦点问题上相互让步促进了纠纷的顺利解决。

二、医疗纠纷人民调解的概念

(一)医疗纠纷人民调解的含义

医疗纠纷人民调解是指在医疗纠纷人民调解委员会的主持下,依据法律法规、

---

[1]潘剑锋.论民事纠纷解决方式与民事纠纷的适应性[J].现代法学,2000,(6):36-40.

规章、政策以及社会公德、公序良俗等,对涉及民事权利义务的医疗纠纷,在查明事实、分清是非的基础上,通过说服教育和规劝疏导的方法,促使当事人在自愿平等和互相谅解的前提下,达成调解协议,解决医疗纠纷的活动,其所针对的纠纷是发生在医疗机构和患者之间涉及民事权利与义务的各类纠纷。

（二）和医疗纠纷行政调解、医疗纠纷司法调解的比较

1. 医疗纠纷人民调解和行政调解的区别

根据《医疗事故处理条例》的规定,发生医疗纠纷后可以选择进行医疗纠纷行政调解,医疗纠纷行政调解是在卫生行政部门的主持下,根据自愿和合法的原则,通过说服教育,促使双方当事人友好协商、互谅互让达成和解协议,以解决其争议的一种诉讼外活动。

医疗纠纷行政调解作为解决医疗纠纷的重要途径之一,和医疗纠纷人民调解类似,都是根据自愿合法的原则进行调解,而且都属于诉讼外纠纷解决机制,调解结果并不具备最终的法律效力,对于调解结果不服,当事人可以选择其他合法途径解决,比如司法诉讼。但两者也存在区别,主要有:

（1）调解的主持机关不同:医疗纠纷人民调解是由依法成立的专门医疗纠纷人民调解委员会主持调解,医疗纠纷行政调解是卫生行政部门主持调解,前者是基层群众性自治组织,后者是卫生行政部门行使国家行政管理的职能。

（2）调解的性质不同:医疗纠纷人民调解是群众性的自治活动,属于第三方独立调解;而医疗纠纷行政调解是卫生行政部门行使职权的表现,属于官方调解,属于卫生系统内部调解。

2. 医疗纠纷人民调解和司法调解的区别

根据《医疗事故处理条例》的规定,司法诉讼是医疗纠纷处理途径之一,在法院审理过程中,一般首先会进行司法调解,这是双方当事人在人民法院审判人员的主持下,通过平等协商的方式解决医疗纠纷的诉讼活动。人民调解和司法诉讼都是解决医疗纠纷当事人纷争的重要方式,一般都是通过说服教育、宣传法律政策,促使当事人相互谅解达成和解协议,消除矛盾。但这两种调解制度也存在以下不同:

（1）调解主持机构不同:主持医疗纠纷人民调解的机构是人民调解委员会,是基层群众性自治组织,而医疗纠纷司法调解的主持机构是性质属于国家审判机关的人民法院。

（2）调解的性质不同:医疗纠纷人民调解是不具有诉讼性质的诉讼外纠纷解决机制,是民间调解的特殊形式,同时也是一种群众性自治行为。医疗纠纷司法调解则是人民法院审判人员在办理案件过程中主持和引导当事人用平等协商的办法解决纠纷、达成协议的诉讼活动,它是在司法诉讼内进行的,是法院行使审判权的方式之一。

（3）调解权的来源和性质不同:在人民调解过程中,人民调解委员会主持调解工作是基层人民群众直接授予的民主自治权利,人民调解工作人员与被调解对

象之间是民主平等关系,而人民法院的主持调解,是审判人员代表国家,依法与被调解对象发生诉讼法律关系。

（4）调解适用的程序不同：人民调解属于诉讼外调解,调解不是解决纠纷的必经程序,调解完全取决于当事人的意愿,调解未达成协议的,人民调解委员会无权对纠纷作出处理决定,也不能移送人民法院审理。司法调解则属于诉讼内调解,调解不成,人民法院应及时作出裁判。

（5）调解协议的效力不同：人民调解协议具有民事合同性质,其实质是平等主体的自然人、法人以及其他社会组织之间设立、变更、终止民事权利义务关系的协议,并不是严格意义上的法律文书,不具有强制执行的法律效力,即使当事双方达成协议也可以反悔。而由司法调解达成的调解协议,是国家审判机关行使审判权的司法文书,调解书一经送达当事人,就立即生效,并与人民法院制作的判决书具有同等法律效力,是法院强制执行的依据。

（三）医疗纠纷人民调解的优点

相比医疗纠纷医患协商、行政调解和司法诉讼等途径,医疗纠纷人民调解具有以下优点[1]：

1. 能充分发挥作为中立调解人在医疗纠纷解决中的有效作用。

2. 以妥协而不是对抗的方式解决纠纷,有利于维护需要长久维系的医患关系和社会的稳定。

3. 使医患双方当事人有更多机会和可能参与医疗纠纷的解决。

4. 有利于保护患者个人隐私和医疗机构商业秘密。

5. 当处理新的技术和社会问题时,在法律规范相对滞后的情况下,能够提供一种适应社会和技术的发展变化且灵活的医疗纠纷解决程序。

6. 允许医患当事人根据自主和自律原则选择适用的规范解决纠纷,如地方惯例、行业习惯和标准等。

7. 经当事人理性的协商和妥协,可能得到双赢的结果。

总之,医疗纠纷属于民事纠纷,充分利用人民调解在医疗纠纷处理中的优点,有助于缓和医患之间紧张情绪,增进相互理解,促进医疗纠纷的有效解决,维护正常的医疗秩序。

三、医疗纠纷人民调解的特征

人民调解是解决医疗纠纷的重要方法之一,对于我国依法维护医患合法权益,构建和谐医疗环境具有重要的实践价值。其主要的特征包括了以下几点：

---

[1] 张海滨. 论医疗争议的代替性解决机制[J]. 法律与医学, 2003, 10(1).

（一）人民性

医疗纠纷人民调解是在社会主义国家人民民主专政的条件下产生并发展起来，医疗纠纷人民调解员是由较强专业知识和较高调解技能、热心调解事业的离退休医学专家、法官、检察官、警官，以及律师、公证员、法律工作者组成，是经过人民群众选举或接受聘任的。医疗纠纷人民调解的对象是医疗纠纷，这属于人民群众内部矛盾。医疗纠纷人民调解的依据是国家的政策法规和社会公德。医疗纠纷人民调解的目的是平息医患之间的纷争，维护医患双方合法权益，维护社会稳定，保障正常医疗秩序。

（二）自治性

医疗纠纷人民调解必须坚持自愿、平等、合法的原则，调解必须建立在双方当事人自愿的基础上，表现出明显的当事人主义。医疗纠纷人民调解委员会无权强迫任何一方当事人接受调解或者履行义务，更无权对当事人的人身或者财产采取强制性措施，当然也不能违反国家的法律法规、规章制度以及方针政策，也不能和社会道德风俗相违背。对于医疗纠纷人民调解的协议，当事人应当履行，但是如果任何一方当事人反悔，双方当事人都可以向人民法院提起司法诉讼加以解决，即医疗纠纷人民调解协议没有强制执行的法律效力，这体现了医疗纠纷人民调解的自治性。此外，医疗纠纷人民调解员在调解医疗纠纷时可以运用疏导规劝、说服教育、协商和解的方法，这也是自治性的体现。

（三）准司法性

医疗纠纷人民调解必须在医疗纠纷人民调解委员会主持下进行，和群众自发组织的协调和解行为是不同的，更具有组织性。作为诉讼外的医疗纠纷解决机制，人民调解员必须有相应的工作方式、工作程序以及工作纪律，这些均是由国家法律法规进行规范的。医疗纠纷人民调解组织一方面分担了国家权力组织的一部分工作，同时也承担了国家权力组织的权威，使得人民调解工作具有较高的社会公信力。此外，医疗纠纷人民调解还要接受司法部门的监督和指导。

（四）独立性

医疗纠纷人民调解和行政调解在主持部门上有明显区别，前者由于是一种群众性自治行为，具有民间调解的性质，调解组织从归属上并不隶属卫生行政部门，脱离了医疗卫生系统，也不代表当事人任何一方，在医疗纠纷调解过程中具有完全独立第三方的性质，调解工作的独立性在工作方式、工作纪律和工作程序等方面予以保证，例如调解过程中的回避制度。调解工作为独立性开展，所作出的调解协议为第三方所作出，调解结论具有独立性，医疗纠纷行政调解是在医疗卫生系统内开展的调解工作，是在卫生行政部门的监督和指导下进行，并且从本质上代表了医疗机构的利益，调解工作不具有第三方性质。因此，只有医疗纠纷人民调解完全具有独立性。

（五）便利性

医疗纠纷人民调解方式便利，速度较快，效果较好。在城市，由于组成调解委员会的多半是一些管理工作者或者专业技术人员，其素质普遍较高，如退休法官、退休检察官等，其法律意识、个人素质、工作经验较好，并且有较高的社会信任度。所以对于调处一些争议不大、事故责任明确、标的较小、伤害轻微的医患纠纷，能及时解决问题，如果调解得当，可以减轻医疗机构压力，减少患者及家属的痛苦和来回奔波[1]。同时，医疗纠纷人民调解委员会是社会公益性组织，社会及经济成本较低，其调解不以营利为目的，调解医疗纠纷不收取费用，调解工作经费由政府保障，有利于减轻医患双方的经济负担。

（六）医疗专业性

医疗纠纷人民调解多是针对医疗行为所引发的争议而对医患双方进行协调劝解，和其他民事纠纷不同由于医疗行为的专业性，这是需要在调解过程要有医学专业的意见作为参考，所以医学专家的意见或医学鉴定结论对调解工作十分重要，这也体现了医疗纠纷人民调解的医学专业性。

四、医疗纠纷人民调解的作用

根据《宪法》、《民事诉讼法》、《人民调解委员会组织条例》、《人民调解工作若干规定》和《关于加强医疗纠纷人民调解工作的意见》等政策文件规定，医疗纠纷人民调解的作用主要体现在以下方面。

（一）通过医疗纠纷人民调解防止医患纠纷冲突的激化

预防与调解纠纷是医疗纠纷人民调解的首要任务。医疗纠纷人民调解员对医患双方当事人之间的纠纷，应当依据相关的法律法规，在查明事实、确认责任的基础上，根据当事人的特点和纠纷的性质、难易程度、发展变化的情况，采取灵活多样的方式，开展耐心、细致的说服疏导协调工作，促使医患双方当事人互谦互让，相互理解，相互消除隔阂和矛盾，引导医患双方当事人最终在自愿平等、公平公正的基础上达成调解协议，解决纠纷和冲突。同时，基于当前的社会环境，社会群众维权意识强，法律意识不断提高，呈现出纠纷主体多样化、纠纷性质复杂化，医患冲突矛盾较容易激化，在医疗纠纷人民调解过程中必须高度关注医疗纠纷激化的动态，要把解决纠纷和社情民意紧密结合起来，及时掌握医疗纠纷冲突的发展变化，防止纠纷性质进一步从民事纠纷转变为刑事案件。因此，医疗纠纷人民调解委员会对医疗纠纷冲突要及早介入、及早处理、及早干预，积极探索、尝试和积累各种预防纠纷激化的方法和经验，将纠纷和冲突解决在萌芽阶段，防止医患纠纷冲突的激化，从源头上化解医患纠纷，最终实现医疗纠纷人民调解服务群众、服务社会、维护稳定

---

[1] 吴海波，江乐盛. 医患纠纷第三方调解模式比较研究［J］. 中国卫生法制，2012，20（2）.

和促进社会和谐的最终目的。

（二）通过医疗纠纷人民调解保障正常的医疗服务秩序

人民调解是维护社会稳定的重要力量。近年来,随着我国经济、社会、文化等各项事业的快速发展,人民群众不断增长的医疗服务需求与医疗服务能力、医疗保障水平的矛盾日益突出,人民群众对疾病的诊治期望与医学技术的客观局限性之间的矛盾日益突出,因医疗行为产生的医患纠纷呈频发态势,严重影响医疗秩序,一些地方甚至出现了因医疗纠纷引发的群体性事件,成为影响社会稳定的突出问题。不少医疗机构一旦发生医疗纠纷,医疗机构的负责人就抱着花钱买平安,息事宁人,尽快解决的态度,患者只要吵得厉害,就立即赔钱了事,造成社会上产生一种错误的印象,即"要想富,做手术,做完手术告大夫,大吵大赔,小吵小赔",尤其是当前医患纠纷的处理途径中的行政调解没有脱离医疗卫生系统,有"父亲帮助儿子"的嫌疑,缺乏公正性,而司法诉讼时间长、耗费精力多。所以,发生医疗纠纷后,不少患者方面直接选择了大闹医院,社会上还出现了专门从事医疗纠纷服务的专业人员和职业组织,这些人员可以帮助患者方面评估损失、找人闹事等等,"医闹"从业余逐渐走向职业化,其本质就造成了医患纠纷引发暴力索赔。这些"医闹"直接干扰了医疗机构的正常工作秩序,甚至会造成医疗机构无法正常提供医疗服务。而由人民调解方式解决医疗纠纷,通过第三方介入到医疗纠纷处理中,增加公正性,提高公信度,有了这条途径,可以转移纠纷处理的场所,让患者找到具有公正性的第三方处理纠纷的地方,贴近群众、方便快捷、成本低、效率高,其社会效果有时候甚至可以超过人民法院的司法判决,由此可以保障正常的医疗服务秩序,让医患纠纷对于医疗机构的影响降低到最低程度。

（三）通过医疗纠纷人民调解开展法制宣传和社会主义道德教育

目前,我国政府正大力推进法制化进程,国家的各项政策法规需要在社会生活中能够予以贯彻落实,而人民调解制度正是社会主义法制体系的重要组成部分。构建和谐的医患关系,维护医患双方的合法权益,维持正常的医疗秩序,实现病有所医,是以改善民生为重点的社会建设的重要内容,是构建社会主义和谐社会的需要。在医疗纠纷人民调解的过程,其实就是在对国家相关政策、法律法规、规章制度等的宣传,更需要对于包括医德在内的社会主义道德的教育。医疗纠纷人民调解委员会应当通过调解医疗纠纷的机会,有针对性地对医患双方当事人以及社会群众进行法制教育,针对社会群众对于医疗纠纷中所涉及的实际问题进行法律上的解释,提高社会群众正确依法维护自身合法权益的意识,防止纠纷的进一步激化。同时,医疗纠纷调解过程,也是对医患双方当事人进行社会主义道德教育的过程,不仅需要引导患者及家属能够根据社会主义道德的要求正确依法处理医患纠纷,而且也可以对医疗机构提出医德要求,这也是社会主义精神文明建设的内在需要。因此,在医疗纠纷处理过程中,要根据纠纷发生的实际根源、背景以及原因等方面因素,有针对性的将社会道德要求贯穿到调解工作中,帮助医患双方当事人释疑解惑、明辨是非、凝聚人心、维护稳定、促进和谐,这也是新时期医疗纠纷人民调解工作的重要任务,有助于将教育引导社会群众与切实服务群众结合起来,有助于提高社会的道德水平,形成良好社会风气。

（四）人民调解是联系社会群众和医疗机构的重要沟通渠道

目前,医患矛盾产生的重要根源就在于医患双方信息不对称,导致的沟通不畅。贯彻"调解优先"原则,在医疗纠纷处理中引入人民调解工作机制,就是要充分发挥人民调解工作预防和化解矛盾纠纷的功能,积极参与医疗纠纷的化解工作。医疗纠纷人民调解工作,坚持服务群众、服务大局,让人民调解成为联系社会群众和医疗机构的重要沟通渠道,发挥人民调解贴近群众、熟悉民情的特点和优势,向患者方面提供一个平等的医患交流平台,最大限度地消除不和谐因素,最大限度地增加和谐因素,更好地维护社会稳定。因此,医疗纠纷人民调解工作,就是促进医患双方的充分沟通和交流,在坚持合理合法、平等自愿、不妨碍当事人诉讼权利的原则的基础上,及时妥善、公平、公正地化解医疗纠纷,构建和谐医患关系,维护社会稳定。

（五）医疗纠纷人民调解是为政府减负分压的"缓解器"

人民调解作为社会主义法律制度的一个重要组成部分,国家的相关法律法规都有明确的规定。随着社会主义法制化进程的深入推进,公民法律意识的提高,人民调解工作对于化解民间纠纷、维护社会稳定、构建和谐社会、提高政府的公信度、实现基层群众自治具有重要作用。实践表明,人民调解制度能很好发挥为群众排忧解难、为政府减负分压的作用。医疗纠纷人民调解作为诉讼外的纠纷解决机制,效率高、程序简便、公信度高,可以让相当数量的医疗纠纷不用进入人民法院的诉讼程序就可以得到及时有效解决,提升了医疗纠纷的化解率,减轻政府机关以及人民法院的行政成本,节约了政府资源、减少了诉累,减轻了社会民众的负担,成为缓解各级政府维护社会秩序职责压力的有力措施。

第二节　宁波市医疗纠纷人民调解机构的组织建设

根据 2010 年 1 月 8 日,司法部、卫生部、保监会三部门联合发布的《关于加强医疗纠纷人民调解工作的意见》文件要求:"要积极争取党委、政府支持,建立由党委、政府领导的,司法行政部门和卫生行政部门牵头,公安、保监、财政、民政等相关部门参加的医疗纠纷人民调解工作领导小组,明确相关部门在化解医疗纠纷、维护医疗机构秩序、保障医患双方合法权益等方面的职责和任务,指导医疗纠纷人民调解委员会的工作。医疗纠纷人民调解委员会原则上在县（市、区）设立。各地应结合本地实际,循序渐进,有计划、有步骤开展,不搞一刀切。"2008年3月,宁波市成立了医疗纠纷人民调解组织——医疗纠纷人民调解委员会,2008年4月16日,宁波市司法局、卫生局和财政局联合发布了《关于全面推行医疗纠纷人民调解工作机制的通知》,明确了医疗纠纷人民调解工作的组织机构及主要职能。目前宁波市医疗纠纷人民调解工作网络已经构建(表4-1)。

表4-1　宁波市医疗纠纷人民调解工作网络建设情况(截止2010年2月)

序号	地区	成立时间	人数	
			专职	兼职
1	市医疗纠纷人民调解委员会	2008年3月1日	5	0
2	余姚市	2008年12月1日	3	2
3	慈溪市	2008年9月1日	3	0
4	奉化市	2008年9月1日	4	0
5	宁海县	2008年10月1日	5	2
6	象山县	2008年5月8日	2	0
7	鄞州区	2008年11月20日	3	0
8	海曙区	无*	0	0
9	江东区	无*	0	0
10	江北区	2009年6月28日	0	3
11	镇海区	2008年5月1日	2	0
12	北仑区	2008年10月9日	2	0

注:该地区调解工作由宁波市医疗纠纷人民调解委员会统一负责。

一、宁波市医疗纠纷人民调解组织

(一)人民调解组织的概念

人民调解组织是指在基层人民政府和基层人民法院的指导下,对公民之间、公民与法人或者其他组织之间有关人身、财产权益和其他日常生活中发生的民间纠纷进行调解的基层群众性自治组织。医疗纠纷人民调解委员会是专业性人民调解组织,是在司法部门的直接领导下,对医患纠纷中产生涉及人身、财产等方面的事由进行调解的组织,各级司法行政部门、卫生行政部门应与公安、保监、财政、民政等相关部门沟通,指导各地建立医疗纠纷人民调解委员会,为化解医疗纠纷提供组织保障。根据《宁波市医疗纠纷预防与处置条例》第28条的规定:"市和县(市)区司法行政部门会同卫生等有关部门根据人民调解的有关法律规定,指导当地有关社会团体、组织设立医疗纠纷人民调解委员会。"

（二）宁波市医疗纠纷人民调解组织的设立原则

1. 合法性原则

是指宁波市人民调解组织的设立总体要在我国现行法律框架下进行设立，不能突破法律法规的规定。

国家对于人民调解组织的设立有明确规定的，主要的法律法规依据有《宪法》、《民事诉讼法》、《人民调解委员会组织条例》以及《人民调解工作若干规定》等。宁波市医疗纠纷人民调解委员会还应依据宁波市人大制定的地方行政法规《宁波市医疗纠纷预防与处置条例》的规定而设立，并明确职责，同时还应向同级司法行政机关备案。在目前国家努力构建"大调解"社会格式的形势下，调解实践存在多种形式的做法和措施，但是对于具体的要求国家仍然缺少实质性的指导和具体操作依据，更多是根据社会发展情况不断进行摸索。宁波市的医疗纠纷人民调解也是根据该市医疗纠纷情况采取的措施，具有地方创新性，这也是地方立法所允许的。

2. 便民原则

便民，简单地说，就是方便人民群众、便利工作。宁波市医疗纠纷人民调解组织要为人民群众提供快捷、方便的服务。根据这一原则，本质就要求不管医疗纠纷人民调解委员会如何设立，都首先应该把人民群众的利益放在第一位，保证人民调解委员会的设立始终是为了人民群众服务，体现为人民群众排忧解难，解决民众难题，促进社会和谐的作用。

对此，宁波市医疗纠纷人民调解委员会的设立应方便人民调解委员会开展调解工作，在设立的时候要保证医疗纠纷人民调解委员会的实际工作效果，避免人力、财力、物力的浪费。具体来说，宁波市医疗纠纷人民调解委员会的工作地点位于市区，交通比较便捷，方便社会群众能够及时找到医疗纠纷调解的地点，更要通过各种媒介的宣传，让社会群众知道哪里可以调解医疗纠纷，调解纠纷的程序规范等。

（三）宁波市医疗纠纷人民调解组织的特征

根据《人民调解工作若干规定》第 2 条的规定："人民调解委员会是调解民间纠纷的群众性组织。"宁波市医疗纠纷人民调解委员会作为人民调解委员会的一种，同样也具备群众性和自治性这样的特征，同时也具备专业性的特点。

1. 群众性

是医疗纠纷人民调解组织的首要特征。宁波市医疗纠纷人民调解委员会的群众性特征主要表现在：

（1）宁波市医疗纠纷人民调解组织是针对社会群众的医疗纠纷而设立。宁波市医疗纠纷人民调解委员会的设立主要针对社会群众的医疗纠纷，它的工作任务就是调解辖区内医疗机构中发生的医疗纠纷。它的存在基础在于群众性医疗纠纷矛盾和纠纷的客观存在,没有群众性的医疗纠纷和冲突,医疗纠纷的调解就无存在价值。

（2）宁波市医疗纠纷人民调解组织的成员来自群众。宁波市医疗纠纷人民调解委员会的人员组成基本都是通过聘任产生,所产生的人民调解员都是来自社会基层的人民群众,这使得医疗纠纷调解组织更具有广泛的群众性,由人民群众自行解决产生于群众中的医疗纠纷,以维护医患合法权益,促进和谐医患关系的形成。

2. 自治性

是人民调解组织的本质特征。医疗纠纷人民调解委员会以调解为主要职责,与司法诉讼、仲裁或行政调解等相比,它不受行政权力、司法权力以及其他组织、个人的干涉,其根本的表现就是自我组织、自我服务、自我教育、自我约束。这种自治性表现在工作组织、工作方法、调解协议等方面。

（1）宁波市医疗纠纷人民调解组织的自治性: 根据目前宁波市医疗纠纷人民调解委员会的组织情况来看,既不属于国家司法机关（仅受司法机关的指导）,也不是国家行政机关,也就是说没有司法权或者行政权,仅仅是以群众性自治组织的身份参与到社会事务处理,解决医患纠纷。

（2）宁波市医疗纠纷人民调解工作的自治性: 由于宁波市医疗纠纷人民调解委员会并不具有司法权和行政权,也就不具备司法机关和行政机关所拥有的强制权力,这就决定宁波市医疗纠纷人民调解委员的工作必须在基于医患双方当事人对该组织信任的基础上,采取说服、教育、劝解、疏导等方法来解决医患纠纷,而不能采取强制手段来处理,这也是宁波市医疗纠纷人民调解工作自治性的体现。

（3）医疗纠纷人民调解协议的自治性: 宁波市医疗纠纷人民调解组织的自治性特征还体现在调解协议上。组织上和工作方法上的自治性,决定了调解协议的达成取决于医患纠纷双方当事人的自我意愿。调解协议的达成必须是医患双方达成一致的调解意见,并在自我意识的支配下予以落实。医疗纠纷人民调解委员会在其中只能通过协调和调解促使和推动双方当事人达成协议,而不能主导当事人的意愿或是对当事人的意愿加以干涉。

3. 专业性

是医疗纠纷人民调解组织的特有性质。这主要是基于医疗纠纷人民调解组织所调解的医患纠纷一般是因为医疗行为而产生,而医疗行为具有高度专业性的特点,从事医疗活动的个人和组织必须经过卫生行政部门的专门批准方可。

（1）宁波市医疗纠纷人民调解组织调解的案件具有专业性。医疗行为属于非常专业的行为,医疗纠纷的处理需要专业性知识和技能作为保障,医疗纠纷人民调解委员会受理本辖区内医疗机构与患者之间的医疗纠纷,受理范围包括患者与医疗机构及其医务人员就检查、诊疗、护理等过程中发生的行为、造成的后果及原因、责任、赔偿等问题,在认识上产生分歧而引起的纠纷,这些纠纷基本都是因为专业性的医疗行为而产生。

（2）宁波市医疗纠纷人民调解组织的调解人员具有专业性。医疗行为的专业性决定了医疗纠纷处理涉及了医学、法律、社会学等方面专业知识。因此,宁波市医疗纠纷人民调解委员会由具有较强专业知识和较高调解技能、热心调解事业的离退休医学专家、法官、检察官、警官,以及律师、公证员、法律工作者组成。

（3）宁波市医疗纠纷人民调解组织的调解过程具有专业性。建立了医学、法律的咨询专家库,为调解工作提供专业技术咨询服务。

二、宁波市医疗纠纷人民调解委员会的工作职责

工作职责就是工作者具体工作的内容,所负的责任,及达到岗位要求的标准。确定医疗纠纷人民调解委员会的工作职责,有助于调解工作的正常开展,根据《宁波市医疗纠纷预防与处置条例》的规定,医疗纠纷人民调解委员会的工作职责主要有以下几个方面。

1. 根据医疗纠纷处置需要,派员赶赴现场,做好教育疏导工作,受理医疗纠纷调解申请

目前的医患关系较为紧张,有的由医疗行为引发的医患冲突,已经演变为"医闹",严重影响到医疗机构的正常秩序。对此,医疗纠纷人民调解委员会要变被动为主动,及时赶到现场,劝说医患双方当事人接受调解,将纠纷从院内转移到院外,积极做好教育引导工作,努力化解医患矛盾。

2. 接待各方咨询,引导依法处置医疗纠纷

医疗纠纷人民调解委员会作为专业性的群众性调解自治组织,理应掌握各项相关的政策法规,通过接受相关各方咨询,有目的的引导医疗纠纷得到依法处置,实现调解工作的最终目标。

3. 向司法行政、卫生等部门和有关社会组织报告医疗纠纷调解情况

通过报告医疗纠纷调解情况,可以让相关部门正确了解当前医患纠纷发生和解决情况,有利于医疗纠纷人民调解委员会接受相关部门的指导。

4. 分析医疗纠纷发生的原因,向医疗机构、卫生行政部门提出医疗纠纷防范意见和建议

这也是医疗纠纷人民调解委员会参与社会管理的体现。医疗纠纷人民调解委员会在调解医疗纠纷过程中,能最真实的了解医疗服务中存在的问题,通过提出相应的意见和建议,可以帮助医疗机构寻找医疗纠纷的问题根据,有针对性的采取措施提高医疗服务水平,同时向卫生行政部门提出意见和建议,也有助于卫生行政部门对医疗机构的监管。

5. 法律、法规规定的其他职责

医疗纠纷人民调解委员会在承担工作职责过程中,坚持公平公正、及时便民、耐心细致、廉洁自律,接受医患双方的监督和有关部门、组织的监管、考核。医疗纠

纷人民调解委员会通过建立调解工作制度,规范调解工作流程,并将工作制度、工作流程和人民调解委员会组成人员予以公示,听取群众意见,接受群众监督。

三、宁波市医疗纠纷人民调解员

（一）人民调解员的概念和任职条件

1. 人民调解员的概念

根据《人民调解工作若干规定》第 2 条规定:"人民调解员是经群众选举或者接受聘任,在人民调解委员会的领导下,从事人民调解工作的人员"。宁波市医疗纠纷人民调解员一般是经过聘任,在医疗纠纷人民调解委员会的领导下从事专门医疗纠纷调解的人员,是直接从事医疗纠纷调解工作,是调解工作的骨干力量。因此,规范医疗纠纷人民调解员队伍,提高人民调解员的素质,是作好医疗纠纷调解工作、提高人民调解社会效果的有力保障。

2. 医疗纠纷人民调解员的任职条件

根据《人民调解委员会组织条例》第 4 条规定:"为人公正,联系群众,热心人民调解工作,并有一定法律知识和政策水平的成年公民,可以当选为人民调解委员会委员。"根据《人民调解工作若干规定》第 14 条规定:"担任人民调解员的条件是:为人公正,联系群众,热心人民调解工作,具有一定法律、政策水平和文化水平。乡镇、街道人民调解委员会委员应当具备高中以上文化程度。"根据《宁波市医疗纠纷预防与处置条例》第 28 条的规定:"医疗纠纷人民调解员由医疗纠纷人民调解委员会委员和医疗纠纷人民调解委员会聘任的人员担任。医疗纠纷人民调解员应当为人公道、品行良好,具有医疗、法律、保险专业知识和调解工作经验,并热心人民调解工作。"由此可知,医疗纠纷人民调解员任职应当具备以下基本条件:

（1）为人公道、品行良好:为人公道、品行良好是要求人民调解员道德素质的基本要求,是担任人民调解员的首要条件。在医疗纠纷调解过程中,人民调解员必须保持中立、公正,不能有所偏袒,不能徇私,才有可能在工作中取得当事人的信任,才能主持公道,公平公正的调解医疗纠纷,有助于医疗纠纷调解工作的顺利开展,缓解医患之间的矛盾冲突。

（2）联系群众:医疗纠纷人民调解组织是基层人民群众的自治组织,具有群众性的特征,这表明人民调解工作具有很强的群众性。深入群众、扎根群众、密切联系群众,是医疗纠纷人民调解工作的基本要求,只有这样才能取得群众信任,才能及时从群众那里取得医疗纠纷的真实信息和材料,有利于把纠纷的事实查清楚,明确责任,顺利完成调解工作,调解协议才能获得群众的支持和认可,最终实现化解医患矛盾,公平公正解决纠纷。

（3）热心人民调解工作:医疗纠纷案件一般都比较复杂,常常属于多因一果,而且由于医患双方信息不对等,双方沟通存在现实性的障碍,由此增加了纠纷处理的实际难度,甚至还会存在一定的职业风险。因此,从事医疗纠纷人民调解工作,必须有坚定的事业心和高度的责任感,热心人民调解工作,能发挥无私奉献的精神,不怕苦、不怕累,不怕奉献,全心全意、满腔热忱地为社会群众服务,积极为群众排忧解难,才能胜任医疗纠纷人民调解工作,作好纠纷的调解,做出的调解结果才能让医患双方当事人都能满意。

（4）具有一定的知识文化水平和法律素养:人民调解工作必须以合法性为原则,以法律、法规、政策为人民调解的依据,如果没有一定的法律素养,对于调解的公平、公正就很难保证,甚至可能会进一步激化。知识文化水平情况也决定了医疗纠纷人民调解员对于法律政策的了解程度,以及影响对医疗纠纷情况的判断和处理。由于医疗纠纷人民调解工作和相关的法律法规规章制度等紧密结合,需要人民调解员在复杂的争议冲突中寻找解决纠纷的突破点,让双方当事人满意,需要一定的知识文化水平作为工作保障。

（5）具备我国国籍的具有完全民事行为能力的公民:医疗纠纷人民调解员必须具备中华人民共和国国籍,这是因为人民调解委员会是我国基层群众性自治组织。医疗纠纷人民调解员必须是具备完全民事行为能力的公民,因为只有成年公民,才能有完全辨认和控制自己行为的能力,独立处理个人事务,并有分析、解决和处理现实医疗纠纷事件的能力,也才能具有独立承担法律后果的能力。

除了上述任职基本条件之外,不论民族、性别、宗教信仰、职业、年龄都可以成为医疗纠纷人民调解委员会的调解员,但是鉴于医疗纠纷的专业性,为了有助于纠纷处理,医疗纠纷人民调解委员会人员组成注重吸纳具有较强专业知识和较高调解技能、热心调解事业的离退休医学专家、法官、检察官、警官,以及律师、公证员、法律工作者和人民调解员,原则上每个医疗纠纷人民调解委员会至少配备3名以上专职人民调解员。根据《宁波市医疗纠纷预防与处置条例》的规定,宁波市医疗纠纷人民调解委员会由委员3～9人组成,设主任1人,必要时,可以设副主任若干人。根据宁波市司法局、卫生局和财政局联合下发的《关于全面推行医疗纠纷人民调解工作机制的通知》,除原已从事医疗纠纷调解的有关人员外,新录用调解委员会主任和人民调解员应当具有丰富的人民调解经验,责任心强,身体健康,按照录用标准、面向社会统一招聘,内勤人员可以从有医药或护理工作经验的人员中选取,具有法律职业资格、律师资格、基层法律服务工作者资格和三级以上人民调解员任职资格的可优先录用。

3. 医疗纠纷人民调解员的素质要求

素质一词本是生理学概念,指人的先天生理解剖特点,主要指神经系统、脑的特性及感觉器官和运动器官的特点。医疗纠纷人民调解员的素质要求主要是指人民调解员完成医疗纠纷调解活动所必需的基本条件,是判断一个人能否胜任医疗纠纷调解工作的起点。

（1）职业道德：良好的职业道德是从事医疗纠纷人民调解工作的前提，只有具备了良好的职业道德，才能认真从事医疗纠纷人民调解工作，明确自己的工作性质和任务，摆正自己的位置，全心全意为当事人服务。

（2）业务能力：一名优秀的人民调解员必须具备较高的业务水平，这也是做好人民调解工作的关键。尤其是医疗纠纷所涉及的医疗方面的专业性，要求医疗纠纷人民调解员不仅需要具备法律知识和调解技能，能针对不同类型的医疗纠纷，灵活运用相应的应对技巧和方法，具体问题具体分析，具体纠纷具体解决，让当事人双方满意，而且还要具备医学、法律、保险和社会学等方面的专业知识，对医疗纠纷事件的发生原因、法律责任等方面有更好的认识，保证纠纷的公平公正的解决。

（3）能力素质：医疗纠纷人民调解员的能力素质包括了分析问题和解决问题的能力、思维能力、应变能力、表达能力和自控能力。分析问题和解决问题的能力是能有针对性的调解处理医疗纠纷的关键；思维能力是医疗纠纷人民调解员业务能力高低的关键；应变能力有助于医疗纠纷人民调解员在工作过程中能根据情况的变化及时采取相应应对措施；表达能力是解决医疗纠纷人民调解员有效沟通医患双方的基础；自控能力是医疗纠纷人民调解员能够不为医疗纠纷冲突的干扰，保持清醒的头脑和良好的心态，正确依法开展纠纷调解工作的基础。

4. 医疗纠纷人民调解员的职业纪律

根据《人民调解工作若干规定》第17条的规定，从事医疗纠纷人民调解员必须遵守下列纪律。

（1）不得徇私舞弊：这要求医疗纠纷人民调解员在调解工作中必须有公正的立场，要体现第三方的性质，不代表任何一方面的利益，不徇私舞弊、不弄虚作假，不偏袒、秉公办理、居中处理、依法调解。

（2）不得对当事人压制、打击报复：医疗纠纷涉及人的生命健康，一般都会有人身伤害甚至死亡的情况，当事双方尤其是患者方面可能情绪会非常激动，在调解过程不仅可能有语言冲突甚至可能会有肢体冲突，更可能对调解人员进行人身攻击。作为医疗纠纷人民调解员则应该保持冷静，不能意气用事，克制自己的情绪，耐心对当事人进行说服教育和规劝，促使双方能够互谦互让，相互理解，在处理中不能发泄私愤打击报复，压制当事人，这也是医疗纠纷调解工作能够公平公正进行处理的基础保障。

（3）不得侮辱、处罚纠纷当事人：不得侮辱纠纷当事人，这要求医疗纠纷人民调解员在工作中尊重当事人的人格，不辱骂当事人，尊重当事人的合法权益；不处罚纠纷当事人，是基于医疗纠纷人民调解委员会属于群众性自治组织，不具有行政权和司法权，在调解过程中只能通过说服教育促使当事人达成协议并予以落实，对于不愿意调解和调解协议不愿意履行的当事人是不能处罚当事人的。

（4）不得泄露当事人隐私：尊重当事人的隐私是法律基本要求，由于医疗纠纷涉及患者的病情，一般属于个人隐私。基于隐私保护的要求，医疗纠纷人民调解员在调解纠纷过程中要注意保护涉及个人隐私的内容，对此严格保密，不得对任何无关人士泄露，这也是对当事人负责任的体现，也能保障医疗纠纷人民调解组织和调解人员信誉度，让当事人对调解工作能够予以支持和配合。

（5）不得吃请受礼：不得接受当事人的吃请受礼，是保障医疗纠纷人民调解员公平、公正调解的基本要求。作为第三方的调解机构的人员，必须保持中立的立场，任何的吃请受礼都可能影响到调解工作，让调解工作丧失公信的立场。

此外，医疗纠纷人民调解员在工作中必须遵守职业道德，根据《人民调解工作若干规定》第18条规定，人民调解员履行职务，应当坚持原则，爱岗敬业，热情服务，诚实守信，举止文明，廉洁自律，注重学习，不断提高法律、道德素养和调解技能。当然，如果医疗纠纷人民调解员违反了了职业要求，就可能会承担相应的法律责任，如根据《宁波市医疗纠纷预防与处置条例》第43条的规定，医疗纠纷人民调解员在医疗纠纷协商、调解过程中违反法律、法规和医疗纠纷处置工作规则的，由有权机关和组织或者所在单位依法处理。

5. 医疗纠纷人民调解员的职业保护

医疗纠纷人民调解的对象是医疗纠纷，这就造成了调解工作具有一定的职业风险，调解员在工作中可能会因当事人的情绪激动或意愿得不到实现而受到人身攻击。因此，医疗纠纷人民调解员必须受到职业保护。根据《人民调解工作若干规定》第18条第1款规定："人民调解员依法履行职务，受到非法干涉、打击报复的，可以请求司法行政机关和有关部门依法予以保护。"

第三节　宁波市医疗纠纷人民调解的工作原则

医疗纠纷人民调解的工作原则是每一个医疗纠纷人民调解员在调解医疗纠纷中所必须遵守的活动准则，体现了医疗纠纷人民调解工作的性质与特点。根据《人民调解工作若干规定》第4条的规定，人民调解委员会调解医疗纠纷，应当遵守下列原则：依据法律、法规、规章和政策进行调解，法律、法规、规章和政策没有明确规定的，依据社会主义道德进行调解；在双方当事人自愿平等的基础上进行调解；尊重当事人的诉讼权利，不得因未经调解或者调解不成而阻止当事人向人民法院起诉。由此可以确定医疗纠纷人民调解也应当遵循上述的基本要求，结合医疗纠纷处理实际情况，遵循自愿、平等、合法、合情合理以及尊重当事人的诉讼权利等原则开展工作。根据《宁波市医疗纠纷预防与处置条例》第43条的规定，医疗纠纷人民调解应当遵循自愿、合法、平等原则，尊重当事人的权利。

一、医疗纠纷调解的自愿原则

自愿原则就是指在医疗纠纷人民调解工作中必须始终依照当事人的意志,尊重当事人的意愿,不得将调解员的意愿强加给纠纷当事人,更不能采取任何强迫措施。宁波市医疗纠纷人民调解委员会既不是行政机关,也不是司法机关,其性质决定了调解工作必须要坚持自愿,否则就不符合人民调解组织的内在本质,也就损害了人民调解委员会第三方的中立地位。在医疗纠纷调解活动中贯彻自愿原则主要体现在以下方面。

1. 医疗纠纷的人民调解必须是基于纠纷当事人的自愿。发生医疗纠纷后,人民调解委员会能否进行调解,要根据纠纷当事人的意愿来决定。只有纠纷当事人同意调解,人民调解委员会方可进行调解。但是只要有一方当事人不愿意调解或者不愿意由医疗纠纷人民调解委员会调解,医疗纠纷人民调解委员会就不能进行调解,更不能通过任何形式直接或间接向任何一方当事人施加压力,迫使其进入调解程序。

2. 医疗纠纷的调解协议要达成一致必须基于医患双方当事人的自愿。根据《民法通则》等相关法律法规要求,调解协议的制订人不仅需要具有相应的民事行为能力,不违反法律或者社会公共利益,还需要医患双方当事人意思表示真实。医疗纠纷人民调解协议的目的是要平息当事人冲突,化解矛盾和纠纷,只有出自当事人真实的意愿,并在基于当事人自愿的基础上,才能有助于调解协议的达成。医疗纠纷人民调解委员会不能采取强制措施要求当事人违反自愿原则达成调解协议,也不能强迫当事人接受调解协议。

3. 医疗纠纷调解协议的履行必须基于医患双方当事人的自愿。在医疗纠纷人民调解委员会主持下,医患双方当事人自愿达成调解协议后,其后的协议履行,依然需要医患双方当事人自愿执行,而不能强迫当事人履行协议。如果调解协议达成后,任何一方当事人拒不按照协议规定履行或者仅仅部分履行协议,医疗纠纷人民调解委员会是不能采取强制措施的,如调解未果,医患双方只能通过司法途径等方式再次寻求解决。

4. 在医疗纠纷人民调解工作中坚持自愿原则,并不意味着调解是一个消极被动工作,在发生医疗纠纷后,医疗纠纷人民调解委员会应该积极介入,主动调解,只要医患双方当事人同意,调解工作依然属于当事人的自愿要求。

5. 在医疗纠纷人民调解中坚持自愿原则,也是为了平息纠纷,避免利害冲突,通过调解员对当事人采取说服教育、疏导劝说等工作方法,最终要在自愿的基础上让双方相互谅解、消除纠纷、避免冲突,最终促成调解协议的达成,这也是贯彻自愿原则的基本途径,否则就会违背这一原则。

6. 在医疗纠纷人民调解工作中坚持自愿原则,并不意味着医患双方当事人可以违背法律法规、规章政策和社会公德,而任由医患双方作出侵害国家、社会和他人利益的调解协议。对此,尽管调解工作要坚持自愿原则,即使达成的协议是双方自愿,但医疗纠纷人民调解委员会仍然要进行干预。这说明坚持自愿原则只是相对的,调解工作只能在一定的框架下进行,并需要对调解工作进行适当的法律干预。

二、医疗纠纷调解的合法原则

合法原则是指医疗纠纷人民调解工作必须依照法律、法规、规章和政策进行,要以事实为根据,以法律为准绳。调解工作依据合法原则开展,这是公平公正调解医患纠纷的基础,这样才能在纠纷调解中分辨是非,明确责任。如果医疗纠纷人民调解工作没有按照合法原则进行,那么可能导致最终的调解协议无效,从而造成调解工作成为摆设。在贯彻合法原则时,医疗纠纷调解员在纠纷调解时应注重查明医疗纠纷本身的事实,要注重分析医疗纠纷事实与现行有关法律的关系,具体包括以下方面。

1. 医疗纠纷人民调解委员会受理和调解医疗纠纷的范围要符合法律、法规的规定,对于禁止调解的医疗纠纷,只能由专门机关管辖管理。例如涉及治安处罚的医疗纠纷案件、医疗刑事犯罪案件、法院已经审结的民事案件等,医疗纠纷人民调解委员会不进行调解。

2. 调解医疗纠纷的主要方式是根据法律、法规、规章和政策的规定,对医患双方当事人进行说服教育、使当事人能按照法律、法规、规章和政策的规定,明辨是非、分清责任,而医疗纠纷人民调解委员会应该在查明事实的基础上,依据法律、法规、规章和政策的规定,说服有过错一方当事人主动承担责任,双方都有责任的促使双方各自承当相应责任。

3. 医疗纠纷调解结果和医患双方当事人权利义务的确定,以及调解协议的达成,都必须根据法律、法规、规章和政策的要求。在调解过程中,要允许当事人双方互相谅解,对自己的民事权利作出处分,但应以不得超越法律法规的界限为前提。

需要注意的是,医疗纠纷调解中贯彻合法原则并不是绝对的,如果能够促使纠纷得到解决,在民事纠纷处理的范围内,一方作出适当的让步也是法律所允许的,也就是说不完全依据法律规则认定医患双方当事人的责任,也是允许的。

三、医疗纠纷调解的平等原则

平等原则是指医疗纠纷人民调解工作中必须保障医患双方当事人的地位平等、权利能力平等,也包括平等保护合法权利。我国《宪法》要求公民在法律面前一律平等,而根据《民法通则》第 3 条规定:"当事人在民事活动中的地位平等。"

调解活动属于民事行为,对此,医疗纠纷人民调解工作要想取得当事人的支持,必须贯彻平等原则,具体体现在以下三个方面。

1. 医患纠纷当事人在调解活动中的法律地位平等,当事人不论民族、种族、性别、职业、教育程度、家庭出身、社会地位、政治面貌、财产状况、户籍住址等,都处于调解活动中的平等法律地位,享有对等的权利和义务,调解员不能对任何一方存在歧视。

2. 医疗纠纷调解过程中调解员对当事人在适用法律上一律平等,要严格按照法律、法规、规章和政策的规定办事,用法律和政策作为衡量是非的基本标准,不能超越法律的尺度,对于任何一方在法律运用上都不能有所偏袒。

3. 平等原则不仅体现在调解活动中医患双方当事人地位平等,也体现在医疗纠纷人民调解员与医患双方当事人的法律地位平等。因此,在医疗纠纷人民调解工作中,调解员并没有高于当事人的地位,不能对任何一方采取强制措施。同样,医患双方当事人也不能强迫调解员做出对自己有利的调解方案,更不能干扰调解工作,对调解员进行人身或语言攻击。

4. 平等原则要求在医疗纠纷调解工作中,调解员要营造平等的气氛,工作中要排除外界的非法干扰,让双方当事人都能充分表达自己的意愿和要求,同时也要坚持法律的要求,确保调解的公平、公正,达到较好的调解后果。

第四节　宁波市医疗纠纷人民调解的工作制度

为了预防和依法处置医疗纠纷,保护患者、医疗机构及其医务人员的合法权益,维护医疗秩序,保障医疗安全,宁波市医疗纠纷的人民调解工作必须根据《侵权责任法》、《人民调解法》、《医疗事故处理条例》、《宁波市医疗纠纷预防与处置条例》,以及《宁波市人民调解法》等法律、法规以及规章制度等相关规定而开展。

一、医疗纠纷人民调解委员会的受案范围

根据《人民调解工作若干规定》第 20 条规定:"人民调解委员会调解的民间纠纷,包括发生在公民与公民之间、公民与法人和其他社会组织之间涉及民事权利义务争议的各种纠纷。"作为医疗纠纷的专业调解组织,宁波市医疗纠纷人民调解委员会所调解的对象就是医疗纠纷。根据《宁波市医疗纠纷预防与处置条例》第 2 条规定:"本市行政区域内的医疗纠纷预防与处置工作,适用本条例。本条例所称医疗纠纷,是指医疗机构和患方之间因诊疗、护理等医疗活动引发的争议。"

二、医疗纠纷人民调解委员会的工作程序

（一）受理

1. 受理方式

人民调解的受理方式一般多为自行接案。但随着人民调解对医疗纠纷处理的重要性不断提高,受案方式呈现多样化,医疗纠纷人民调解委员会除了自行接案,还包括了信访调解、警民调解等方式。自行接案是医疗纠纷人民调解委员会受理纠纷的最为主要的方式,包括了主动受理和申请受理两种方式。

（1）主动受理:是医疗纠纷人民调解委员会根据群众反映、医疗机构、公安部门等报告,主动及时到达现场介入调解处理。这种受理方法迅速、及时,适用于医疗纠纷初发阶段和容易激化的突发性医疗纠纷。基于医疗纠纷人民调解委员会的根本任务就是调解医疗纠纷、防止医疗纠纷激化,维护医疗机构正常秩序,这就要求医疗纠纷人民调解委员会积极主动提供调解服务,主动化解纠纷,保障正常医疗秩序,维护社会稳定。需要注意的是,主动受理和当事人自愿调解并不冲突,前者是工作的态度和方式,后者是工作的根本要求,两者必须有效结合起来,才能有助于充分发挥医疗纠纷调解的作用,避免医疗纠纷的进一步激化。

（2）申请受理:是医患双方当事人或者一方当事人申请,另一方当事人表示愿意接受调解,只要属于医疗纠纷人民调解委员会受案范围的,医疗纠纷人民调解委员会应及时受理,当然如果属于禁止受理,则应及时通知公安等相关部门。申请受理必须具备的条件有:

①有明确的医患双方当事人。

②有具体的请求,医患纠纷双方当事人必须说明请求调解希望达到什么样的目的,以及希望解决什么具体问题。

③有事实依据,医患双方当事人必须提供申请所依据的医疗纠纷事实,包括发生纠纷的事实情况,也包括相关的佐证证据。

④医患双方当事人申请调解的纠纷属于医疗纠纷人民调解委员会的管辖。

当事人申请调解的,医疗纠纷人民调解委员会应当自收到医疗纠纷调解申请之日起三个工作日内,对符合受理条件的调解申请予以受理并通知当事人。医疗纠纷人民调解委员会也可以主动调解,但当事人一方明确拒绝调解的,不得调解。

2. 受理步骤

（1）接待当事人:当医患双方当事人表示自愿接受医疗纠纷人民调解委员会调解的,调解委员会要做好接待当事人工作,要了解当事人的具体调解意向,作好相关咨询工作。

（2）审查调解申请:医疗纠纷人民调解委员会在受理调解申请时要进行认真审查,以鉴别该纠纷是否属于法律、法规、规章和政策许可的受案范围,符合受理条

件的,应当在2个工作日内受理(书面或电话通知),如果不符合受案条件的,应向当事人做出解释,并且告知当事人到相关部门要求处理。但是,对于随时可能激化或已经激化的医疗纠纷,应当在采取必要的疏导教育措施的同时,及时通知和提交相关机关介入处理,尤其是当医疗机构发生重大医疗纠纷时,应医患双方或一方请求,应当及时赶赴现场进行调解处置,防止矛盾激化。

(3)制作接待笔录:对于决定受理的医疗纠纷,接待人员应认真制作接待笔录。接待笔录的内容主要包括接待的当事人的个人信息、纠纷事由、纠纷简要概况、当事人的要求,接待人确定签字等。

(4)填写受理纠纷登记表:对医疗纠纷当事人提出的纠纷调解申请,经医疗纠纷人民调解委员会审查后,无论是否受理,都需要当事人填写受理纠纷登记表。

(5)不予受理:根据《宁波市医疗纠纷预防与处置条例》第31条规定,医疗纠纷有下列情形之一的,医疗纠纷人民调解委员会不予受理;已经受理的,终止调解:

①一方当事人已向人民法院提起诉讼的。

②一方当事人已向卫生行政部门申请医疗事故争议处理的。

③一方当事人拒绝调解的。

④已经医疗纠纷人民调解委员会调解并达成调解协议,一方当事人拒不履行约定义务的。

⑤法律、法规规定的其他情形。

对于不予受理或者终止调解的,医疗纠纷人民调解委员会应当书面通知当事人并说明理由。

（二）调解前的准备

1. 选定调解主持人

根据《宁波市医疗纠纷预防与处置条例》第32条规定:"医疗纠纷人民调解委员会受理医疗纠纷调解申请后,可以由当事人选择一名或者数名人民调解员进行调解,也可以指定一名或者数名人民调解员进行调解。"医疗纠纷人民调解委员会对于已经受理的医疗纠纷,应在正式调解前尽快确定一名纠纷调解主持人,具体在确定调解人员时候,应根据案件的复杂程度、调解人员的数量、经验和业务能力等方面综合考虑,对于难度较大的纠纷,可以指定数名人民调解员进行调解。此外,根据《宁波市医疗纠纷预防与处置条例》第28条规定:"医疗纠纷人民调解委员会可以吸收公道正派、热心调解、群众认可的社会人士参与调解。"被邀请的社会人士应积极配合,共同作好调解工作。

2. 调解的回避

医疗纠纷人民调解委员会对于已经受理的医疗纠纷,应在正式调解前尽快确定调解员,但要遵守有关回避的规定以维护人民调解的公正性,医疗纠纷调解过程中调解员需要回避的三种情形有：调解人员与医疗纠纷当事人存在亲属关系；调解人员与医疗纠纷当事人存在利害关系；调解人员与医疗纠纷的处理结果有利害关系的；有其他正当理由的，可能影响公正鉴定的。如果有回避情形的，医疗纠纷人民调解委员会应另行指定调解人员，并获得双方当事人的认可。

3. 调查核实纠纷

医疗纠纷人民调解委员会在受理纠纷后，就要进行调查，掌握相关材料，为判断纠纷的实际情况做好准备，这是调解工作的基础。根据《人民调解工作若干规定》第 26 条规定："人民调解委员会调解纠纷，应当分别向双方当事人询问纠纷的事实和情节，了解双方的要求及其理由，根据需要向有关方面调查核实，做好调解前的准备工作。"调查的内容包括纠纷的性质、纠纷发生原因、纠纷发生过程、纠纷争议焦点以及相关的证据、当事人的态度及个人情况等，重点在于医疗纠纷的真实情况。根据医疗纠纷"宁波解法"的规定，医疗纠纷人民调解委员会在受理医疗纠纷争议后的 7 个工作日内，应当约见双方当事人，听取双方陈述，组织调查，必要时组织专家会诊讨论（或查阅医疗纠纷理赔处理中心调查和会诊报告），然后集体合议，进行过失认定和定损计赔。其中具体调查的途径主要包括：

（1）医患双方当事人对于纠纷情况的陈述。

（2）向纠纷关系人、知情人以及相关部门如公安部门了解情况。

（3）到当事人（主要是患方当事人）所在的单位、社区了解情况，以获取他们的支持。根据《宁波市医疗纠纷预防与处置条例》第 5 条规定："患方所在单位和居住地乡镇人民政府（街道办事处）、村（居）民委员会，应当配合做好医疗纠纷的处置工作。"

（4）现场调查。医疗纠纷人民调解委员会可以到纠纷发生现场进行了解情况，以掌握第一手的资料。

（5）专家意见。根据《宁波市医疗纠纷预防与处置条例》第 28 条规定，医疗纠纷人民调解委员会建立由医学、法律等相关专业人员组成的专家库，为医疗纠纷的调查、评估和调解提供咨询。医疗纠纷人民调解委员会在调解过程中通过咨询专家，以帮助从科学角度了解事实真相，明确责任。

在调查过程中，调解员应当对调查情况作出详细记录，必要时可以请被调查人写出书面材料，在深入调查的基础上，进行综合分析，去粗取精、去伪存真，把握所调解的医疗纠纷最主要症结所在，对症下药，推进医疗纠纷调解工作的顺利进行。

4. 拟订调解方案

医疗纠纷人民调解委员会应在分析、判断纠纷事实和证据材料的基础上，拟订调解方案。调解方案应包括：医疗纠纷的概况；纠纷争执的焦点问题；调解需要达到的目的；调解具体涉及的法律法规、规章和政策等规定；调解过程中可能出现的问题和对策、措施等；具体的调解工作方法和工作重点；对调解可能达成的协议的基本设想等。调解方案一般应由担任调解的调解人员亲自拟订,在具体调解时要根据实际情况的变化把握调解的进程。当然,调解方案也可以是医患双方当事人提出。

（三）调解的实施

1. 调解的地点、时限和规模

（1）调解的地点:根据《人民调解工作若干规定》第 28 条规定"人民调解委员会调解纠纷,一般在专门设置的调解场所进行,根据需要也可以在便利当事人的其他场所进行。"而医疗纠纷"宁波解法"也同样规定,医疗纠纷人民调解应当在人民调解委员会专用接待场所进行。基于目前医患纠纷常常会引发较大的冲突,甚至可能会演变为"医闹",直接影响到医疗机构正常秩序,设置医疗纠纷人民调解的专用接待场所,就是要转移医患冲突,将院内冲突转移到院外解决。因此,宁波市医疗纠纷人民调解委员会设置地点都在医疗机构之外,有利于避免医患冲突的激化,维护正常医疗秩序。

（2）调解的时限:根据《宁波市医疗纠纷预防与处置条例》的规定,宁波市医疗纠纷人民调解委员会应当自受理调解申请之日起 30 个工作日内调解终结,因特殊情况需要延长调解期限的,医疗纠纷人民调解委员会和双方当事人可以约定延长的期限;超过约定期限仍未达成调解协议的,视为调解不成,应当终止调解,并告知当事人可以依法通过行政、诉讼等途径处理和解决医疗纠纷。但是调解期限不包含医疗损害鉴定或者医疗事故技术鉴定的时间。调解的时限规定,是基于医疗纠纷人民调解委员会的优势在于效率高,如果久拖不解,则会影响到医疗纠纷人民调解工作的效率,也会影响到医患双方当事人寻求其他途径解决纠纷。

（3）调解的规模:医患双方当事人必须按照医疗纠纷人民调解委员会确定的时间、地点出席调解会,医疗机构和患方各自确定不超过 5 名代表参加。调解会一般由 1 名或数名人民调解员主持,一般纠纷情节比较简单的,由 1 名人民调解员主持,纠纷比较复杂、难度比较大的由数名调解员主持,超过 2 名以上主持的,应明确指定 1 名调解员为首席调解员。

2. 调解的过程

（1）宣传告知:调解前应当向医患双方宣传有关法规政策,及时告知人民调解的性质、效力和医患双方的权利、义务,引导医患双方依法规范处理医疗纠纷。需要鉴定的,应当告知当事人申请鉴定。调解不成时,应当告知医患双方通过其他途径解决。

在人民调解活动中,医疗纠纷当事人享有的权利有:自主决定接受、不接受或者终止调解;要求有关调解人员回避;不受压制强迫,表达真实意愿,提出合理要求;自愿达成调解协议等。医疗纠纷当事人承担的义务有:如实陈述纠纷事实,不得提供虚假证明材料;遵守调解规则;不得加剧纠纷、激化矛盾;自觉履行人民调解协议等。

此外,司法行政部门应当鼓励和支持法律援助机构、法律服务机构及其执业人员,为确有困难的患方提供医疗纠纷处置方面的法律援助。

（2）调查核实:医疗纠纷人民调解委员会受理案件后7个工作日内,应当约见双方当事人,听取双方陈述,组织调查,必要时组织专家会诊讨论（或查阅医疗纠纷理赔中心调查和会诊报告）,然后集体合议,进行过失认定和定损计赔。

在具体案件的调解过程中,医患双方当事人应对医疗纠纷情况进行陈诉及提交相应的证据,以表达各自对纠纷责任的看法和解决纠纷的具体意见,医疗纠纷人民调解委员会调解医疗纠纷,应当充分听取当事人陈述,积极、耐心的引导当事人讲清楚事实真相,并在此过程中进一步查明事实、分清责任的基础上,提出纠纷解决方案,促使双方当事人平等协商、互谅互让,帮助当事人自愿达成调解协议,鉴于纠纷可能存在复杂性和专业性,医疗纠纷人民调解委员会可以根据需要组织相应调查、核实、评估、论证等活动。

（3）协助调解:为了更有助于医疗纠纷的解决,医疗纠纷协商和调解过程中,保险机构协商理赔部门工作人员和人民调解员需要查阅病历资料,或者向有关单位和人员咨询、询问、核实有关资料和情况的,有关单位和人员应当给予配合和协助;需要进行医疗损害鉴定或者医疗事故技术鉴定的,积极引导当事人委托有资质的鉴定机构进行鉴定。

（4）进行调解:在基于双方当事人陈述和相关证据的基础上,调解人员应根据纠纷当事人的特点和纠纷的性质、难易程度、发展变化的情况,采取灵活多样的方式方法,依据有关的法律法规和政策规定,对双方当事人进行耐心细致的说服教育和疏导,消除双方的对立情绪,调和医患矛盾,并就纠纷事实和责任问题交换意见,促进双方当事人在自愿基础上达成一致协议。

（5）达成协议:在医疗纠纷调解过程中,调解员应积极促使双方当事人互谅互让,引导帮助当事人达成调解协议。一般说来,协议达成一致在实践中有两种情况,一是双方当事人平等协商后,达成一致意见,经医疗纠纷人民调解委员会认可,解决纠纷;一是由医疗纠纷人民调解委员会提出解决纠纷的建议,由双方当事人认可从而达成协议。医疗纠纷经调解达成协议的,医疗纠纷人民调解委员会应当制作调解协议书,认真做好调解笔录,确认双方当事人签约人的合法身份后,依法签订调解协议。调解协议书由双方当事人签名、盖章或者按指印,经调解员签名并加盖医疗纠纷人民调解委员会印章之日起生效。调解协议书具有法律约束力,当事人应当按照约定履行。调解协议达成后,当事人认为有必要的,可以依照《人民调解法》的规定,向人民法院申请司法确认。

如果经医疗纠纷人民调解委员会做了大量工作后,纠纷双方仍然未能达成一致意见,且超过了调解时效,或达成协议后任何一方反悔不愿意接受调解的,医疗纠纷人民调解委员会可以终止调解,医患双方当事人仍可以通过其他途径如向人民法院提起诉讼等方式寻求纠纷解决。

（6）调解回访：调解回访是指医疗纠纷人民调解委员会主持达成调解协议后，应适时安排人了解掌握协议履行情况，征求医患双方对调解工作的建议和意见，应就调解协议履行情况做出记录，以巩固调解效果。调解回访有助于及早发现和解决出现的新问题，避免协议不能有效解决纠纷或是协议难以履行的情况，对于那些比较复杂、协议履行有难度的纠纷或是当事人思想不稳定容易反复的纠纷，可以通过加强对当事人的说服教育以及规劝等方法，及时发现问题，及早解决。

（7）反馈报告：医疗纠纷调解完毕后，应当收集、整理医疗事故或医疗过失差错的有关信息，定期向医疗机构反馈，提出防范建议意见，并向卫生行政部门报告。

（8）结案归档：医疗纠纷调解终结后，应当及时完成登记、统计和归档工作，定期对医疗纠纷处理情况进行总结，分析原因问题，总结经验教训，并向有关部门提出相关对策建议。

三、医疗纠纷人民调解委员会的工作方法

根据《人民调解委员会组织条例》的规定，人民调解委员会调解纠纷，应当在查明事实、分清是非的基础上，充分说理，耐心疏导，消除隔阂，帮助当事人达成协议。根据《人民调解工作若干规定》的规定，人民调解委员会调解纠纷，应当在查明事实、分清责任的基础上，根据当事人的特点和纠纷性质、难易程度、发展变化的情况，采取灵活多样的方式方法，开展耐心、细致的说服疏导工作，促使双方当事人互谅互让，消除隔阂，引导、帮助当事人达成解决纠纷的调解协议。因此，医疗纠纷人民调解委员会也应该依据上述方法开展医疗纠纷调解工作，主要包括：

（一）查明事实，分清是非

医疗纠纷的公正解决必须是在弄清事实真相的基础上，如果不能查明事实，医疗纠纷的调解都缺乏依据，很难帮助当事人达成一致意见。在查明事实的基础上，要进一步分清是非，才能有助于根据是非情况确定各方责任，当然这种是非的分析必须要弄清楚过错原因，哪方过错等问题，以此确定责任承担者，并最终消除医患对立，化解医患矛盾。

（二）调查研究

医疗纠纷人民调解委员会要做好纠纷调解工作，可以主动进行证据收集，开展调查研究。进行必要的调查研究，有助于弄清楚医疗纠纷的事实真相，分清楚是非曲直。医疗纠纷人民调解委员会介入医疗纠纷的调解工作，一般都是在纠纷发生之后，调解人员并没有直接经历纠纷，因此，要了解纠纷的真实情况，必须深入现场、向当事人、见证人等相关人员进行调查，并通过证据收集，对纠纷进行分析研究，形成对纠纷发生情况的正确认识。

（三）说服疏导

医疗纠纷人民调解委员会的性质决定了纠纷调解必须采取说服教育的方法，不能采取强制性措施。在调解工作中，调解员要运用国家的法律法规和政策规章等规定，根据社会的道德要求，对当事人进行说服教育、耐心疏导，消除隔阂，化解纠纷。因此，调解员必须平等地和医患双方当事人进行深入的沟通交流，态度要和蔼，能切身体会和感受当事人的处境，切不可采取粗暴的作风，而引起当事人的反感，从而造成医患双方的矛盾不仅没有消除反而进一步激化，同时也会造成医患双方产生对于医疗纠纷调解的抗拒情绪。

第五节　宁波市医疗纠纷调解协议的法律效力

调解协议是最重要的调解文书，在全部调解文书中居于核心地位，经医疗纠纷人民调解委员会调解解决的纠纷，有民事权利义务内容的，或者当事人要求制作书面调解协议的，应当制作书面调解协议。调解协议基本能反映一个医疗纠纷经过调解而得到解决的全过程。

一、医疗纠纷调解协议的概念

医疗纠纷调解协议是在人民调解委员主持下，医疗纠纷当事人依照国家法律、法规、规章、政策和社会主义道德，在查明事实，分清责任的基础上，通过平等协商、互谅互让，对纠纷的解决自愿达成一致意见的意思表示，一般为书面形式。

二、医疗纠纷调解协议的性质

根据《最高人民法院关于审理涉及人民调解协议的民事案件的若干规定》第1条规定，经人民调解委员会调解达成的、有民事权利义务内容，并由双方当事人签字或者盖章的调解协议，具有民事合同性质，当事人应当按照约定履行自己的义务，不得擅自变更或者解除调解协议。

医疗纠纷调解协议属于民事合同，内容上涉及医患双方当事人设立、变更或者消灭民事权利义务的合同协议。根据法律规定，凡是民事主体之间就民事权利义务关系所自愿达成的协议就是民事合同，至于医患双方当事人在协议订立过程中所采用的方式、方法等，并不影响其民事合同的性质。需要注意的是，医疗纠纷调解协议尽管是在医疗纠纷人民调解委员会主持下达成，但是仍然是医患双方当事人在自愿的基础上协商达成的，调解协议表达的是当事人自己的意愿，以自己的名义订立，处分的是当事人之间的而非与医疗纠纷人民调解委员会之间的民事权利义务关系。因此，医疗纠纷人民调解委员会介入达成调解协议，并没有改变调解协议民事合同的性质。

三、医疗纠纷调解协议的法律效力

根据《宁波市医疗纠纷预防与处置条例》第 35 条规定,医疗纠纷经调解达成协议的,医疗纠纷人民调解委员会应当制作调解协议书。调解协议书由双方当事人签名、盖章或者按指印,经调解员签名并加盖医疗纠纷人民调解委员会印章之日起生效。由于医疗纠纷调解协议的性质属于民事合同,具有民事合同的法律效力,医患双方当事人应当按照约定履行自己的义务。如果一方不按照约定履行自己义务的,在性质上就属于违约,应当承担违约责任。但是,如果医疗纠纷调解协议签订后任何一方当事人反悔或者不履行协议的,调解协议并不具有解决医疗纠纷的最终法律效力,也不具备强制执行力。在调解协议签订后,如果任何一方不履行协议,在法定诉讼时效内,当事人一方可以向人民法院提出诉讼,请求对方当事人履行调解协议,或者请求变更或者撤销调解协议,或者请求确认调解协议无效。当事人一方起诉请求履行调解协议,对方当事人反驳的,有责任对反驳诉讼请求所依据的事实提供证据予以证明。当事人一方起诉请求变更或者撤销调解协议,或者请求确认调解协议无效的,有责任对自己的诉讼请求所依据的事实提供证据予以证明。当事人一方以原纠纷向人民法院起诉,对方当事人以调解协议抗辩的,应当提供调解协议书。因此,一般来说,如果没有确凿、充分的证据证明,调解协议不能被当事人一方面随意推翻和否认的。

四、医疗纠纷调解协议的有效条件

有效的医疗纠纷调解协议必须符合法定的有效条件,反之则属于无效的调解协议。根据最高人民法院《关于审理涉及人民调解协议的民事案件的若干规定》第 4 条的规定,必须具备下列条件的,调解协议有效。

（一）当事人具有完全民事行为能力

医疗纠纷调解协议是以医患双方当事人的意思表示为基础,并以产生一定的法律效果为目的,因此,签订协议的行为人必须具备正确理解自己的行为性质和后果、独立表达自己意思的能力。根据我国《民法通则》的规定,限制民事行为能力的人只能实施与其年龄、智力相适应的民事行为,其他的活动必须由其法定代理人代为实施,或在征得其法定代理人同意后才能实施。一般说来年满 18 周岁智力健全的公民,具有完全民事行为能力人,已满 16 周岁不满 18 周岁的公民,以自己劳动收入作为主要生活来源的,视为完全民事行为能力人,完全民事行为能力人具有相应的民事权利能力和民事行为能力,并可以独立承担相应的法律责任,即可以作为签订医疗纠纷调解协议的当事人。

医疗机构作为医患关系中一方当事人,一般应为法人。我国《民法通则》第

36 条规定:"法人是具有民事权利能力和民事行为能力,依法独立享有民事权利和承担民事义务的组织。"法人的民事权利能力,从法人成立时产生,到法人终止时消灭。由于法人本身不可能像自然人一样实施民事行为,其行为能力是通过法人的法定代表人或代理人实现的。

（二）意思表示真实

意思表示真实是协议生效的重要构成要件,因为医疗纠纷调解协议在本质上是当事人之间的一种合意。协议当事人的合意符合法律规定的,依法律可以产生法律约束力。而当事人的意思表示能否产生此种约束力,则取决于意思表示是否真实。如果意思表示不真实,对调解协议效力的影响应视具体情况而定,有可能导致协议无效或可撤销。

（三）不违反法律或者社会公共利益

从法律上看,医疗纠纷调解协议之所以能产生法律效力,就在于当事人的表示符合法律的规定。对合法的协议,法律赋予其法律上的约束力,不合法的协议显然不能受到法律保护,也不能产生当事人预期的法律效果。调解协议不违反法律,是指合同不得违反法律的强制性规定,主要是指协议的内容合法,即协议的各项条款都必须符合法律法规的强制性规定。所以,调解协议的内容要产生法律效果,必须合法;同时调解协议不得违反社会公共利益。将不违反社会公共利益作为协议生效的要件,可以大大弥补法律规定的不足。将社会公共利益作为衡量调解协议生效的要件,既有利于维护全体人民的共同利益,也有利于维护社会公共道德。

五、医疗纠纷调解协议的无效情形

最高人民法院《关于审理涉及人民调解协议的民事案件的若干规定》在规定调解协议有效的情形之外,还明确规定无效的情形,具体如下:

（一）损害国家、集体或者第三人利益

当事人达成的医疗纠纷调解协议如果损害国家、集体或者第三人利益,该协议便不能得到法律的认可,该协议是无效的。这样的协议通常是通过协议双方的恶意串通、非法勾结,为牟取私利而订立的。

（二）以合法形式掩盖非法目的

合法形式掩盖非法目的的签订医疗纠纷调解协议行为,这是指行为人为规避法律强制性规范,达到其非法目的而实施的以合法形式出现的调解协议签订行为。在这里,行为人是采用另一种合法的民事行为对其非法目的加以掩盖。

（三）损害社会公共利益

损害社会公共利益,这是指行为人实施的签订医疗纠纷调解协议的结果对社会公共利益造成了损害。社会公共利益是相对于个人利益而言的,它事关全社会的利益,表现为社会上应有的道德准则。有些行为虽然在法律上没有禁止性规定,也可能属于损害社会公共利益的行为。

（四）违反法律、行政法规的强制性规定

此处的法律是指全国人大及其常委会制定的法律,行政法规是指国务院制定的行政法规,不能作扩大理解,把地方性法规和行政规章作为判定医疗纠纷调解协议有效与否的依据。

（五）人民调解委员会强迫调解的,调解协议无效

自愿、平等是医疗纠纷调解的基本原则,如果医患双方当事人的任何一方不愿意或拒绝通过调解的方式解决医疗纠纷,医疗纠纷人民调解委员会就不能进行调解,强迫调解的,调解协议自然无效。

对于无效的医疗纠纷调解协议自始至终没有法律约束力,但调解协议部分无效,不影响其他部分效力的,其他部分仍然有效。

六、医疗纠纷调解协议的变更或撤销

医疗纠纷调解协议的变更或撤销,是指当事人请求人民法院修正或撤销内容违反当事人真实意思的调解协议的行为。根据最高人民法院《关于审理涉及人民调解协议的民事案件的若干规定》,有下列情况之一的,当事人一方有权请求人民法院变更或者撤销调解协议:

（一）存在重大误解的民事行为

所谓重大误解,是指行为人因对行为的性质、对方当事人、标的物的品种、质量、规格和数量等的错误认识,使行为的后果与自己的意思相悖,造成较大损失的意思表示。因重大误解而签订的医疗纠纷调解协议虽然不是因受他人的欺诈或不正当影响所造成,但这是在与行为人真实意思相悖的情况下实施的,故影响行为的法律效力。存在重大误解的医疗纠纷调解协议应当具备如下条件:行为人对所为的医疗纠纷调解协议的内容有错误认识;行为人基于这种误解作出了意思表示;误解因行为人自己的过失造成,并非因受他人的欺诈或不正当影响造成;因重大误解实施的医疗纠纷调解协议给行为人造成了较大损失。

（二）在订立调解协议时显失公平的

根据《民法通则》的规定,因显失公平成立的民事行为为可撤销的民事行为。显失公平的民商事行为,是指签订医疗纠纷调解协议的效果明显违背公平原则。一般说来,一方当事人利用优势或者利用对方没有经验,致使双方的权利义务明显违反公平、等价有偿原则的,可以认定为显失公平。存在显失公平的医疗纠纷调解协议应当具备如下条件:须为有偿行为,因为无偿行为中一方当事人不支付对价,所以谈不上公平与否的问题;须行为内容明显违背公平原则;该不公平的结果是因受害人自己没有经验或劣势所致。

（三）一方以欺诈、胁迫的手段或者乘人之危，使对方在违背真实意思的情况下订立的调解协议

一方当事人故意告知对方虚假情况，或者故意隐瞒真实情况，诱使对方当事人做出错误的意思表示而签订的医疗纠纷调解协议，即为欺诈手段，使对方违背真实意思，调解协议可撤销；一方当事人以将要发生的损害相威胁，使对方产生恐惧心理而被迫签订医疗纠纷调解协议，即为胁迫的手段，使对方违背真实意思，调解协议可撤销；一方当事人利用他人的危难处境或紧迫需要，迫使对方接受某种明显不公平的条件，做出违背自己真实意愿的意思表示而签订医疗纠纷调解协议，即为乘人之危的手段，使对方违背真实意思，调解协议可撤销。

医疗纠纷调解协议变更或者撤销权由因意思表示不真实而受损害的一方当事人享有，如重大误解的误解人、显失公平中的遭受重大不利的一方当事人、受欺诈或受胁迫者等，权利人只能请求人民法院通过诉讼程序变更或者撤销医疗纠纷调解协议，但是有下列情形之一的，撤销权消灭：

（1）具有撤销权的当事人自知道或者应当知道撤销事由之日起一年内没有行使撤销权。

（2）具有撤销权的当事人知道撤销事由后明确表示或者以自己的行为放弃撤销权。

七、医疗纠纷调解协议的履行

医疗纠纷人民调解协议的履行就是达成协议的医患双方当事人按照协议约定完成各自义务，使协议内容得以实现的行为。

（一）医疗纠纷调解协议履行的原则

1. 实际履行原则

是指签订调解协议当事人必须严格按照协议规定的标的履行自己的义务，未经权利人同意，不得以其他标的代替履行或者以支付违约金和赔偿金来免除协议规定的义务。实际履行基本含义为两个方面：一是当事人应自觉按约定的标的履行，不得任意以其他标的代替约定标的，尤其不能简单地用货币代替协议规定的实物或行为；二是当事人一方不履行或不完全履行时，首先应承担按约履行的责任，不得以偿付违约金或赔偿损失来代替协议标的履行，对方当事人有权要求其实际履行。当然实际履行的要求不是绝对的，在某些特殊情况下并不适用，如以支付特定物为义务的调解协议，当该标的物灭失时，实际履行就不可能实现。

2. 适当履行原则

又称正确履行原则或者全面履行原则，是指当事人按照法律规定或者调解协议约定的标的及其质量、数量，由适当的主体在适当的履行期限、履行地点，以适当的履行方式，全面完成债务的履行原则。《合同法》第 60 条第 1 款表述为："当事

人应当按照约定全面履行自己的义务。"

当履行与实际履行既有区别又有联系。实际履行强调债务人按照协议约定交付标的物或者提供服务,至于交付的标的物或者提供的服务是否适当,则无力顾及。适当履行即要求提供债务人实际履行,交付标的物或者提供服务,也要求交付的标的物、提供的服务符合法律和合同的规定。可见,适当履行必然是实际履行,而实际履行未必是适当履行。适当履行原则所要求的履行主体适当、履行标的适当、履行期限适当、履行方式适当等。

3. 协作履行原则

是指当事人不仅适当履行自己的调解协议债务,而且应基于诚实信用原则的要求协助对方当事人履行其债务的履行原则。调解协议的履行,只有债务人的给付行为,没有债权人的受领给付,调解协议的内容仍难实现。因此,履行调解协议,不仅是院方的事,也是患方的事。只有双方当事人在调解协议履行过程中相互配合、相互协作,调解协议才会得到适当履行。

（二）不履行或者履行不符合协议的法律后果

不履行医疗纠纷调解协议或者履行不符合医疗纠纷调解协议,实质上都属于违约行为。如果不履行或者履行不符合协议,医疗纠纷人民调解委员会应根据实际情况做出处理,违约者也对其违约行为承担责任。

1. 医疗纠纷人民调解委员会对不履行或者履行不符合协议的处理

一般有三种方式:①当事人无正当理由不履行协议的,应当作好当事人的工作,通过说服教育规劝,督促其履行协议;②如当事人提出协议内容不妥,并要求变更协议内容的,可在征得双方当事人同意后,经再次调解变更原协议内容,或者重新达成调解协议;③经过说服教育、督促协调当事人仍不履行医疗纠纷调解协议或者不按照约定履行的,应告诉当事人需求其他途径如人民法院起诉寻求解决。

2. 不履行或者不按照约定履行所应承担的主要责任形式

（1）继续履行:又称强制实际履行,是指一方违约后,由法院依另一方当事人的请求强制违约方继续履行医疗纠纷调解协议债务的责任形式。继续履行虽然是协议履行的继续,其内容仍然是履行原协议债务,并未因此增加债务人的债务。

（2）赔偿损失:在合同法中又称违约损害赔偿,是指违约方因不履行或不完全履行合同义务而给对方造成损害后,依照合同的约定或法律的规定向对方承担的损害赔偿责任。《合同法》规定,当事人一方不履行合同义务或者履行合同义务不符合约定的,应当承担赔偿损失等违约责任。当然,赔偿数额应当与因违约所造成的实际损失额一致。

（3）违约金责任:违约金是指由当事人约定的或法律直接规定的,在违约发生后由违约方向守约方支付一定数额的金钱或其他给付。对于违约金含义包括:

①违约金主要是由合同当事人双方事先约定的,是当事人意思自治的体现。不过在个别情况下也可由法律直接规定。②违约金须在一方违约后向守约方支付,并非订立合同的同时支付。③在我国法律中,违约金的支付是一种违约责任的形式。虽然大陆法系国家多认为违约金是一种担保主债务履行的担保形式,但我国《民法通则》第134条和《合同法》第114条将支付违约金当作了一种民事责任的承担方式。④违约金责任的成立一般无须考虑实际损失问题,只要发生了违约行为就应当支付违约金,这一点区别于赔偿损失责任。该种情形在医疗纠纷调解协议中并不常见。

第六节　宁波市医疗纠纷人民调解制度的评价

作为医疗纠纷医患协商、行政调解和司法解决的有力补充,医疗纠纷人民调解处理机制的建立,能有效维护医患双方权益,转移医疗执业风险,减少医患冲突发生,但其公信力的问题必须解决,这也是医疗纠纷调解工作的基本保障。

一、宁波市医疗纠纷人民调解制度的特点分析

根据医疗纠纷"宁波解法",宁波市在市和各县(市)、区设立医疗纠纷人民调解委员会,聘请法医、医学专家和法律界人士担任调解员,负责医疗纠纷的调解工作。医疗纠纷人民调解委员会应当自受理调解开始之日起30日内调结;到期未结束的,视为调解不成,双方当事人同意延期的除外[1]。调解作为其他三种医疗纠纷处理途径(医患协商、行政调解和司法诉讼)的补充。该机制的特点主要包括了以下四点:

(一)司法部门负责管理和指导体现中立

以前的医疗纠纷处理机制一直被社会民众所诟病,究其原因是医患双方当事人地位和信息的不对等,由此造成的直接后果就是患方更希望能有客观公正的力量能够从第三方角度进行评判,而具有独立性质的司法制度费时费力,由卫生行政部门组织的调解因无法脱离卫生系统框架终难以被患方所认可,从而可能造成矛盾和冲突的扩大,甚至扭曲医疗纠纷处理的最初目的和形式,医闹现象随之出现也不足为奇。鉴于这种社会形势,宁波市医疗纠纷人民调解委员会由司法部门负责管理和指导,独立于卫生系统之外,不受其他行政部门干涉,体现中立,以谋求医患双方当事人对医疗纠纷人民调解委员会其真正第三方性质的认可,为调解奠定信任基础。

[1]宁波市卫生局.医疗纠纷处置的宁波实践与探索[J].中国医院,2009,(3).

（二）专业人员参加调解以保障处理专业

医疗损害后果的出现常常是多种原因造成,而医疗纠纷的依法处置要涉及法学、医学、药学和管理学等综合知识,这种交叉学科的融合和过于专业性、复杂性,也是造成医疗纠纷处理法院审理难、律师不愿意接等实际困难,因此处置的公正公平必须依靠多种知识背景的专业人士的介入并予以判断。对此,医疗纠纷人民调解委员会根据需要建立医学、法律咨询专家库,聘请一定数量的医学、法律专家组成专家库,为调解工作提供专业技术咨询支持,体现专业[1]。此外,对于索赔金额达到一定数额(一般为10万元)须进行医疗事故技术鉴定或医疗损害鉴定,由医学会组织专家进行判定,以保障处理依据的专业。

（三）制度保障调解体现便民原则

宁波市医疗纠纷人民调解委员会受理医疗纠纷调解申请后,可以由当事人选择一名或者数名人民调解员进行调解,实现医患双方的选择权。同时,在原有医疗纠纷处理途径中,司法诉讼尽管是脱离卫生系统,具有独立第三方的性质,但是基于诉讼费用、诉讼时间和诉讼程序等问题,让患者在选择医疗纠纷处理途径上,常常是迫于无奈才会选择司法诉讼。对此,为了鼓励和支持医疗纠纷人民调解,医疗纠纷人民调解委员会的调解工作经费和人民调解员补贴经费由政府各级财政保障,调解不收费;为了提高工作效率和工作成效,宁波市在设立医疗纠纷人民调解委员会同时,也设立医疗纠纷理赔处理中心,两种机制相互补充,相互支持,同时也对调解时间予以了限制规定,以上均体现便民原则,也提高了工作效率[2]。

（四）成为医疗纠纷其他处理方式的有力补充

如今的医闹现象让医疗机构不胜其扰,医疗秩序更是难以得到保障,亟须有效的处理措施。对于原有医疗纠纷处置途径,人民调解机制并没有完全加以限制,对于患者索赔金额较低的(一般为1万元以下),医患双方可以进行自行处理。同时,患方对参加医疗责任保险的医疗机构索赔金额1万元以上(不含1万元)的,医疗纠纷人民调解委员会应当通知保险机构参加,调解制度和理赔制度的并行也增加了调解的可操作性[3]。至于调解结论的法律效力,根据规定调解结果不具备法律约束力,当事人不服调解结果,同样也可以向人民法院提起诉讼,但是已经向法院提起诉讼的,医疗纠纷人民调解委员会不再受理其处理或调解申请;已经受理的,终止调解。

---

[1] 张泽洪,徐伟民.宁波市医疗纠纷第三方调解机制[J].中华医院管理,2009,(10):234-236.

[2] 宁波市卫生局.宁波市医疗纠纷处置机制及成效[J].中华医院管理,2010,(5).

[3] 朱晓卓,等.宁波市医疗纠纷协商理赔制度的实践和思考[J].南京医科大学学报(社会科学版),2011,(42).

二、宁波市医疗纠纷人民调解制度存在的问题

人民调解机构作为第三方介入医疗纠纷的调解,在很大程度缓解医患之间的直接对抗,但宁波市医疗纠纷人民调解机制仍处于探索阶段,在实施过程中仍然存在诸多的不足之处。

（一）医疗纠纷人民调解委员会作为第三方的公信度问题

首先,宁波市在设立医疗纠纷人民调解委员会的同时,也有多家保险公司共同组织成立理赔处理中心。由于医疗纠纷争议的解决大多是通过经济补偿实现,作为真正意义上第三方医疗纠纷人民调解委员会无权确定赔偿数额,更多是发挥引导医患双方调解的作用,推动理赔工作的开展[1]。其次,在目前社会道德价值观念多元化的背景下,医疗纠纷处置的关键更集中于经济赔偿问题的解决,对于道德责任的认定更需要通过经济赔偿以实现,而医疗纠纷协商理赔机制因为有医疗责任保险的保障,让医疗纠纷责任的实现需要理赔处理中心对责任程度的认定以及赔偿金额的核算等完成,尤其是医疗纠纷人民调解处理缺乏自身制度和程序上的设计,整个调解处理程序容易成为医疗责任保险理赔程序,或者医疗责任保险理赔程序主要部分就成为调解程序,理赔结束也就意味着调解结束,在人民调解依附协商理赔情况下就可能造成当事人对于调解程序中某些环节存在不满,这样的结果必然会削弱医疗纠纷调解的作用。第三,在医疗纠纷人民调解过程中,参与主要为三方,分别为医患双方当事人和医疗纠纷人民调解委员会,其中医疗纠纷人民调解委员会占据主导地位,尽管医疗纠纷人民调解委员会具有独立的第三方性质,但同样需要社会民众对其程序、调解人员予以有效监督,无疑目前这种监督机制还是有所欠缺的,调解结论自然可能会受到质疑。

（二）医疗纠纷人民调解委员会机构建设的保障问题

医疗纠纷的调解中,需要涉及医学、法律、保险等相关专业人员,需要相应的办公场所、维持性管理经费[2]。目前,我国在第三方调解机制方面处于初步探索和发展阶段,在人员、机构设置、运行管理等方面都存在一定欠缺,势必会影响相关工作的开展。这些都有待于在后续工作中不断完善,尤其是从目前国内实行第三方调解机制的地区来看,相关专业人员的合理配备问题是阻碍更好提供调解服务工作的瓶颈问题[3]。因此,为了保障医疗纠纷调解工作的顺利开展,医疗纠纷人民调解委员会需要一批具有医学、药学、保险学、法学和社会学等多方面知识的高素质复合型专业人才。但是,目前部分县市区对医疗纠纷人民调解委员会机构建设、经费

[1] 陈健尔,朱晓卓.关于医疗纠纷第三方处理机制的实践与研讨——以《宁波市医疗纠纷预防与处置暂行办法》为例[J].医学与法学,2009,1(3).
[2] 毕玉田.蔺武军.程晓斌.医疗纠纷第三方调解机制中各因素分析[J].医院院长论坛,2011,(4).
[3] 宁波市卫生局.宁波市医疗纠纷处置机制及成效[J].中华医院管理,2011,26(5).

保障、人员和设备配备还很困难,尤其是调解员很多是司法、卫生等系统退休人员组成,工作能力和素质也跟不上医疗纠纷调解服务需求,且普遍存在人员匮乏、调处能力偏低、专业知识欠缺、工作动力不足和沟通能力较弱等问题,缺乏必要的人才培养保障机制,难以实现医疗纠纷调解专业队伍的可持续发展,造成在责任风险防范机制、医疗纠纷调解、理赔服务效能以及法律制度理解等方面存在诸多缺陷,从而影响医疗纠纷调解工作的实际成效,不利于充分发挥人民调解机制在医疗纠纷处置中的独特优势。

（三）医疗纠纷人民调解的鉴定证据问题

鉴定结论是医疗损害认定最为重要的证据。医疗纠纷处理中常见的是医疗事故技术鉴定、医疗损害鉴定和司法鉴定等三类,尽管调解中并不排斥司法鉴定,并且医学会组织开展的医疗事故技术鉴定和医疗损害鉴定的确也存在鉴定时间长、效率低、鉴定过程不透明等问题,但考虑到其专业针对性以及相关法律法规适用的现实要求,医疗损害鉴定更为常见。根据规定,医学会组织的医疗事故技术鉴定的受理有以下途径:一是需要受理医疗事故争议处理申请的卫生行政部门提出申请,二是由医患双方当事人共同向医学会申请组织进行鉴定（必须有双方的合意）,三是人民法院委托医学会进行医疗事故技术鉴定[1]。至于医疗损害鉴定,医学会也只接受人民法院和医患双方共同委托。医疗纠纷人民调解委员会在调解纠纷中如需鉴定结论,一般只有通过医患双方共同委托方可,但是如果医患双方有一方不同意鉴定,调解如何进行? 如果患者提出的是医疗侵权而非医疗事故争议,自行委托司法鉴定是否可行? 调解是免费的,由医疗纠纷人民调解委员会提请的鉴定是否可以免费? 在调解过程中,专家是否可以接受质证? 这些亟待相关法律法规进一步完善[2]。

（四）医疗纠纷人民调解和司法诉讼衔接问题

根据规定,经调解当事人未达成协议或者达成协议后又反悔的,任何一方都可以请求法院进行诉讼解决,也就是说调解并不能排斥当事人向法院起诉的权利。但是,如果进入诉讼程序,对于原有的医疗纠纷调解处理结果又该如何对待? 是需要法院的重新审理? 还是只需要法院对调解程序等方面进行调查? 因此,医疗纠纷的调解和司法诉讼程序上的衔接仍然需要进一步完善。

（五）对医疗机构的医疗安全监管途径问题

根据规定,对医疗纠纷调解过程中发现的医疗机构管理、医疗服务质量及医疗安全方面的问题,医疗纠纷人民调解委员会向医疗机构提出防范建议,并报主管卫生行政部门,由卫生行政部门责令和督促医疗机构整改、责任追究和违规情

---

［1］朱晓卓,田侃.试论医疗事故技术鉴定中再次鉴定的法律问题［J］.中国卫生事业管理,2008,25（2）.
［2］朱晓卓.宁波市医疗纠纷实施人民调解机制中存在的问题与对策［J］.医学与社会,2013,（6）.

况公示。由于医疗纠纷人民调解委员会提出的医疗纠纷防范建议必须通过卫生行政主管部门才能实现,作为独立的第三方如何直接反映患者及社会的声音和诉求则是应该予以考虑。

三、宁波市医疗纠纷人民调解制度的完善思路

医疗纠纷人民调解机制发挥第三方的作用,以协调医患之间的关系,相比其他解决途径,医疗纠纷处理的高效率、公平、公正、公开以及非对抗性、经济性、简便性等是其优势。但是,只有这种优势在制度体系中得到充分实现,调解结果才会被医患双方所接受。因此,为了能在预防和化解医疗纠纷方面发挥有效作用,该制度需要进一步推进公正、公平、公开,重视科学合理的处理依据,才能获得社会民众更多的支持,由此宁波市医疗纠纷人民调解机制可以对下述问题予以考虑并加以完善。

(一)加强医疗纠纷第三方调解机制的公信力

医疗纠纷处理的主要途径有医患双方协商、卫生行政调解、法院诉讼,但是全国各地由医疗纠纷引发的围堵、打砸医疗机构和医务人员等恶性事件仍时有发生[1]。患方对以上处理途径的信任程度不高是其采取过激行为的主要原因之一,因此加强医疗纠纷人民调解委员会的公信力至关重要。因此,可以通过政府部门的主导,多部门和管理机构的参与,专业人员的评判,完善的监督机制加强和维护第三方调解机制的中立性、独立性、公平性,才能让医患双方,尤其是患者一方更加相信第三方调解机构,更加愿意通过该机制妥善处理医疗纠纷[2]。此外,要加强窗口建设,规范服务程序,突出以人为本,规范严谨的调解工作程序是获得公正调解结果的形式保障,这也是取信医患双方,树立医疗纠纷调委会公信形象的必要举措。因此,必须坚持走规范化发展之路,从受理申请、调查取证、主持调解、签订调解协议、档案管理、保密义务等等各个工作环节进行制度规范,确保规范调解、阳光调解、公正调解。同时,加强窗口建设,围绕以人为本,开展人性化服务,突出服务形象,积极主动介入医疗纠纷,以周到诚恳的服务态度和公平持正的精神面貌树立医疗纠纷人民调解委员会的良好工作形象。

(二)完善医疗纠纷理赔和调解的互补协调机制

医疗纠纷的责任认定决定了是否有经济赔偿以及赔偿金额的确定,如果没有保险公司的介入,而让医疗机构自己承担这一赔偿风险也是不现实的,必然会引起社会矛盾的激化,而且责任认定和确定赔偿也是保险公司的本职事务。因此,医疗纠纷人民调解机制需要和医疗纠纷协商理赔机制实现互补协调,在各自承担的职能方面进一步细化,可以考虑将医疗纠纷人民调解委员会在医疗纠纷处理中的作

---

[1]毕玉田,蔺武军,任家顺.医院在医疗纠纷处理中如何依法维权[J].中华医院管理杂志,2010,26(4).
[2]李华,王振维.医疗纠纷处理中第三方调解机构的探析[J].中华医院管理杂志,2011,27(2).

用进行前置,医疗纠纷人民调解委员会负责组织对医疗纠纷责任双方的认定及相关调解协商工作,而医疗纠纷协商理赔机构承担根据责任认定进行医疗纠纷赔偿金额计算和赔付的工作,实现医疗纠纷第三方调解第三方理赔以有效发挥作为第三方的医疗纠纷人民调解机制的作用,提高社会对调解结果的认可度。当然,在条件成熟的情况下,可以考虑逐步组成类似医疗纠纷处理事务所之类的完全独立第三方机构全面负责医疗损害纠纷的调解和赔偿工作。

（三）强化鉴定结论对于医疗纠纷调解的依据作用

鉴定是当前处理医疗纠纷最为重要的依据。相比而言,医疗损害鉴定应该比司法鉴定更具有医学方面的全面性和专业针对性,所以应重视医疗损害鉴定结论的作用。从处理导向而言,对于相对复杂的案件,医疗损害鉴定可以作为任何途径解决医疗纠纷(主要以医疗侵权为由的纠纷)处理的必经程序,尤其是双方有意愿或是双方对于医疗过错存在较大争议时,其效力应该高于一般的专家意见(表4-1)。当然作为一种处理导向,医患双方如果就医疗纠纷提请调解,也就可认为双方同意为解决争议而在必要情况下愿意共同申请鉴定,同时在调解中需要进行鉴定的,也都应该由医疗纠纷人民调解委员会统一委托,当然这些需要相关法律法规予以确认。

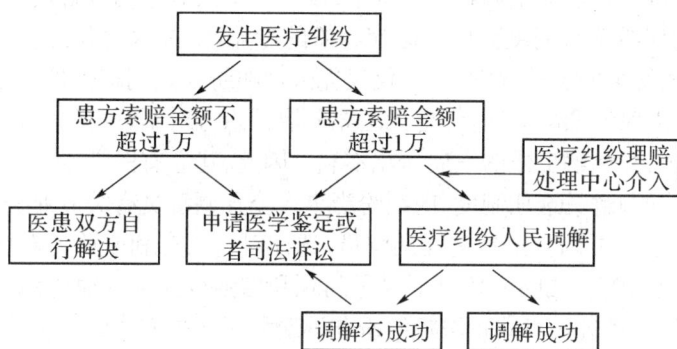

图4-1 医疗纠纷调解的处理程序

（四）推进医疗纠纷调解和司法诉讼的有效衔接

医疗纠纷调解和司法诉讼并不冲突,医患双方当事人对于调解结论不服,仍然可以提出司法诉讼。鉴于医疗纠纷的调解也涉及医学、法律等知识的判定,很多情况也需要有鉴定结论作为调解的参考依据,法院在审理时对于调解结论应该予以参考,但审理的重点应该在调解程序是否合法、调解协议的履行变更和撤销等内容,而对于协议的实质内容,在没有显失公平的情况下不宜变动,由此实现医疗纠纷诉讼解决和非诉解决的衔接,减少诉累,提高法院审理效率。当然如果患方提出医疗侵权诉讼而非医疗事故诉讼,根据《侵权责任法》和最高人民法院的司法解释等相关规定,患方仍然应有选择进行司法鉴定或医疗损害鉴定的权利,如果调解中未进行医疗事故技术鉴定而患方提出医疗事故诉讼的,患方也同样应有提出医疗事故技术鉴定的权利。

（五）确立以第三方促进医疗纠纷预防和医疗服务提升

医疗纠纷处理很重要,但更重在防范。医疗纠纷人民调解委员会在调解处理过程中观察到的问题与医疗机构医疗服务质量、患者安全和纠纷防范直接相关,这是从第三方的角度观察医疗机构运营中存在的问题,也必须与现行的卫生系统内上级机关检查、专家督导、医疗机构之间互检都有区别[1]。对此,在改进和提升医疗机构自身医疗服务质量的过程中,可依托医师协会、律师协会等大型专业组织和社会团体以第三方的角色发挥对医疗服务质量的监管作用,也可利用社会资源建立医疗服务监察机构,人员由社会人士组成,直接受理医疗纠纷人民调解委员会的意见和建议,从而有效分担医疗纠纷处理和和谐医患关系建设的社会责任。当然,医疗纠纷人民调解委员会的意见和建议同样也应上报卫生行政部门,卫生行政部门在综合反馈情况后,不仅可以对新出现的医疗纠纷动向向各相关医疗机构提出警示,更可将整改情况作为医疗机构考核等工作的重要依据之一。

（六）推进医疗纠纷第三方处理人员的选任制度和专业准入

调解的质量主要取决于调解员的水平,没有当事人满意的调解员,就不会有令人满意的医疗纠纷调解制度。由于医疗纠纷的专业性、技术性和公正性的要求比较高,面对纷繁复杂的各种医疗纠纷,仅仅凭医疗纠纷人民调解委员会有限的几个调解员是不足以保证调解的质量,也无法充分取得患方对调解员的专业信任,对于推进医疗纠纷人民调解工作的发展深化不利。因此,建立有医学专家、法律专家的调解员信息库和调解员选任制度,向纠纷当事人公开调解员有关专业资料,在具体案件中允许当事人可以自由地选任调解员,选任对自己有利或认为对自己有利的调解员,将对缓和医患之间的信息不对称问题和增强彼此的沟通协商能力具有非常重要的意义,也将进一步纠正医疗纠纷非诉讼程序解决方式的公正性偏差问题。此外,宁波市医疗纠纷人民调解网络健全后,人数需要大幅增多,由于医疗纠纷调解工作专业性强,面对各种错综复杂的医疗纠纷,调解人员责任重、压力大,需要有一支复合型的高素质人才队伍,这需要进行相应的专业方面培训,卫生、司法和保监各部门结合本部门的专业,对医疗纠纷人民调解委员会工作人员进行业务培训,提高其业务水平和工作能力,逐步实现资格准入制;同时,可通过高校培养既懂医学又懂法律还能做调解工作的复合型人才,确保调解人才队伍的可持续发展[2]。

[1]张鸣,等.美国医疗纠纷处理与立法经验对我们的启示[J].中华医院管理,2009,25(4).243-247.

[2]朱晓卓.加强宁波市医疗纠纷调解理赔专业队伍建设的思考[J].中国农村卫生事业管理,2011,(8).

（七）推动专业组织、社会团体参与医疗纠纷第三方处理

当前,我国政府和公民两元社会格局的影响仍根深蒂固,通过社会力量解决社会问题的机制远未形成,我国各地医疗纠纷处理第三方难免和政府部门或医疗卫生系统存在千丝万缕的关系。因此,应积极探索社会团体和社会资源解决医疗纠纷的新机制,可以借鉴国外仲裁协会、医师协会以及律师协会等大型专业组织和社会团体在防范和处理医疗纠纷中的重要作用,积极探索社会团体和社会资源解决医疗纠纷的新机制,在条件成熟的情况下,宁波市可逐步组成类似医疗纠纷处理事务所之类的完全独立第三方机构,提高社会公信度,从而有效分担医疗纠纷处理和和谐医患关系建设的社会责任。

（八）医疗纠纷调解处理中要规范专家证据的使用

当前我国的医疗事故技术鉴定尽管由医学会组织,而医疗损害鉴定由医学会或其他具有相应临床专科知识和经验的鉴定人员的司法鉴定机构组织,但鉴定专家大多还是来自于医药卫生系统,从鉴定人员身份上而言,其公正性仍有疑问,尤其是鉴定专家并没有义务接受医患双方的询问、只提供鉴定结论的做法,可能会导致医疗问题难以解释清楚（尤其是对患方）,而引发更多的质疑,造成纠纷的难以解决。不难看出,现行的鉴定结论采信制度,可能会影响裁判的公正和客观性[1]。因此,医疗纠纷人民调解委员会为了能让医患双方都能接受调解结论,有必要在医疗纠纷调解处理中建立专家证据规范,既包括出具鉴定结论,也包括专家接受医患双方的质询,无论是医疗纠纷人民调解委员会自行组织的专家论证,还是医疗事故技术鉴定或医疗损害鉴定都应如此,以此获得医患双方当事人更多的支持和配合。

---

[1] 陈广华.论医疗损害赔偿纠纷法律制度的完善[J].广西政法管理干部学院学报,2013,28(4).

第五部分

医疗纠纷"宁波解法"典型案例讨论

案例1 院方仅告知不全是否可以向医疗纠纷理赔处理中心申请理赔

一、事件介绍

孕妇乐某,女,25岁,因"孕35+3周例行B超检查提示参照小月份检查情况"于2011年8月5日到宁波市某妇幼保健院就诊。复查B超示:脐带绕颈,单脐动脉,参照中孕检查情况,诊断为:胎儿生长缓慢。院方给予患者静脉输注氨基酸、维生素C等治疗。8月15日,早上孕妇自觉胎动消失,复查B超示:"宫内死胎"。当日患者家属纠集20余人到医院闹事,要求赔偿,遂发生纠纷。

二、争议情况

患方认为:医院给孕妇使用氨基酸、维生素C导致胎儿死亡,要求赔偿20万元。院方则认为:院方的医疗行为和胎儿死亡并无直接因果关系,但院方也存在对单脐动脉告知不到位、未行书面告知、病例记录欠缺等问题。

三、处理过程

尸检报告死因分析：胎儿 35 周 +5，羊水过少、发育迟缓，胎儿的肺组织镜下所见肺泡已扩张，伴有羊水吸入，说明胎儿宫内已出现呼吸状态；胎儿宫内没有呼吸，也不能呼吸，出现呼吸是胎儿严重缺氧，宫内窒息的表现。因此该胎儿由于宫内严重缺氧、窒息致死。

宁波市医学会医疗损害鉴定结论：该孕妇存在胎儿单脐动脉、胎儿生长受限等情况，提示胎盘功能不全、胎儿慢性缺氧，随时会发生胎死宫内可能，并且可能为均称型胎儿生长受限，预后更差；同时又存在宫内感染，也是导致该胎儿死亡的原因之一。医方在该诊疗过程中，给予氨基酸静滴、吸氧等处理符合规范，但向家属交代病情不够详细，未告知患方胎儿不良结局的可能性，使患方未认识到病情的严重性，对胎儿期望值过高，出现胎儿死亡的后果是本身疾病所致，与上述医方过错无因果关系，院方在医疗活动中存在告知不全的医疗过错，但与乐某胎死宫内的结果无因果关系。

经过宁波市医疗纠纷理赔处理中心介入协商处理，一次性赔偿患方 3 万元。

四、案件讨论

根据医疗纠纷"宁波解法"的规定：医疗纠纷索赔金额 1 万元以上（不含 1 万元）的，已参加医疗责任保险的医疗机构应当及时通知保险机构参与医疗纠纷的协商处理，保险机构参与医疗纠纷协商处理，应当在其专用接待场所进行。患方向医院索赔 20 万元，涉案医院也参加了医疗责任保险，所引发的医疗纠纷属于医疗机构和患方之间因诊疗、护理等医疗活动引发的争议。因此，本案属于医疗纠纷理赔处理中心调解理赔受案范围。

根据医疗纠纷"宁波解法"的规定：医疗纠纷协商和调解过程中，保险机构协商理赔部门工作人员和人民调解员需要查阅病历资料，或者向有关单位和人员咨询、询问、核实有关资料和情况的，有关单位和人员应当给予配合和协助；需要进行医疗损害鉴定或者医疗事故技术鉴定的，由当事人委托有资质的鉴定机构进行鉴定；索赔金额 10 万元以上（含 10 万元）的，应当进行医疗损害鉴定或者医疗事故技术鉴定。本案中，对于患者人身损害后果的责任认定，应考虑医疗行为和患者人身损害后果之间的因果关系。宁波市医学会的医疗损害鉴定认为胎儿死亡的后果是本身疾病所致，与医方过错无因果关系，但同时也指出医方存在向患方告知不足的情形。因此对于胎儿死亡，医方并无直接的侵权行为，但医方对患方知情权的侵权也是客观存在的。

根据医疗纠纷"宁波解法"的规定：承担医疗责任保险的保险机构应当设立医疗纠纷协商理赔部门，按照有关规定承担医疗纠纷的调查、评估、协商、赔付等具体事务。本案中医疗纠纷理赔处理中心参与了协商处理,尽管院方的医疗行为和患方胎儿死亡无直接因果关系,但是考虑到院方仍然存在告知不全的过错行为,也就是医疗过错也损害到患方的合法利益,如果严格按照医疗事故的界定,本案不会认定为医疗事故,这样只会造成医患之间的冲突加剧,因此医疗纠纷理赔处理中心根据案件的实际情况及时进行了理赔,同时也作好对患方的解释工作,也就有效化解了双方的纠纷。

根据医疗纠纷"宁波解法"及配套规定,本案处理特点主要有以下几点:

1. 医疗纠纷索赔超过 1 万元应由医疗纠纷理赔处理中心介入处理,索赔金额10 万元以上(含 10 万元)的,应进行医疗损害鉴定或者医疗事故技术鉴定;

2. 根据《侵权责任法》的规定,赔付范围从医疗事故扩大到医疗过失(经界定),更加合理地保护了患方利益,这也体现了医疗纠纷"宁波解法"和《侵权责任法》的衔接。

案例2 在医疗纠纷处理中医疗损害鉴定如何进行

一、事件介绍

患者,女,1952年2月出生,2010年11月23日,因"体检发现盆腔包块20余天,要求手术"入住宁波市某医院,初步诊断为:1.盆腔包块:卵巢肿瘤? 2.高血压病。11月25日,医院为患者在全麻下行"双侧附件切除术+子宫全切术+大网膜切除术"。术后病理切片显示:(右卵巢)卵巢囊性甲状腺肿,病变符合卵巢甲状腺乳头状癌,癌肿直径0.5cm;(左卵巢)成熟性囊性畸胎瘤。术后予患者以化疗,但患者出现肺部感染情况,转外院治疗,后医患双方发生纠纷。

二、争议情况

患方认为医方过度治疗;不必化疗而化疗,导致患者抵抗力下降和肺部严重感染;医方检查和化验存在过错,在没有发现患者有癌症症状的情况下,给患者造成严重后果(肺部严重感染),应当承担责任。

医方则认为化疗为家属选择;患者术后恢复佳,血常规、肝肾功能均正常,遂于术后13日行化疗,化疗时间选择无过错;化疗方案系根据具体情况制定;患者出现肺部感染后,考虑重症肺炎,曾建议转院,患者家属予以拒绝;根据术后病理切片检查显示:该患者系生殖细胞肿瘤中的高度特异性癌,该化疗方案选择符合医疗规范。

三、处理过程

事后医患双方申请了医疗损害鉴定。宁波市医学会医疗损害鉴定结论认为:该患者系右卵巢未成熟型畸胎瘤,行全子宫、双附件和大网膜切除后,有化疗指征。医方化疗方案及剂量未违反相关诊疗规范。化疗后出现的肺部感染等不良反应系治疗并发症,非医方治疗不当所致。因此医方在医疗活动中不存在医疗过失,与患者的人身损害后果不存在因果关系。目前患者一般情况好,近期肺部CT检查所见病灶性质不明,建议经皮肺穿刺或胸镜下肺活检,以明确肺部病灶性质。

浙江省医学会医疗损害鉴定结论认为:根据术中探查情况、手术分期及病理诊断,该患者术后行"化疗"无明确指征,增加了患方的痛苦和医疗费用,医方存在过错。患者化疗后出现发热、肺部感染,感染源原因与医方化疗及患者本身抵抗力下降等有一定关联。因此,医方在对患者的诊治过程中有医疗过错,医疗过错与患者损害后果之间存在因果关系,医方应承担主要责任。

四、案件讨论

根据医疗纠纷"宁波解法"的规定：在医疗纠纷中患方索赔金额达到 10 万元以上（含 10 万元）的，就应当进行医疗损害鉴定或者医疗事故技术鉴定。至于医疗损害鉴定提起途径，根据《浙江省医学会医疗损害鉴定办法（试行）》，人民法院和医患双方一般可先委托市医学会鉴定，任何一方对鉴定结论不服时再委托省医学会鉴定，必要时人民法院可直接委托省医学会鉴定。

根据相关规定，医疗事故技术鉴定由医学会负责组织，医疗损害鉴定可以委托医学会或其他司法鉴定机构进行，但委托医学会以外的司法鉴定机构进行的，该机构应具有相应临床专科知识和经验的鉴定人员参加。当然如果当事人选择了医疗事故技术鉴定，那么就按照国务院《医疗事故处理条例》的规定处理；如果选择医疗损害鉴定，则应按照《侵权责任法》的规定进行处理，选择何种鉴定，当事人具有选择权。

本案中，医患之间争议最大的就是患者术后行化疗是否有明确指征，院方强调了化疗为患方的选择，但是不可忽视的是作为医患关系中居于主体的医方更具有专业优势，患方的选择是基于医方对病情分析的基础之上。对于该争议，医患双方选择了通过医疗损害鉴定，在对宁波市医学会首次鉴定不服的情况下，又申请浙江省医学会进行再次鉴定，符合相关规定。其中浙江省医疗损害鉴定结论的内容包括了医疗行为有无过错、患者损害后果（包括伤残等级）、过错与损害后果之间是否存在因果关系、过错在医疗损害后果中的责任程度等，特别是对于医疗行为和损害结果之间的因果关系的判断比宁波市医学会的鉴定结论更为明确，有助于责任认定。在浙江省医学会医疗损害鉴定结论中明确指出，尽管患者化疗后出现发热、肺部感染，感染源原因与医方化疗及患者本身抵抗力下降等有一定关联，但是根据术中探查情况、手术分期及病理诊断，该患者术后行"化疗"无明确指征，增加了患者的痛苦和医疗费用，医方是存在过错，因此医疗损害后果主要由医疗过错行为造成，其他因素起次要作用，由此让医方承担主要责任，是符合实际情况的。

本案处理中，浙江省医学会的医疗损害鉴定结论对于纠纷处理具有很大的帮助，医疗纠纷损害赔偿的理赔也可以根据该结论进行认定，如果双方调解不成，仍然可以通过诉讼等途径解决，该鉴定只要合法就依然有效可以作为其他途径解决纠纷的依据。因此，对于医疗纠纷争议较大或是索赔数额较大的案件，及时引导医患双方进行鉴定是有效避免纠纷激化的重要措施，也有利于纠纷公平、公正、合理的解决。

案例3　医疗纠纷理赔处理中心可否对同一事件再次理赔

一、事件介绍

患者,盛某,男,60岁,2008年7月25日因"反复上腹痛10天"到宁波市XX医院处求诊,XX医院诊断为胆总管结石,胆囊结石收治入院,完善相关检查后于2008年7月31日行ERCP+EST+ENBD术,2008年8月6日好转出院。9月20日患者因"右上腹痛4天"再次入院,完善检查后明确胆囊胆总管结石诊断,于9月23日在全麻下行"腹腔镜下胆囊切除,胆总管切开探查,一期缝合术",9月24日患者出现胆漏,遂急诊在全麻下行"腹腔镜下胆总管切开探查,T管引流术"。2008年10月1日患者带T管出院。10月23日患者再次入院,T管造影提示胆总管下段狭窄,完善准备于11月1日行常规ERCP+ENBD术,术后拔除T管。11月5日拔除鼻胆管后出院。

2009年1月15日医患双方签订了调解协议,由XX医院赔偿患方人民币57000元,此案处理终结。

2009年2月12日患者入住宁波市YY医院。2月26日YY医院为患者行"剖腹探查,胆总管切开取石,T管引流术",术后患者腹痛、发热,怀疑又有胆瘘形成。双方对此事又起纠纷,患方要求XX医院再次予以赔偿。

二、案件讨论

本案的争议焦点有两点:一是对于此类已经经过处理又发生纠纷的案件,医疗纠纷理赔处理中心是否应当受理;二是如若受理,医疗机构对患方再次赔偿之后,医疗纠纷理赔处理中心是否应当对医院进行再次理赔。

本案中,前后两次医患之间所争议的病症为同一疾病,XX医院第一次已经和患者达成调解协议,其后患者又因"胆总管结石"入住宁波YY医院,患者视为前一次医疗行为造成人身损害的延续,因此尽管医患关系的主体发生了变化,但患方仍然觉得该纠纷属于自己和XX医院之间的问题。

对于此类已经经过处理又发生纠纷的案件,医疗纠纷理赔处理中心是否应当受理,在医疗责任保险合同没有明确约定的情况下,根据医疗纠纷"宁波解法"的相关规定,只要是本行政区域内医疗机构和患方之间因诊疗、护理等医疗活动引发的争议均属于受案范围,并没有限制处理的次数。因此,只要患方索赔的数额达到一定的界限(如超过1万元以上的索赔),医疗纠纷理赔处理中心理应介入处理,而且患者提出的索赔和第一次的理赔有着直接关系,医疗纠纷理赔处理中心无论是作为保险公司代理人,还是医疗机构的纠纷处理代理人都有职责参与处理,这符合医疗纠纷"宁波解法"的工作要求。当然,如果本案进入司法诉讼程序,医疗纠纷理赔处理中心还可能会作为第三人参与诉讼。

至于本案件中医疗机构对患方再次赔偿之后,医疗纠纷理赔处理中心是否应当对医院进行再次理赔,在没有医疗责任保险合同明确约定的情况下,关键是要看第一次理赔的合理性问题,由于疾病或是人身损害发展变化的情况具有一定的不确定性,医疗责任保险一般只能对已经发生的损害进行认定赔偿,当然如果预知病情后续治疗的费用,也可进行赔偿,也就是说对于之后可能存在的侵害情况扩大情况,医疗责任保险是存在保险盲点的。因此,医疗纠纷理赔处理中心对于此类情况必须应该通过医学鉴定,明确第二次的疾病情况和第一次的医疗人身损害情况有无关系,并且第二次的疾病情况是否是第一次医疗人身损害情况的损失扩大,如果有明确关系且的确存在损失扩大,医疗责任保险可以进行理赔,反之就无需理赔,这有助于实现医疗纠纷"宁波解法"所追求的公平、公正,有助于正确维护医患双方的合法权益。

综上所述,在进一步完善医疗责任保险合同条款的同时,医疗纠纷"宁波解法"对于医疗纠纷理赔处理中心介入处理医疗纠纷的界限不宜以患方索赔数额为限,应有特殊情况的列举。此外,对于医疗机构对患方赔偿之后患方再次要求理赔等特殊情况,应该规定必须通过鉴定,这也可以体现医疗纠纷协商理赔制度的科学性和公平性,有助于提高医患双方包括保险公司对于最终处理结果的接受度,及时有效地化解医疗风险。

案例 4　医疗纠纷未能达成调解协议是否可以通过其他途径解决

一、事件介绍

患儿,包某,男,出生 14 个月(2007 年 3 月 16 日出生),因呕吐等症状于 2008 年 4 月 24 日至 5 月 25 日期间先后三次到宁波市某医院儿科就诊,5 月 6 日拟诊"胃窦炎、心肌损害"收住院治疗,5 月 16 日康复出院,住院 11 天。该患儿入院检查情况为:神志清,精神稍差,面色欠红润,颈软无抵抗,心肺听诊阴性,腹平软,未触及包块,四肢活动可,克氏征阴性,布氏征阴性,巴氏征阴性。辅助检查:心电图示:窦性心律不齐,T 波变化。

5 月 25 日,该患儿因呕吐等症状再次到该院就诊,经脑 CT 检查为"左颞叶脑血肿"收住入院。5 月 26 日,该患儿家属带患儿自行到上海某医院治疗,同月 28 日在该医院进行了开颅手术,6 月 5 日康复出院。后与先前就诊的宁波市某医院发生医疗纠纷。

二、争议情况

患方认为:是宁波市某医院医生误诊导致延误治疗一月之久,严重影响了患儿正常生长发育,要求医院赔偿各种损失合计 151326.34 元。医方则认为:医生在对该患儿的诊疗过程中,未违反医疗操作规程。

经宁波市医疗纠纷理赔处理中心工作人员查勘,认为医院存在以下不足:

1. 医务人员在对患者的诊疗过程中存在欠缺,医生漏诊。

2. 2008 年 4 月 24 日至 5 月 25 日在一个月时间内,延误了治疗。

3. 医生对患儿检查不全面、不仔细,没考虑到呕吐不单是胃病引起,也有可能其他疾病引起,如脑血管意外也可能引起呕吐。

4. 患儿家属也有一定责任,家属在向医生就诊过程中没有向医生告知患儿曾经有颅脑外伤史。

三、处理过程

医疗纠纷人民调解委员会主持了医患双方的调解,但因医方不能满足患方要求的赔偿额而未能达成调解协议。随后,患方向宁波市某区人民法院提起诉讼,并经法院调解,双方当事人达成协议,由被告医院一次性赔偿患方人民币 45000 元,医患双方因本起医疗纠纷所产生的所有赔偿责任至法院调解协议履行完毕之日终结。

四、案件讨论

医疗纠纷人民调解能有效维护医患双方权益,转移医疗执业风险,减少医患冲突发生,是医患协商、行政调解和司法解决的重要补充。根据医疗纠纷"宁波解法"的规定,宁波市医疗纠纷人民调解委员是具有中立地位的第三方,既不是行政机关,也不是司法机关,其性质决定了调解工作必须要贯彻自愿原则,在医疗纠纷人民调解过程必须是基于医患双方当事人的自愿,必须始终依照当事人的意志,尊重当事人的意愿,不得将调解员的意愿强加给纠纷当事人,更不能采取任何强迫措施。因此,如果在医疗纠纷人民调解委员会的主持下,如果医患双方未能达成调解协议,根据《医疗事故处理条例》《侵权责任法》等相关法律法规的规定,医患双方有权选择向人民法院提起诉讼解决,但是已经向法院提起诉讼的,医疗纠纷人民调解委员会不再受理其处理或调解申请;已经受理的,终止调解。就本案而言,医疗纠纷的人民调解并非是医疗纠纷处理的唯一选择,选择诉讼符合患方的意愿,也符合法律规定。

此外,本案中因患方提出了 151326.34 元的索赔金额,保险机构参加了医疗纠纷的勘察,并出具了责任认定的意见,符合医疗纠纷"宁波解法"关于"患方对参加医疗责任保险的医疗机构索赔金额 1 万元以上(不含 1 万元)的,医疗纠纷人民调解委员会应当通知保险机构参加"的规定。

案例5　发生停尸医闹事件该如何处理

一、事件介绍

患者,吴某,女,42岁,因"持续左腰隐痛伴肉眼血尿10余天"拟"血尿待查:双肾结石伴感染,席汉氏综合征,高血压病"于2008年7月25日入住宁波某医院肾内科。入院查体:T37.1℃、P84次/分、R18次/分、BP160/108 mmHg,神志清,面色苍白,皮肤巩膜无黄染,浅表淋巴结未及肿大,气管居中,心肺听诊无殊,全腹平软,无压痛反跳痛,肝脾肋下未及,左肾区叩击痛阳性,右肾区叩击痛阴性,双下肢无水肿。入院诊断"血尿待查:双肾结石伴感染,席汉氏综合征,高血压病",予以"加替沙星,间苯三酚,碳酸氢钠,生血片,舒降之片"抗炎、解热等对症支持治疗。患者于次日下午15:00出现恶心、呕吐胃内容物,予以"胃复安"对症治疗好转。血电解质报告示血钾:2.52 mmol/L,予"10%氯化钾20 ml,氯化钾缓释片1.0 mg口服及林格液500 ml+10%氯化钾针静脉输注"。患者16:00再次出现恶心、呕吐胃内容物,嘴角有血丝,继之出现意识丧失。心电监护提示"心室颤动",立即予吸氧,气管插管,人工通气,除颤,胸外按压及"肾上腺素,阿托品,硫酸镁,利多卡因,氯化钾,可达龙,多巴胺,生理盐水,10%葡萄糖"等抢救治疗无效死亡。后医患发生纠纷,患方家属停尸医院办公场所,造成医疗秩序混乱。

二、争议情况

患方认为:由于院方用药不当,未及时检查,抢救不及时,导致死亡,应负全部责任,要求赔偿人民币200000元。

院方认为:考虑死亡原因为心源性猝死,与低钾有关,在诊疗过程中无明显违反常规。

三、处理过程

宁波市医疗纠纷理赔处理中心接到院方出险报案,及时赶赴现场,当时家属有30余人向院方讨要说法,理赔处理中心工作人员向院方了解情况后要求家属派5名代表参与沟通,向其介绍目前宁波市医疗纠纷处置的相关政策、患方在医疗纠纷处置过程中的权利、义务及解决途径。家属表示不接受,并放言今天不解决尸体不移出医院,经院方、理赔处理中心工作人员、公安部门多次劝说,家属都不接受,最终公安部门在劝说无效的情况下进行强制移尸,移尸后家属殴打院方一位领导,后被公安部门依法予以处理。

事发后第二天家属意识到事情的严重性,认识到医闹不能解决纠纷,主动致电宁波市医疗纠纷理赔处理中心,要求依法处置纠纷,经理赔处理中心工作人员的耐心解释患者死因不明、尸体解剖的必要性,家属表示理解,同意进行尸体解剖。

宁波市医疗纠纷理赔处理中心根据尸检报告对院方的诊疗经过进行详细查勘,发现院方在患者入院后通过询问病史及体格检查、门诊辅助检查,意识到患者有高血压病,且血压 160/108 mmHg,体型肥胖,应该考虑到有可能存在心脏疾病,应该及时进行心电图等相关检查,而院方未全面考虑分析,只局限于某一疾病,未及时进行相关检查,存在不足,但患者的死亡原因为冠状动脉粥样硬化所致急性冠状动脉阻塞,左心室前壁、心尖区急性心肌梗死,心源性猝死,与院方的医疗过失无直接因果关系。后经宁波市医疗纠纷理赔处理中心工作人员耐心解释死亡原因与医院的诊疗过失行为之间的因果关系,最终根据院方存在的不足给予适当的补助。家属表示理解,不再就此医疗争议提出任何异议,不再主张任何权利,并对事发当天的过激行为向院方表示道歉,对理赔处理中心的工作人员表示感谢。

四、案件讨论

医疗纠纷"宁波解法"的一个重要立法特点就是在于规范医疗纠纷预防和处置各方的责任权利,其中公安机关负责维护医疗机构治安秩序,并对医疗机构内部治安保卫工作进行监督和指导。患者在医疗机构内死亡的,医疗机构应当告知其亲属按规定将尸体移放太平间或者殡仪馆,不能确定死因或者医患双方对死因有异议的,应当告知其亲属可按规定进行尸检,并配合卫生行政部门、公安机关、医疗纠纷人民调解委员会、保险机构等做好调查取证工作,已参加医疗责任保险的医疗机构应当及时通知保险机构参与医疗纠纷的协商处理等。

根据医疗纠纷"宁波解法"的规定,发生拒不将尸体移放太平间或殡仪馆,经劝阻无效的,有殴打医务人员等情况的,医疗机构应当立即向所在地公安机关报警。公安机关接到医疗纠纷报警后,应当及时组织警力赶赴现场,开展教育疏导,制止过激行为,维护正常的医疗工作秩序。患方拒不将尸体移放太平间或者殡仪馆的,现场处置民警应当责令移放,并依法处置现场发生的违反治安管理的行为,保护当事人的人身、财产安全。

就本案而言,死者家属的停尸闹丧,严重干扰了正常的医疗秩序,公安部门最终被迫采取强制措施、依法处理了闹事人员,符合社会利益的要求,也实现了警医联动,确保了恶性突发事件的及时有效处置,避免医闹"大闹大赔、小闹小赔"的现象,防止医疗纠纷事态的激化。并通过公安部门的及时介入,让患方认识到"医闹"是不能解决问题,而且会被追究法律责任的,对于患方起到了警示作用,也有利于医疗纠纷能在法律规定的框架下进行处理。

此外,患方有 30 余人到医院参与医疗纠纷处理,容易造成事态激化,医疗机构提出家属派 5 名代表参与沟通,这也符合医疗纠纷"宁波解法"的规定:"医疗机构和患方协商解决医疗纠纷,应当在专用接待场所进行,由双方各自确定不超过 5 名代表参加。"

附　录

浙江省医疗纠纷预防与处理办法

（浙江省经人民政府第46次常务会议审议通过，自2010年3月1日起施行）

第一章　总则

第一条　为了有效预防与处理医疗纠纷，保护医患双方当事人的合法权益，维护医疗秩序，根据《医疗事故处理条例》和其他有关法律、法规的规定，结合本省实际，制定本办法。

第二条　本办法所称医疗纠纷，是指医患双方当事人之间因医疗行为引发的争议。

第三条　本省行政区域内医疗纠纷的预防与处理，适用本办法。

医疗事故的责任认定和赔偿依照《医疗事故处理条例》的规定执行。

第四条　医疗纠纷的预防与处理，应当坚持预防为主、公平合理、及时便民、依法处理的原则。

第五条　县级以上人民政府应当加强对医疗纠纷预防与处理工作的领导，督促有关部门依法履行职责，协调解决医疗纠纷预防与处理工作中的重大问题。

第六条　县级以上人民政府卫生行政部门应当依法加强对医疗机构及其医务人员的监督管理，督促医疗机构提高医疗服务质量、保障医疗安全，做好医疗纠纷预防与处理工作。

县级以上人民政府公安机关应当依法维护医疗机构的治安秩序，加强对医疗机构内部治安保卫工作的监督和指导，及时查处违反治安管理规定的行为。

县级以上人民政府司法行政部门应当加强对医疗纠纷人民调解工作

的指导。

保险监督管理机构应当依法加强对医疗责任保险工作的监督管理。

第七条　患者所在单位和患者居住地乡镇人民政府、街道办事处、村(居)民委员会,应当配合做好医疗纠纷的处理工作。

第八条　市、县(市)设立医疗纠纷人民调解委员会(以下简称医调会),市辖区根据实际需要设立医调会,负责本行政区域内医疗纠纷的人民调解工作。

医调会的人民调解员的配备和管理,由市、县(市、区)人民政府规定。

医调会调解医疗纠纷不得收取费用,其工作经费及人民调解员的报酬补贴由本级人民政府予以解决。

第九条　市、县(市、区)人民政府可以根据本行政区域医疗纠纷预防与处理工作的实际需要,建立医疗责任保险制度或者医疗责任风险金制度。

第十条　报刊、广播、电视、网站等新闻媒体应当恪守职业道德,按照有关法律、法规的规定,客观公正地报道医疗纠纷,正确引导社会舆论。

第二章　预防与处置

第十一条　医疗机构及其医务人员在医疗活动中,应当严格遵守医疗卫生管理法律、法规、规章和诊疗护理规范、常规,恪守医疗服务职业道德。

第十二条　医疗机构及其医务人员应当将患者的病情、医疗措施、医疗风险等情况如实告知患者,及时解答患者的咨询;但可能会对患者产生不利后果的情况,可以告知其近亲属。

需要实施手术、特殊检查、特殊治疗、实验性临床医疗的,医疗机构及其医务人员应当取得患者的书面同意;无法或者不宜向患者说明的,应当向患者的近亲属说明,并取得其书面同意。因抢救生命垂危的患者等紧急情况,不能取得患者或者其近亲属意见的,按照有关法律、行政法规的规定执行。

第十三条　医疗机构应当加强对医务人员医疗卫生管理法律、法规、规章和诊疗护理规范、常规的培训以及医疗服务职业道德教育,建立健全医务人员违法违规责任追究制度、医疗质量监控和评价制度、医疗安全责任制度。

医疗机构应当建立健全医患沟通制度,设置接待场所,配备专(兼)职人员,接受患者或者其近亲属的咨询和投诉,及时解答和处理有关问题。

第十四条　医疗机构应当制定医疗纠纷应急处置预案,并报所在地卫生行政部门和公安机关备案。

第十五条　患者应当遵守医疗机构的规章制度,如实向医务人员告知与诊疗活动有关的病情、病史等情况,配合医务人员进行必要的检查、治疗和护理。患者对医疗行为有异议的,应当通过合法渠道表达自己的意见和要求。

第十六条　省卫生行政部门应当建立健全重大医疗纠纷报告制度。医疗机构应当按照报告制度的规定履行报告义务,不得瞒报、缓报、谎报。

第十七条　发生医疗纠纷后,医疗机构应当根据医疗纠纷的实际情况,采取以下相应措施进行处置：

（一）告知患者或者其近亲属有关医疗纠纷处置的具体办法和程序；患者或者其近亲属要求协商的，应当告知其推举不超过 3 名代表参加协商。

（二）就纠纷的医疗行为组织专家会诊或者讨论，并将会诊或者讨论的意见告知患者或者其近亲属。

（三）与患者或者其近亲属共同对现场实物及相关病历资料进行封存和启封。

（四）患者在医疗机构内死亡的，按规定将尸体移放殡仪馆；死者近亲属对死因有异议的，按规定进行尸检。

（五）因医疗纠纷影响正常的医疗工作秩序的，及时向所在地公安机关报警。

（六）配合卫生行政部门、公安机关、医调会等部门和机构做好调查取证工作。

处置医疗纠纷需要立即启动应急处置预案的，应当按照预案的规定采取相应措施，防止事态扩大。

第十八条　卫生行政部门接到医疗纠纷报告后，应当责令医疗机构立即采取有效措施，必要时派人赶赴现场指导、协调处置工作，引导双方当事人依法妥善解决医疗纠纷。

第十九条　公安机关接到医疗纠纷的治安警情后，应当立即组织警力赶赴现场，劝阻双方过激行为；对劝阻无效的，应当依法予以制止，控制事态扩大，维护正常的医疗工作秩序；对在医疗机构停尸、闹丧，经劝阻无效的，公安机关应当责令停止违法行为，并依法予以处置。

第二十条　医疗纠纷发生后，双方当事人可以自行协商解决，也可以向医疗机构所在地的医调会申请调解；不愿意协商、调解或者协商、调解不成的，可以向卫生行政部门申请医疗事故争议行政处理，或者向人民法院提起诉讼。

医疗纠纷索赔金额 1 万元以上的，公立医疗机构不得自行协商处理。

双方当事人申请医调会调解，索赔金额 10 万元以上的，应当先行共同委托医疗事故技术鉴定，明确责任。

第二十一条　因药品不良反应或者医疗器械不良事件引起的医疗纠纷，医疗机构应当根据鉴定结论向受害方支付补偿费用。具体补偿办法由省食品药品监督管理部门会同省财政、卫生、民政部门制定。

医疗机构支付补偿费用后，可以依法向药品或者医疗器械的生产、经营者追偿。

第三章　调解

第二十二条　医调会承担以下工作职责：

（一）调解医疗纠纷；

（二）通过调解工作，宣传相关法律、法规、规章和医学知识；

（三）向卫生、司法行政等部门报告医疗纠纷和调解工作的情况；

（四）分析医疗纠纷发生的原因，向医疗机构提出医疗纠纷防范意见和建议；

（五）提供有关医疗纠纷调解的咨询服务；

（六）县级以上人民政府规定的其他职责。

第二十三条 医调会的人民调解员应当为人公道、品行良好，具有医疗、法律专业知识和调解工作经验，并热心于人民调解工作。

第二十四条 医调会应当建立由相关医学、药学和法律等专家组成的专家库，为医疗纠纷的调查、评估和调解提供技术咨询。

第二十五条 医调会对当事人提出的医疗纠纷调解申请，符合受理条件的，应当在3个工作日内予以受理；不符合受理条件的，不予受理，书面通知当事人并说明理由。

医调会受理调解申请后，应当告知双方当事人在调解活动中享有的权利和承担的义务。

第二十六条 医疗纠纷调解申请有以下情形之一的，医调会不予受理；已经受理的，终止调解：

（一）一方当事人已向人民法院提起诉讼的；

（二）一方当事人已向卫生行政部门申请医疗事故争议行政处理的；

（三）一方当事人拒绝医调会调解的；

（四）已经医调会调解未达成调解协议，一方当事人再次申请调解的；

（五）非法行医引起的纠纷。

终止调解的，应当书面通知当事人并说明理由。

第二十七条 医调会受理医疗纠纷调解申请后，应当指定1名人民调解员为调解主持人，并可以根据需要指定若干名人民调解员参加调解；当事人对人民调解员提出回避要求的，应当予以更换。

双方当事人可以委托律师和其他代理人参与调解活动，委托人应当向医调会提交授权委托书。

第二十八条 医调会应当自受理医疗纠纷调解申请之日起7个工作日内，分别向双方当事人了解相关事实和情节，并根据当事人的要求，组织调查、核实、评估。

在医疗纠纷调解过程中，人民调解员需要查阅病历资料、向有关专家和人员咨询或者询问的，相关单位和人员应当给予配合。

第二十九条 经调解解决的医疗纠纷，应当制作调解协议书。调解协议书由双方当事人签名、盖章或者按指印，经调解人员签名并加盖医调会印章后生效。

依法达成的调解协议，双方当事人应当自觉履行。

第三十条 医调会应当自受理调解申请之日起30个工作日内调结。因特殊情况需要延长调解期限的，医调会和双方当事人可以约定延长的期限；超过约定期限仍未达成调解协议的，视为调解不成。

第四章 医疗责任保险与医疗责任风险金管理

第三十一条 实行医疗责任保险制度的市、县（市、区）的公立医疗机构，应当按国家和省有关规定参加医疗责任保险，非公立医疗机构可以自愿参加医疗责任保险。

鼓励医疗机构向承保医疗责任保险的保险机构投保涉及公众责任的各类保险。

第三十二条 承保医疗责任保险的保险机构应当遵循保本微利原则，合理厘定保险费率，并根据不同的医疗机构历年医疗纠纷赔偿情况实施费率浮动制度。

第三十三条　参加医疗责任保险的医疗机构,其医疗责任保险保费支出,从医疗机构业务费中列支,按规定计入医疗成本。

第三十四条　医疗纠纷发生后,需要保险理赔的,医疗机构应当如实向保险机构提供医疗纠纷的有关情况。保险机构应当及时参与医疗纠纷的处理,并按照医疗责任保险合同的约定承担赔偿保险金责任。

保险机构应当将双方当事人协商达成的协议、医调会调解达成的协议、人民法院作出的生效的调解书或者判决书,作为医疗责任保险理赔的依据,及时予以赔偿。

第三十五条　实行医疗责任风险金制度的市、县(市、区)的公立医疗机构,应当按照本级人民政府的规定缴纳医疗责任风险金,非公立医疗机构可以自愿缴纳医疗责任风险金。

前款所称医疗责任风险金制度,是指由多家医疗机构按照一定的比例缴纳资金,实行统一管理、统筹使用,为分散医疗机构的医疗责任风险,保障因遭受医疗损害的患者获得及时赔偿而建立的互助共济制度。

第三十六条　医疗责任风险金按照以支定收、收支平衡、保障适度的原则,实行专户储存、专款专用。

医疗机构缴纳的医疗责任风险金,从医疗机构业务费中列支,计入医疗机构成本。

医疗纠纷发生后,需要支付医疗责任赔偿金的,医疗责任风险金管理机构应当将双方当事人协商达成的协议、医调会调解达成的协议、人民法院作出的生效的调解书或者判决书,作为支付赔偿款的依据,及时予以支付。

第三十七条　医疗风险责任金缴纳、使用和管理的具体办法,由建立医疗风险责任金制度的市、县(市、区)人民政府规定。

第五章　法律责任

第三十八条　医疗机构及其医务人员有下列行为之一的,由卫生行政部门责令改正;情节严重的,对负有责任的主管人员和其他直接责任人员依法给予处分:

(一)违反卫生行政规章制度或者技术操作规范的;

(二)由于不负责任延误急危患者的抢救和诊治的;

(三)隐匿、伪造或者擅自销毁医学文书及有关资料的;

(四)未按照规定告知患者病情、医疗措施和医疗风险的;

(五)未按照规定经患者或者其近亲属同意实施手术、特殊检查、特殊治疗、实验性临床医疗的;

(六)未制定有关医疗纠纷应急处置预案的;

(七)未按照规定向所在地卫生行政部门报告重大医疗纠纷的;

(八)其他依法应当给予处分的行为。

第三十九条　患者或者其近亲属及相关人员有下列行为之一的,由公安机关依法作出处理:

（一）占据诊疗、办公场所，或者在诊疗、办公场所拉横幅、设灵堂、贴标语，或者拒不将尸体移放殡仪馆等，扰乱医疗机构正常秩序的；

（二）阻碍医师依法执业，侮辱、诽谤、威胁、殴打医务人员，或者侵犯医务人员人身自由、干扰医务人员正常生活的；

（三）抢夺、损毁医疗机构的设施、设备或者病历、档案等重要资料的；

（四）其他依法应当予以处理的行为。

第四十条　医调会及其人民调解员在医疗纠纷调解工作中，严重失职或者违法违纪的，由有权机关依法予以处理。

第四十一条　县级以上人民政府卫生、司法行政、公安等部门和保险监督管理机构及其工作人员在医疗纠纷预防与处理工作中，违反本办法规定，玩忽职守、滥用职权、徇私舞弊的，由有权机关对负有责任的主管人员和其他直接责任人员依法给予处分。

第四十二条　违反本办法规定的行为，构成犯罪的，依法追究刑事责任。

第六章　附则

第四十三条　本办法自 2010 年 3 月 1 日起施行。

宁波市医疗纠纷预防与处置暂行办法

[2007年11月,宁波市人民政府第16次常务会议审议通过该《宁波市医疗纠纷预防与处置暂行办法》(市长令153号),并于2008年3月1日起实施,目前已废止]

第一章　总则

第一条　为有效预防和准确处置医疗纠纷,保护患者、医疗机构及其医务人员的合法权益,保障医疗安全,维护医疗秩序,根据《中华人民共和国执业医师法》、《医疗事故处理条例》等法律、法规,结合本市实际,制定本办法。

第二条　本办法所称医疗纠纷,是指医患双方对医疗机构的医疗、护理行为和结果及其原因、责任在认识上产生分歧而引发的争议。

第三条　本办法适用于本市行政区域内各级医疗机构的医疗纠纷预防与处置工作。

第四条　处理医疗纠纷应当遵循预防为主、依法处置、公平公正、及时便民的原则。

第五条　卫生行政部门应当依法履行监督管理职能,指导医疗机构做好医疗纠纷的预防与处置工作。

第六条　医疗机构应当按照有关法律、法规和规章规定,加强自身管理,提高医疗服务质量和服务水平,确保医疗安全。

医疗机构按国家和本市有关规定参加医疗责任保险。

第七条　患方的生命健康权、知情权等权利依法受法律保护。

患方应当尊重医务人员,依法维护自身权益和解决医疗纠纷,维持医疗机构正常的医疗秩序。

第八条　公安机关应当加强医疗场所的治安管理,明确现场处置工作程序和方法。

第九条　新闻机构和新闻记者应当遵守有关法律、法规规定,恪守职业道德,力求客观公正,正确发挥舆论监督作用。

第十条　市和县(市)、区设立医疗纠纷人民调解委员会(以下简称调委会),负责医疗纠纷的人民调解工作。

调委会的组织和工作办法另行制定。

第十一条　患方所在单位、基层群众自治组织和当地乡镇人民政府(街道办事处)应当配合医患纠纷处置工作,应医患双方或一方请求参与医疗纠纷处理。

第二章　预防

第十二条　卫生行政部门应当规范医疗机构执业准入,加强对医疗机构执业行为的监督和管理,督促医疗机构及医务人员提高医疗服务质量,保障医疗安全,维护患者利益。

第十三条　医疗机构应当建立健全医务人员违法违规行为公示和责任追究制度、医疗质量监控和评价制度、医患沟通制度、安全责任制度。

医疗机构应当设立患方接待场所,接受患方咨询和投诉。

第十四条 医疗机构应当制定医疗纠纷处置预案,并报所在地卫生行政部门和公安机关备案。

第十五条 医务人员应当遵守下列规定,预防医疗纠纷的发生:

(一)遵守卫生法律、法规、规章和技术操作规范;

(二)树立敬业精神,遵守职业道德,增强责任心,关心、爱护、尊重患者,保护患者的隐私;

(三)努力钻研业务,更新知识,提高专业技术水平;

(四)在避免对患者产生不利后果的前提下,如实告知患者病情、医疗措施、医疗风险及医疗费用等情况,并及时解答其咨询;

(五)按照国务院卫生行政部门的规定书写病历资料,不得隐匿、伪造或者销毁医学文书及有关资料。

第十六条 患者及其家属应当遵守下列规定:

(一)遵守医疗机构规章制度,维护医疗秩序;

(二)如实向医务人员陈述病情,配合医务人员进行诊断、治疗和护理;

(三)按时支付医疗费用;

(四)发生医疗纠纷后,依法表达意见和要求。

第三章 报告

第十七条 卫生行政部门应当指导医疗机构建立健全医疗纠纷报告制度,规范医疗纠纷报告工作。

医疗机构应当建立、健全医疗纠纷报告制度,并按规定报告医疗纠纷,不得隐瞒、缓报、谎报。

第十八条 医务人员对发生的医疗纠纷或发现患方有扰乱医疗秩序行为的,应当按照《医疗事故处理条例》规定报告,接到报告的人员在按规定向上级报告的同时,还应当立即采取措施,防止事态扩大,并按规定进行调查核实。

第十九条 有下列情形之一的,医疗机构应当立即向所在地公安机关报警:

(一)停尸闹丧,或聚众占据医疗机构诊疗、办公场所的;

(二)故意损坏或窃取医疗机构财产、设备和病历、档案等重要资料的;

(三)阻碍医师依法执业,侮辱、诽谤、威胁、殴打医务人员或者侵犯医务人员人身自由、干扰医务人员正常生活的;

(四)有其他严重影响医疗秩序的行为,经劝说无效的。

第四章 处置

第二十条 发生医疗纠纷后,医疗机构应当启动医疗纠纷处置预案,并按下列程序处置:

(一)根据预案规定的职责要求,采取控制措施,防止事态扩大,及时将医院专家会诊意见告知患方,并报上级卫生行政部门;

(二)在医患双方共同在场的情况下,按《医疗事故处理条例》规定封存和启封现场实物及相关病历资料；

（三）患者在医疗机构内死亡的，按规定将尸体移放太平间或殡仪馆。医患双方不能确定死因或对死因有异议的，按《医疗事故处理条例》规定进行尸检；

（四）告知患方有关医疗纠纷处置的办法和程序，答复患方的咨询和疑问，引导患方依法解决纠纷；

（五）双方协商解决医疗纠纷的，应当在医疗机构专用接待场所进行。患方来院人数在 5 人以上的，应当推举代表进行协商，代表人数不得超过 5 名；

（六）处置完毕后，向卫生行政部门提交医疗纠纷处置报告，如实反映医疗纠纷的发生经过及调查、处理情况。

第二十一条　卫生行政部门接到关于医疗纠纷的报告后，应当按照下列程序处置：

（一）责令医疗机构及时采取措施，防止事态扩大，必要时派人赶赴现场；

（二）积极开展政策宣传和教育疏导工作，引导医患双方依法妥善解决纠纷；

（三）当事人申请医疗事故争议处理的，按照《医疗事故处理条例》规定进行。

第二十二条　公安机关接到关于医疗纠纷的治安警情后，应当按照下列程序处置：

（一）立即组织警力赶赴现场；

（二）开展教育疏导，制止过激行为，维护医疗秩序；

（三）依法处置现场发生的各类违反治安管理的行为；

（四）患者在医疗机构内死亡，患方拒绝将尸体移放太平间或殡仪馆，劝说无效的，现场处置民警可以依法移放尸体。

第二十三条　承担医疗责任保险的保险机构应当设立医疗纠纷理赔部门，接受医疗机构委托，参加处理医疗纠纷。

第二十四条　医疗纠纷发生后，双方可以协商解决纠纷理赔事项，赔偿金额在 1 万元以上的，参加医疗责任保险的医疗机构应当委托保险机构参加。

第二十五条　医疗纠纷发生后，双方可以向医疗机构所在地的调委会申请调解。符合受理条件的，调委会应当及时受理；需要进行医疗事故技术鉴定的，应当告知当事人申请医疗事故技术鉴定。

调委会应当自受理调解开始之日起 1 个月内调结；到期未结束的，视为调解不成，双方当事人同意延期的除外。

第二十六条　医疗纠纷发生后，患方可以向医疗机构所在地的卫生行政部门提出医疗事故争议处理申请，卫生行政部门应当按照《医疗事故处理条例》规定处理。

第二十七条　医疗纠纷发生后，当事人也可以直接向人民法院提起诉讼。当事人已经向法院提起诉讼的，卫生行政部门或调委会不再受理其处理或调解申请；已经受理的，应当终止处理或调解。

第二十八条　当事人协商达成协议、调委会或卫生行政部门调解达成协议、人民法院调解或作出生效判决的，医疗机构应当按照协议或者判决支付赔偿费用。

第五章 罚则

第二十九条 卫生行政部门及其工作人员、医疗机构及其医务人员违反本办法规定,《中华人民共和国执业医师法》、《医疗事故处理条例》等法律、法规已有处罚规定的,从其规定。

第三十条 医务人员违反本办法规定,有下列行为之一的,由卫生行政部门依法给予处罚,构成犯罪的,依法追究刑事责任:

(一)违反卫生行政规章制度或者技术操作规范,造成严重后果的;

(二)由于不负责任延误危急患者的抢救和治疗,造成严重后果的;

(三)隐匿、伪造或者擅自销毁医学文书及有关资料的。

第三十一条 医疗机构未制定有关医疗纠纷处置预案的,由卫生行政部门责令改正,情节严重的,对负有责任的主管人员和其他责任人员依法给予处分。

第三十二条 患方有下列行为之一的,由公安机关依法给予治安管理处罚;构成犯罪的,依法追究刑事责任:

(一)聚众占据医疗机构诊疗或办公场所,寻衅滋事的;

(二)拒不将尸体移放太平间,或在医疗机构拉横幅、设灵堂或张贴大字报,劝说无效的;

(三)阻碍医师依法执业,侮辱、诽谤、威胁、殴打医务人员或者侵犯医务人员人身自由、干扰医务人员正常生活的;

(四)破坏医疗机构的设备、财产和病历、档案等重要资料的;

(五)其他扰乱医疗秩序的行为,情节严重的。

第三十三条 人民警察在处置医疗纠纷过程中,玩忽职守,不履行法定义务的,依法给予行政处分;情节严重、构成犯罪的,依法追究刑事责任。

第三十四条 新闻机构或新闻记者对真相未明、调查结果尚未公布的医疗纠纷作严重失实报道,或在报道中煽动对立情绪,造成严重社会不良影响和后果的,依照国家有关规定处理。

第六章 附则

第三十五条 本办法所指患方,包括患者、患者亲属及其他相关人员。

第三十六条 驻甬部队各级各类医疗机构的医疗纠纷预防与处置工作,可参照执行。

第三十七条 本办法自 2008 年 3 月 1 日起施行。

宁波市医疗纠纷预防与处置条例

（2011 年 8 月 31 日宁波市第十三届人民代表大会常务委员会第 34 次会议通过，2011 年 11 月 25 日浙江省第十一届人民代表大会常务委员会第 29 次会议批准）

第一章　总则

第一条　为了预防和依法处置医疗纠纷，保护患者、医疗机构及其医务人员的合法权益，维护医疗秩序，保障医疗安全，根据《中华人民共和国侵权责任法》《中华人民共和国人民调解法》、国务院《医疗事故处理条例》等法律、法规，结合本市实际，制定本条例。

第二条　本市行政区域内的医疗纠纷预防与处置工作，适用本条例。本条例所称医疗纠纷，是指医疗机构和患方之间因诊疗、护理等医疗活动引发的争议。

第三条　医疗纠纷预防与处置，应当遵循预防为主、依法处置、公平公正、及时便民的原则。

第四条　市和县（市）区人民政府应当建立医疗纠纷预防与处置工作协调机制，督促有关部门依法预防与处置医疗纠纷，协调解决医疗纠纷预防与处置工作中的重大问题。

卫生行政部门负责指导、监督医疗机构做好医疗纠纷的预防与处置工作。

司法行政部门负责指导医疗纠纷人民调解工作。

公安机关负责维护医疗机构治安秩序，并对医疗机构内部治安保卫工作进行监督和指导。

保险监督管理机构依照国家有关规定负责监督管理医疗责任保险工作。

第五条　患方所在单位和居住地乡镇人民政府（街道办事处）、村（居）民委员会，应当配合做好医疗纠纷的处置工作。

第六条　市和县（市）区医疗纠纷人民调解委员会，负责本行政区域内医疗纠纷的人民调解工作。

医疗纠纷人民调解应当遵循自愿、合法、平等原则，尊重当事人的权利。

医疗纠纷人民调解委员会调解医疗纠纷不收取费用，调解工作经费由本级人民政府保障。

第七条　公立医疗机构应当按照国家、省和本市有关规定参加医疗责任保险。鼓励其他医疗机构自愿参加医疗责任保险。

参加医疗责任保险的医疗机构，其医疗责任保险费从医疗机构业务费中列支。

第八条　承担医疗责任保险的保险机构可以按照保本微利的原则，合理厘定保险费率，并根据不同医疗机构历年医疗纠纷发生情况，实施差异费率浮动机制。

第九条　新闻媒体应当发挥新闻舆论的宣传、引导、监督作用，倡导建立文明、和谐的医患关系，推动医疗纠纷的有效预防和依法处置。

第二章　预防与处理

第十条　卫生行政部门应当加强对医疗机构执业行为的监督管理，督促医疗机构及其医务人员提高医疗服务质量，保障医疗安全，维护患者权益。

医疗卫生行业协会等社会团体应当加强医疗卫生行业自律,促进医疗机构及其医务人员诚信执业。

第十一条　医疗机构应当建立健全医疗质量监控和评价、医疗安全目标责任等制度,完善医疗质量管理体系,提高医疗质量和服务水平,保障医疗安全。

第十二条　医疗机构应当对医务人员进行医疗安全法律、法规、规章以及有关诊疗、护理规范的培训和医疗服务职业道德教育,增强医务人员的医疗安全法律意识,促进医疗文明。

医疗机构应当建立健全医务人员违法违规行为公示和责任追究制度,督促医务人员依法执业。

第十三条　医疗机构应当建立健全医患沟通制度,设置专用接待场所,配备专(兼)职人员,接受患方的咨询和投诉,耐心听取患方对医疗服务的意见,及时解答和处理有关问题。

患方对医疗机构的解答和处理不满意的,有权向卫生行政部门投诉。卫生行政部门受理投诉后,应当依照有关规定处理,并将处理结果及时告知当事人。

第十四条　医疗机构及其医务人员应当尊重患者对病情、诊断、治疗的知情权和隐私权。

医疗机构及其医务人员应当按照国务院卫生行政部门规定的要求书写和妥善保管病历资料。患者有权查阅、复制门诊病历、住院志、医嘱单、检验检查报告、手术及麻醉记录单、病理资料、护理记录等病历资料。医疗机构应当依法如实提供有关病历资料,不得隐匿或者拒绝,不得伪造、篡改或者违规销毁。

未经患者本人同意,医疗机构及其医务人员无合法理由不得公开患者病情。

第十五条　医务人员在医疗活动中应当向患者说明病情和医疗措施。需要实施手术、特殊检查、特殊治疗的,医务人员应当及时向患者说明医疗风险、替代医疗方案等情况,并取得其书面同意;不宜向患者说明的,应当向患者的近亲属说明,并取得其书面同意。

因抢救生命垂危的患者等紧急情况,不能取得患者或者其近亲属意见的,经医疗机构负责人或者授权的负责人批准,可以立即实施相应的医疗措施。

第十六条　医疗机构应当公开医疗收费的明细项目,按照规定收取医疗费用。

医疗机构及其医务人员应当因病施治、合理用药,不得违反诊疗规范对患者实施不必要的检查。

第十七条　医务人员在医疗活动中应当遵守诊疗、护理规范,遵守职业道德,树立敬业精神,关心、爱护、尊重和平等对待患者。

患者及其亲属应当如实向医务人员陈述病情,配合医务人员开展医疗活动,并按时支付医疗费用;发生医疗纠纷后,应当通过合法途径表达意见和要求。

第十八条　医疗机构应当制定医疗纠纷预防和处置预案,并报卫生行政部门和公安机关备案。

第十九条　医疗纠纷发生后,医疗机构及其医务人员应当依照医疗纠纷处置预案的规定及时报告,并采取有效措施,避免或者减轻对患者身体健康的损害,防止损害扩大。

卫生行政部门接到医疗纠纷报告后,应当责令医疗机构立即采取必要的救治措施;必要时,应当派人赶赴现场,指导、协调处置工作,引导医患双方依法妥善解决医疗纠纷。

第二十条　医疗机构、患方应当结合医疗纠纷实际情况,依照下列规定进行处置:

(一)在医患双方在场的情况下,依照有关规定共同对现场实物和相关病历资料进行封存和启封;

(二)就引发纠纷的医疗活动,由医疗机构组织专家会诊或者讨论,并将会诊或者讨论的意见告知患方;

(三)医疗机构应当告知患方解决医疗纠纷的途径和程序,并答复患方的咨询和疑问;

(四)患者在医疗机构内死亡的,医疗机构应当告知其亲属按规定将尸体移放太平间或者殡仪馆;不能确定死因或者医患双方对死因有异议的,应当告知其亲属可按规定进行尸检;

(五)配合卫生行政部门、公安机关、医疗纠纷人民调解委员会、保险机构等做好调查取证工作;

(六)医疗纠纷处置完毕后,医疗机构应当及时向卫生行政部门报告处理结果。

第二十一条　因药品、消毒药剂、医疗器械和其他医疗用品的缺陷,或者输入不合格的血液造成患者损害的,患者可以向医疗机构索赔,也可以向生产者或者血液提供机构索赔。患者向医疗机构索赔的,医疗机构赔偿后,有权向负有责任的生产者或者血液提供机构追偿。

第二十二条　有下列行为之一,经劝阻无效的,医疗机构应当立即向所在地公安机关报警:

(一)聚众占据医疗、办公场所,在医疗机构内拉横幅、设灵堂、贴标语,或者拒不将尸体移放太平间或殡仪馆;

(二)阻碍医务人员依法执业,侮辱、威胁、殴打医务人员或者限制其人身自由,干扰医务人员正常工作、生活;

(三)故意损坏或者窃取、抢夺医疗机构的设施设备等财产或者病历、档案等重要资料;

(四)其他严重影响医疗工作秩序的行为。

第二十三条　公安机关接到医疗纠纷报警后,应当依照下列规定进行处置:

(一)及时组织警力赶赴现场;

(二)开展教育疏导,制止过激行为,维护正常的医疗工作秩序;

(三)患方拒不将尸体移放太平间或者殡仪馆的,现场处置民警应当责令移放,并依法予以处置;

(四)依法处置现场发生的违反治安管理的行为,保护当事人的人身、财产安全。

第三章　协商与调解

第二十四条　医疗纠纷发生后,医疗机构和患方可以通过下列途径解决纠纷:

(一)双方自愿协商;

(二)向医疗纠纷人民调解委员会申请调解;

(三)向卫生行政部门申请医疗事故争议处理;

(四)向人民法院提起诉讼。

第二十五条　医疗机构和患方协商解决医疗纠纷,应当在专用接待场所进行,由双方各自确定不超过五名代表参加。医患双方协商一致的，应当签署协商协议书。

第二十六条　医疗纠纷索赔金额一万元以上（不含一万元）的，已参加医疗责任保险的医疗机构应当及时通知保险机构参与医疗纠纷的协商处理。

保险机构参与医疗纠纷协商处理，应当在其专用接待场所进行。

第二十七条　承担医疗责任保险的保险机构应当设立医疗纠纷协商理赔部门，按照有关规定承担医疗纠纷的调查、评估、协商、赔付等具体事务。

保险机构参与协商处理医疗纠纷，应当自收齐有关材料之日起五个工作日内，告知医患双方初步调查结果和赔偿意见，并做好解释答复工作。

医患双方认可调查结果和赔偿意见的，应当签署协商协议书；对调查结果或者赔偿意见有异议，协商不成的，可以向医疗纠纷人民调解委员会提出调解申请，也可以通过其他合法途径解决医疗纠纷。

第二十八条　市和县（市）区司法行政部门会同卫生等有关部门根据人民调解的有关法律规定，指导当地有关社会团体、组织设立医疗纠纷人民调解委员会。

医疗纠纷人民调解委员会由委员三至九人组成，设主任一人，必要时，可以设副主任若干人。

医疗纠纷人民调解员由医疗纠纷人民调解委员会委员和医疗纠纷人民调解委员会聘任的人员担任。医疗纠纷人民调解员应当为人公道、品行良好，具有医疗、法律、保险专业知识和调解工作经验，并热心人民调解工作。

医疗纠纷人民调解委员会可以吸收公道正派、热心调解、群众认可的社会人士参与调解，并建立由医学、法律等相关专业人员组成的专家库，为医疗纠纷的调查、评估和调解提供咨询。

第二十九条　医疗纠纷人民调解委员会承担下列工作职责：

（一）调解医疗纠纷；

（二）根据医疗纠纷处置需要，派员赶赴现场，做好教育疏导工作，受理医疗纠纷调解申请；

（三）接待各方咨询，引导依法处置医疗纠纷；

（四）向司法行政、卫生等部门和有关社会组织报告医疗纠纷调解情况；

（五）分析医疗纠纷发生的原因，向医疗机构、卫生行政部门提出医疗纠纷防范意见和建议；

（六）法律、法规规定的其他职责。

医疗纠纷人民调解委员会在承担工作职责过程中，应当坚持公平公正、及时便民、耐心细致、廉洁自律，接受医患双方的监督和有关部门、组织的监管、考核。

医疗纠纷人民调解委员会应当建立调解工作制度，规范调解工作流程，并将工作制度、工作流程和人民调解委员会组成人员予以公示，听取群众意见，接受群众监督。

第三十条　当事人申请调解的，医疗纠纷人民调解委员会应当自收到医疗纠纷调解申请之日起三个工作日内，对符合受理条件的调解申请予以受理并通知当事人。医疗纠纷人民调解委员会也可以主动调解，但当事人一方明确拒绝调解的，不得调解。

医疗纠纷人民调解委员会受理调解申请后，应当告知双方当事人在调解活动中享有的权利和履行的义务。

　　司法行政部门应当鼓励和支持法律援助机构、法律服务机构及其执业人员，为确有困难的患方提供医疗纠纷处置方面的法律援助。

　　第三十一条　医疗纠纷有下列情形之一的，医疗纠纷人民调解委员会不予受理；已经受理的，终止调解：

　　（一）一方当事人已向人民法院提起诉讼的；

　　（二）一方当事人已向卫生行政部门申请医疗事故争议处理的；

　　（三）一方当事人拒绝调解的；

　　（四）已经医疗纠纷人民调解委员会调解并达成调解协议，一方当事人拒不履行约定义务的；

　　（五）法律、法规规定的其他情形。

　　不予受理或者终止调解的，应当书面通知当事人并说明理由。

　　第三十二条　医疗纠纷人民调解委员会受理医疗纠纷调解申请后，可以由当事人选择一名或者数名人民调解员进行调解，也可以指定一名或者数名人民调解员进行调解。

　　第三十三条　医疗纠纷人民调解委员会调解医疗纠纷，应当充分听取当事人陈述，并可以根据需要组织调查、核实、评估、论证等活动，在查明事实、分清责任的基础上，提出纠纷解决方案，促使双方当事人平等协商、互谅互让，帮助当事人自愿达成调解协议。

　　患方对参加医疗责任保险的医疗机构索赔金额一万元以上（不含一万元）的，医疗纠纷人民调解委员会应当通知保险机构参加。

　　医疗纠纷人民调解应当在人民调解委员会专用接待场所进行。

　　第三十四条　医疗纠纷人民调解委员会应当自受理调解申请之日起三十个工作日内调解终结。因特殊情况需要延长调解期限的，医疗纠纷人民调解委员会和双方当事人可以约定延长的期限；超过约定期限仍未达成调解协议的，视为调解不成，应当终止调解，并告知当事人可以依法通过行政、诉讼等途径处理和解决医疗纠纷。调解期限不包含医疗损害鉴定或者医疗事故技术鉴定的时间。

　　第三十五条　医疗纠纷经调解达成协议的，医疗纠纷人民调解委员会应当制作调解协议书。调解协议书由双方当事人签名、盖章或者按指印，经调解员签名并加盖医疗纠纷人民调解委员会印章之日起生效。

　　调解协议书具有法律约束力，当事人应当按照约定履行。

　　调解协议达成后，当事人认为有必要的，可以依照人民调解法的规定，向人民法院申请司法确认。

　　第三十六条　医疗纠纷协商和调解过程中，保险机构协商理赔部门工作人员和人民调解员需要查阅病历资料，或者向有关单位和人员咨询、询问、核实有关资料和情况的，有关单位和人员应当给予配合和协助；需要进行医疗损害鉴定或者医疗事故技术鉴定的，由当事人委托有资质的鉴定机构进行鉴定；索赔金额十万元以上（含十万元）的，应当进行医疗损害鉴定或者医疗事故技术鉴定。

第三十七条 医疗纠纷发生后,当事人向卫生行政部门提出医疗事故争议处理申请的,依照国务院《医疗事故处理条例》的规定处理。

第三十八条 承担医疗责任保险的保险机构应当将协商协议书、人民调解协议书、人民法院生效调解书或者判决书作为医疗责任保险理赔的依据,在保险合同约定的责任范围内进行赔偿,并及时支付赔偿金。

第三十九条 各级人民政府及其卫生、公安、司法行政等部门和医疗机构的工作人员在医疗纠纷协商、调解和处理过程中,不得违反法律、法规和本条例的规定随意承诺赔偿或者给予赔偿。

第四章 法律责任

第四十条 违反本条例的行为,有关法律、法规已有处理规定的,从其规定。

第四十一条 违反本条例规定,医疗机构及其医务人员不履行医疗纠纷预防和处置工作职责,或者有侵害患者合法权益的行为的,由卫生行政部门责令改正;情节严重的,对直接负责的主管人员和其他直接责任人员依法给予处分;构成犯罪的,依法追究刑事责任。

第四十二条 违反本条例规定,扰乱医疗机构正常工作秩序,侵害当事人及其他人合法权益的,由公安机关依法处理;构成犯罪的,依法追究刑事责任。

第四十三条 保险机构协商理赔部门工作人员和医疗纠纷人民调解员在医疗纠纷协商、调解过程中违反法律、法规和医疗纠纷处置工作规则的,由有权机关和组织或者所在单位依法处理。

第四十四条 各级人民政府及其有关部门工作人员在医疗纠纷预防与处置工作中,违反本条例,有下列情形之一的,由有权机关依法给予处分;构成犯罪的,依法追究刑事责任:

(一)接到医疗纠纷报告、报警后,未及时采取相关处置措施的;

(二)在医疗纠纷预防和处置过程中,非法收受他人财物或者其他利益的;

(三)在医疗纠纷协商、调解、处理等过程中违反规定随意承诺赔偿或者给予赔偿的;

(四)其他玩忽职守、滥用职权、徇私舞弊的行为。

第五章 附则

第四十五条 本条例自 2012 年 3 月 1 日起施行。2007 年 12 月 12 日市人民政府发布的《宁波市医疗纠纷预防与处置暂行办法》同时废止。

参考文献

［1］林文学.医疗纠纷解决机制研究［M］.北京：法律出版社,2008.

［2］梁华仁.医疗事故的认定与法律处理［M］.北京：法律出版社,1998.

［3］王才亮.医疗事故与医患纠纷的处理实务［M］.北京：法律出版社,2002.

［4］刘振华,王吉善.医患纠纷预防处理学［M］.北京：人民法院出版社,2007.

［5］赵衡文.医疗纠纷的理论与实践［M］.长沙：中南大学出版社,2005.

［6］罗豪才,湛中乐.行政法学［M］.北京：北京大学出版社,2006.

［7］王建东,陈林林.法理学［M］.杭州：浙江大学出版社,2008.

［8］古津贤.医疗侵权法［M］.长春：吉林大学出版社,2008.

［9］姜柏生,万建华,严晓萍.医事法学［M］.南京：东南大学出版社,2007.

［10］田侃,陈瑶.医药卫生法［M］.北京：科学出版社,2005.

［11］王利明.民法［M］.北京：中国人民大学出版社,2006.

［12］陈晓非.医学人文社会科学的理论与应用［M］.成都：四川科学技术出版社,2000.

［13］施卫星,王国平.医学伦理与卫生法［M］.北京：中国时代出版社,2008.

［14］王国平,朱新力.卫生法学［M］.北京：人民出版社,2000.

［15］赵同刚.卫生法［M］.北京：人民卫生出版社,2005.

［16］郑雪倩.医院管理学(医院法律事务分册)［M］.北京：人民卫生出版社,2011.

［17］何伦,王小玲.医学人文学概论［M］.南京：东南大学出版社,2002.

［18］朱晓卓.卫生法律实务［M］.南京：东南大学出版社,2013.

［19］龚赛红.医疗损害赔偿立法研究［M］.北京：法律出版社，2001.

［20］曾言，李祖全.医疗责任强制保险制度研究［M］.长沙：湖南师范大学出版社，2008.

［21］李薇.日本机动车事故损害赔偿损害法律制度研究［M］.北京：法律出版社，1997.

［22］黄丁全.医事法［M］.北京：中国政法大学出版社，2003.

［23］范愉.非诉讼纠纷解决机制研究［M］.北京：中国人民大学出版社，2008.

［24］袁宗蔚.保险学——危险与保险［M］.北京：首都经贸大学出版社，2000.

［25］［美］所罗门·许布纳，小肯尼斯·布莱克，伯纳德·韦布著；陈欣，等译.财产和责任保险
［M］.北京：中国人民大学出版社，2002.

［26］许谨良，等.财产保险原理和实务［M］.上海：上海财经大学出版社，1998.

［27］覃有土.樊启荣.保险法学［M］.北京：高等教育出版社，2003.

［28］董安生.英国商法［M］.北京：法律出版社，1992.

［29］刘荣宗.保险法［M］.台北：台湾三民书局，1995.

［30］戴维·M.沃克著；李双元，等译.牛津法律大辞典［M］.北京：法律出版社，2003.

［31］《医疗事故处理条例》起草小组.《医疗事故处理条例》释义［M］.北京：中国法制出版社，
2002.

［32］毕玉谦.民事证据法判例实务研究［M］.北京：法律出版社，1999.

［33］单飞跃.经济法学［M］.长沙：中南工业大学出版社，1999.

［34］陈兴良.刑法［M］.上海：复旦大学出版社，2003.

［35］古津贤.医疗侵权法［M］.长春：吉林大学出版社，2008.

［36］许崇德.宪法［M］.北京：中国人民大学出版社，1999.

［37］魏振瀛.民法［M］.北京：高等教育出版社、北京大学出版社，2001.

［38］梁慧星.民法总论［M］.北京：法律出版社，2007.

［39］达庆东，曹文妹，田侃.卫生法学纲要［M］.3版.上海：复旦大学出版社，2004.

［40］姜明安.行政法与行政诉讼法［M］.北京：北京大学出版社、高等教育出版社，1999.

［41］吴崇其.中国卫生法学［M］.北京：中国协和医科大学出版社，2005.

［42］奚晓明.《中华人民共和国侵权责任法》条文理解与适用［M］.北京：人民法院出版社，
2010.

［43］张自合，周院生.医疗纠纷［M］.北京：中国检察出版社，2009.

［44］马俊驹，余延满.民法原论［M］.北京：法律出版社，2007.

［45］汪中求.契约精神［M］.北京：新世界出版社，2009.

［46］范愉.非诉讼纠纷解决机制研究［M］.北京：中国人民大学出版社，2008.

［47］常敏毅.医事与法［M］.北京：中国医药科技出版社，2011.

［48］刘树桥，马辉.人民调解实务［M］.广州：暨南大学出版社，2008.

［49］李刚.人民调解概论［M］.北京：中国检察出版社，2004.

［50］王红梅.新编人民调解工作技巧［M］.北京：中国政法大学出版社，2006.

［51］宋才发,刘玉民．人民调解工作要点与技巧总论［M］．北京：人民法院出版社,2007．

［52］张新民,王欣新．人民调解员工作手册［M］．北京：中国法制出版社,2000．

［53］肖方．如何当好人民调解员［M］．北京：中国社会出版社,2005．

［54］《人民调解工作的方法与技巧》编写组．人民调解工作的方法与技巧．北京：中国法制出版社,2003．

［55］李庆生,谭家驹．医院的法律风险——医疗事故法律责任处理实用指南［M］．北京：法律出版社,2004．

［56］古津贤．医疗事故法律问题研究［M］．长春：吉林大学出版社,2007．

［57］刘鑫,张宝珠,马浚．医疗纠纷处理法律事务文书写作［M］．北京：人民军医出版社,2006．

［58］［日］和田仁孝,前田正一著;陈虹桦译．医疗纠纷处理与实例解说［M］．台北：合记出版社,2003．

［59］柳经纬,李茂年．医患关系法论［M］．北京：中信出版社,2002．

［60］王泽鉴．侵权责任法［M］．北京：中国政法大学出版社,2001．

［61］付子堂．医疗纠纷案件审理之实证分析［M］．北京：人民法院出版社,2006．

［62］黄丁全．医事法新论［M］．北京：法律出版社,2004．

［63］王海容,陈绍辉．医疗损害赔偿分担机制研究［M］．杭州：浙江工商大学出版社,2014．

［64］田侃,朱晓卓．医学法学［M］．北京：中国医药科技出版社,2013．

［65］黄威．卫生法［M］．北京：人民卫生出版社,2012．

［66］王利明．民法［M］．北京：中国人民大学出版社,2012．

［67］中央综治办二室编．创建"平安医院"构建和谐医患关系法规政策汇编［M］．北京：中国长安出版社,2015．

后　记

　　近年来,医疗纠纷一直是社会关注的焦点,尤其是"医闹"事件的频发,不仅扰乱了正常的医疗秩序,危害到社会的和谐稳定,更为严重的是直接影响到医患关系,医患之间原本亲密互信的良好关系在医疗纠纷的冲击下已经荡然无存,相互猜忌、相互防范,过度自我保护,越界自我维权,最终导致的是医学技术发展的停滞、社会公众健康水平的无法保障以及社会传统道德的沦丧。为了解决越演越烈的医疗纠纷,各地纷纷采取了不少措施,医疗纠纷"宁波解法"就是在这样的背景下产生的,其创新引入了人民调解和医疗责任保险,取得了较好的社会成效。

　　本书作者一直关注医疗纠纷"宁波解法"的发展,从理论到实践着力探讨这样一个创新机制。该研究曾获得 2010 年浙江省社科联"民生调研协作攻关"专项重点课题等项目的资助,在研究过程中得到中国卫生法学会、浙江省卫生法学研究与教育中心、宁波市医疗纠纷理赔处理中心等相关机构的指导和支持,尤其是宁波市医疗纠纷理赔处理中心副主任邵峰老师一直对本书的写作给予极大的关心,提供了大量的数据和案例,并提出了很多指导性意见,同时本书也借鉴和参考国内外相关学者对于医疗纠纷解决机制方面的最新研究成果,在此一并表示衷心感谢。

　　医疗纠纷"宁波解法"在国内属于首创,国内不少省市都借鉴这一机制制定了地方医疗纠纷预防与处置的规定,但是这个机制的出台也才不过八年左右的时间,现在仍处于实践探索的过程中,对于这方面的研究也甚少。作者希望通过本书,对这些年来医疗纠纷"宁波解法"的工作情况进行总结分析的同时,能探讨其中的运行机制和理论基础,并提出进一步完善的思路和建议,以促进医疗纠纷"宁波解法"能在全国范围内进一步推广。当然医疗纠纷这一社会问题的解决,从根源上来说并不是建立了医疗纠纷人民调解机制、推行了医疗责任保险就可以彻底解决了,还需要医疗机构及其医务人员能切实提高医疗服务质量、让医患之间能多进行有效沟通。毕竟,一个优秀的医务人员不仅要具备精湛的医疗技术,更要具备良好职业操守和人文素养。只有我们的医疗服务整体水平尤其是医疗安全意识得到提高,才能真正有效防范医疗纠纷的发生。

因本书作者水平和能力有限,书中疏漏、不妥和错误之处在所难免,敬请读者批评指正,也希望读者能对本书多提宝贵意见,为今后相关制度完善以及学术研究提供思路。

笔者
2015 年 10 月